空中乘务专业系列教材

空乘礼仪实用教程

主　编　董沁媛　关晓儇
编　委　刘　爽　于　蓉
　　　　恒　玺　史　毅

西南交通大学出版社
·成　都·

图书在版编目（CIP）数据

空乘礼仪实用教程 / 董沁媛，关晓偎主编. —成都：西南交通大学出版社，2019.8

空中乘务专业系列教材

ISBN 978-7-5643-6985-9

Ⅰ. ①空… Ⅱ. ①董… ②关… Ⅲ. ①民用航空 - 乘务人员 - 礼仪 - 高等学校 - 教材 Ⅳ. ①F560.9

中国版本图书馆 CIP 数据核字（2019）第 150146 号

空中乘务专业系列教材

Kongcheng Liyi Shiyong Jiaocheng

空乘礼仪实用教程

主编　董沁媛　关晓偎

责任编辑	居碧娟
封面设计	何东琳设计工作室
出版发行	西南交通大学出版社 （四川省成都市金牛区二环路北一段 111 号 西南交通大学创新大厦 21 楼）
发行部电话	028-87600564　028-87600533
邮政编码	610031
网　　址	http://www.xnjdcbs.com
印　　刷	成都中永印务有限责任公司
成品尺寸	185 mm × 260 mm
印　　张	11.75
字　　数	292 千
版　　次	2019 年 8 月第 1 版
印　　次	2019 年 8 月第 1 次
书　　号	ISBN 978-7-5643-6985-9
定　　价	38.00 元

课件咨询电话：028-87600533

前　言

安全、快捷、舒适是航空运输行业特征的集中体现，而空中乘务员的工作正是能够充分体现出这些特征的重要环节之一。空中乘务人员是直接面对旅客并对其进行航空服务的载体，这意味着空乘人员的服务质量及个人素养不仅代表着其所属航空公司的形象，同时也代表着中国民航业的行业素养。

在当今各个航空公司激烈的市场竞争中，乘务员服务质量的好坏与航空公司的整体经济利益密切相关，乘务员的言谈举止、服务态度、个人修养正是客舱服务水平的重要体现。乘务员在乘务工作中的站立、行走、仪态、沟通技巧等正是乘务员专业素质和敬业态度的体现，也是乘客评价航空公司服务质量的重要指标之一。乘务员务必在乘客面前展现其整洁的仪表、优雅的仪态以及得体的言语等礼仪专业素养，为圆满完成每一次乘务工作、提升客舱服务质量、促进民航事业的发展添砖加瓦。

目前，在众多开设空中乘务专业的院校中，在各航空公司对新晋乘务员所进行的初始培训环节中，“乘务礼仪”课程均作为专业性课程教学和实际操作性培训的重点课程而受到高度的重视。中国民用航空飞行学院自 2000 年开设空中乘务专业以来，“乘务礼仪”课程也始终是专业建设中的重点课程之一，一直受到学院各级和各届领导以及众多专业教师的重视。19 年来，我校向国内十多家航空公司先后输送了 6000 多名优秀的空中乘务专业毕业生，通过与历届毕业生在其工作方面的交流沟通及信息反馈的搜集，各位任课教师均在不断地丰富教学案例、改进教学内容、共同探讨如何培养出更契合各航空公司所需乘务人员标准的空中乘务专业学生。在乘务礼仪领域，最终形成了《空乘礼仪实用教程》这本教材。该教材共包含两个板块，上篇为空乘个人礼仪修养，内容涵盖礼仪概述、社交礼仪、公共场所礼仪、公文礼仪、餐饮礼仪等内容，通过对本篇的学习，空乘人员可以掌握待人接物及言谈举止的基本原则，以提高个人礼仪修养及综合文化素质；下篇为空乘服务礼仪，主要针对空乘人员在航空服务过程中必须要掌握和运用的礼仪知识进行重点介绍，内容包涵服务礼仪的基本理论、仪容仪态规范、服务沟通技巧、职场沟通礼仪等，为空乘人员在客舱中与机组人员之间实现更好的沟通和配合，从而为乘客提供更加优质的服务、解决各种疑难问题、塑造航空公司乃至中国民航良好形象提供理论知识保障。

《空乘礼仪实用教程》由董沁媛、关晓偎主编。其中，董沁媛编写上篇第二章、第四章；关晓偎编写下篇第六章、第十章；刘爽编写上篇第一章、第三章；于蓉编写上篇第五章；恒玺编写下篇第八章、第九章；史毅编写下篇第七章。六位教师均长期从事我院空中乘务专业的礼仪教学工作，教学和培训经验丰富。由于教材编写时间紧促，本书可能会有一些错误和不当之处，在此我们真诚地欢迎读者的批评指正。

在本书的撰写过程中，得到了中国民用航空飞行学院空中乘务学院的大力支持，笔者在此致以最真诚的谢意。

编 者

2019 年 3 月 17 日

目　录

上篇　空乘个人礼仪修养

下篇　空乘服务礼仪

上篇

空乘个人礼仪修养

第一章 礼仪概述

在人类文明史上，礼仪随着人类历史的发展而逐渐成为传统文化的重要内容，并始终在人类社会生活中发挥着重要作用。礼仪是一种世界性的文化现象，它不仅是一个国家文明进步的标志，也是一国公民文明素养的标志。在国际交往中，礼仪体现国格；在人际交往中，礼仪则体现人格。礼仪是社会行为的校正器和人际关系的润滑剂，其价值显而易见。在现代社会，礼仪正通过发挥自身的功能优势，影响并指导着人们各方面的生活，成为个人进步和组织发展不可或缺的工具和手段。

第一节 礼仪的起源与演变

礼仪是人们在社会交往过程中形成的并得到共同认可的各种行为规范，它是人们以一定的程序、方式来表现的律己、敬人的完整行为。它体现了一个国家、一个民族、一个地区的道德风尚和人们的精神面貌。所以，礼仪是人类精神文明的产物。

礼仪的历史漫长而久远，它随着人类社会的产生而产生，随着经济发展、社会进步而不断前进。

一、“礼仪之邦”的由来

（一）周公制礼

中国是一个文明古国，素有“礼仪之邦”之美称。儒家肯定“周公制礼作乐”。周公（姬旦）为周朝的开国元勋、大思想家，是礼法和典章的创造者、东方文化的奠基人。《周礼》一书相传为周公所著，《周礼》即周公制礼，是习惯法的规范化，共五礼，分别是吉礼（祭祀礼节）、凶礼（悼念、慰问礼节）、宾礼（朝聘会同、接见诸侯礼节）、军礼（征伐礼节）以及嘉礼（饮宴婚冠、吉庆活动礼节）。此书记载了作者的政治思想。此后，历代统治阶级将《周礼》一书列为儒家重要经典，至今已有3000多年的历史。[①]

（二）经典“礼”著

我国最早的三部礼书是《周礼》《仪礼》《礼记》。

1.《周礼》

这是一部记载典章制度的古代文献，分天官、地官、春官、夏官、秋官、冬官等六篇，共计四十二卷。《汉书》有《周官》经六篇、传四篇的记载。东汉马融、郑玄为其作注，称之为《周官礼》，唐代贾公彦作疏始用《周礼》之名。《周官》《周礼》两名曾通用过一段时间，宋朝以后统称为《周礼》。

2.《仪礼》

《礼记·中庸》指出：“王天下有三重焉。”即仪礼、度、考文。意思是说治理天下最重要的三件事情是议订礼仪，制订法度，考订文字规范。中国古代在《仪礼》中记载有关于婚姻程序的六礼，如纳彩（收男家之礼）、问名（问女方生辰）、纳吉（卦问吉否）、纳征（缴币立婚约）、请期（择娶吉日）、亲迎（迎妇归家）。

3.《礼记》

《礼记》主要记载先秦礼制，是解释《礼仪》的著作，记录孔子和孔子弟子的问答，记述修身做人的准则。《礼记》中明确指出：“饮食男女，人之大欲存焉。”吃喝拉撒睡这是连动物每天都必须做的事情，即便人类从猿进化成了人，这些典型的“形而下”行为在自然规律的要求下延续下来，且没有本质的变化。

二、“礼”源自儒家思想

儒家学说的创始人孔子曾提出了：“不学礼，无以立。”他明确告诫弟子“非礼勿视、非礼勿听、非礼勿言、非礼勿动”。孔子之所以如此重视“礼”，是因为“礼”反映了孔子的政治理想，他认为用“礼”来治理国家，比用“法”来治理国家更有说服力。后来，孔子还专程赴周向老子请教礼。孔子非常重视对学生在日常行为方面的培养教育，他要求学生衣冠整齐，走有走的样子，坐有坐的姿势，为人处世都要彬彬有礼，温文尔雅。《史记·孔子世家》中说：“孔子以诗、书、礼、乐教弟子，盖三千焉，身通六艺者，七十有二。”其中六艺指的是以“礼”为首的六项教育内容，具体包括：“礼”（礼仪）、“乐”（音乐）、“射”（骑射）、“御”（驾车）、“书”（书法）、“数”（数学）。

孟子继承和发扬了孔子的“德主刑辅”的思想，强调德政的重要性，认为只有实行德治，重礼仪教化，方能统一天下。孟子说：“富贵不能淫，贫贱不能移，威武不能屈，此之谓大丈夫。”孟子注重人一生的教育，使人人心中有个做大丈夫的理想。遇到困难或穷苦，不走歪门邪道，为人处世有基本的道德底线。孟子还说：“人有恻隐之心，有羞恶之心，有辞让之心，有是非之心。”人要在年少的时候亲近良师益友学习礼仪。

---

① 马幼莲．现代社交礼仪[M]．北京：北京出版社，2007．

儒家另一位代表荀子提出："人无礼则不生，事无礼则不成，国无礼则不宁。"我国自古就是诚信之邦、礼仪之邦，孔子和荀子都对诚信有精辟的阐释，而且一直影响着我们。荀子还强调说"和则一，一则多力""君子博学而日参省乎己"。孔子说"和为贵"，孟子说"天时不如地利"，以上都是儒家学说的重要观点。

三、中国礼仪的起源与发展

中国是人类文明的发祥地之一，文化传统源远流长。礼在中国古代社会起着重要作用。研究中国古代文化，就必须研究礼乐文化。但是，礼究竟是怎样产生的呢？一种观点是将礼归纳为五种起源说。一是天神生礼仪；二是礼为天地人的统一体；三是礼产生于人的自然本性；四是礼为人性和环境矛盾的产物；五是礼生于理，起源于俗。另外还有一种说法，认为礼起源于上古时代巫师的祭祀活动。礼产生之后，在政治、经济、文化等方面对中国社会产生了重要影响。

从历史唯物主义的观点来看，礼属于上层建筑，是与社会经济基础相适应的。礼作为一种文化现象，最早产生于人与人的交往之中。

在原始社会，人类还处在蒙昧时代，生产力水平极端低下，人们对许多自然现象无法解释，就把"天""神"作为宇宙间的最高主宰，对其顶礼膜拜，并进行祭祀。这时就产生了最早的也是最简单的以祭天、敬神（即"图腾"）为主要内容的"礼"。当时也有简单的人际交往规则，只要不违背"图腾"，就可以继续交往下去。奴隶社会，"礼"开始被打上阶级的烙印，礼的含义也有所变化，为维护奴隶主的统治，奴隶主将原始的宗教礼仪发展成为符合奴隶社会需要的礼制，并专门制定了一套礼的形式制度。统治阶级对其加以发展，逐渐形成为正式的"礼"。

到了封建社会，礼仪逐渐成为统治阶级进行封建统治的工具，有些礼仪还以法律的形式固定下来，形成"礼制"，成为束缚人们行为的工具。宋代将封建社会礼仪推向了一个新的高峰，出现了以程颢、程颐和朱熹的理学为代表的程朱理学，这种理论认为自然界天地万物无不体现天理，而人性的本质就是天理的体现。明、清延续了宋以来的封建礼仪并有所发展，家庭礼仪制进一步将人的行为限制到"非礼勿视、非礼勿听、非礼勿言、非礼勿动"的范畴，从而使封建礼仪更加完善。

封建社会礼仪的明显特征，是将人们的行为纳入了封建道德的轨道，形成了以儒家学说为主导的正统的封建礼教，如"三纲五常"等。封建礼仪中的"君权神授"夸大、神化了帝王的权力，而"三纲五常"则妨碍了人的个性的自由发展，阻挠了人类社会的平等交往。礼仪在这个时期成了钳制人们思想的精神枷锁。

辛亥革命在推翻封建帝制的同时，也结束了封建礼制。"五四"新文化运动使中华民族开始了新文化建设征程。无产阶级的觉醒使社会主义礼仪具备了雏形。

四、西方礼仪的发展与演变

西方"礼仪"一词据说始于法语的"etiquette"，原意是"法庭上的通行证"。古代法国的法庭把那些进入法庭后所必须遵守的规则都写在一张长方形的通行证上，发给进入法庭的每一个人，让他们遵守。这中间的含义跟汉语中的"礼仪"已经十分接近。当这个单词进入英语后，便演变成“人际交往的通行证”，这个含义已经可以跟汉语中的“礼仪”相对应了。

后来，经过不断的演化，英语中“礼仪”一词的含义逐渐明确起来。目前英语中具有“礼仪”意义的单词主要有以下四个：“courtesy”，指谦恭有礼的言行、礼貌、风度；“etiquette”，指礼仪、礼节和各种规矩；“protocol”，指外交、军事等特定领域里的相处准则；“rite”指礼仪、典礼，也泛指习俗中的礼仪行为。

世界各国对礼仪的理解各不相同。西班牙女王伊丽莎白曾说：“礼节乃是一封通行四方的推荐书。”英国社会学家艾米莉·波斯特说：“表面上礼仪有无数的清规戒律，但其根本目的却在于使世界成为一个充满生活乐趣的地方，使人变得平易近人。”另一位美国学者夏洛特·福特则认为：“礼节就是行为举止温文尔雅，使我们作为个人在为自己营造的生活中能够平和地、有成效地与他人共处。随着我们在具有不同文化要求的世界各地频繁旅行，我们必须变得更为灵活机动，更容易适应新的环境。”而玛丽·简·麦卡佛里和柏林·英尼斯二人则为此说了一段很风趣的话：“礼仪一词来自希腊语，意思是‘首胶’，的确可以这么说，正式礼仪是把我们社会中各正式场合的生活粘连在一起的胶质。”也就是说，倘若没有礼仪，生活中就难免常常“脱胶”。

现代礼仪由传统礼仪演变而来，随着时代的进步，礼仪在内容和形式上已经发生了很大的变化。虽然中国与外国对礼仪内涵的定义各不相同，但伴随着世界现代化的浪潮，各种文明不断交融碰撞，不同的礼仪规范在不断地整合，各民族对礼仪的认识、定位也逐渐趋同。[①]

第二节　礼仪的概念与内涵

一、礼仪的概念

礼仪是指人们在相互交往中，为了互相尊重，在仪表、仪态、仪容、仪式、言谈举止等方面约定俗成的、共同认可的行为规范。

“礼”是指人们在交往的过程中，要互相尊重、诚恳和善、谦恭和有分寸。比如人们在公共场所遵守秩序、不大声喧哗、尊老敬贤、待人和气、仪表端庄等，都是源于尊重他人、谦恭有分寸的品德品质。

“仪”是指礼的外在表现形式，是“礼”在人们的语言、行为、仪态等方面的具体表现，常常被称为礼貌和礼节。比如进入别人住宅时要先敲门，得到允许后方才进入；见了师长要问好；欢迎宾客要握手；受人帮助说声“谢谢”等，都是对人表示尊重和善意的有礼貌的表现。礼节是人们在交往的过程中表达尊重和敬意的行为规则和惯用形式，如鞠躬、握手、拥抱、献花等。除了这些日常生活中的礼貌和礼节外，还有一些重要的仪式，比方说在较大场合或重要场合，为表示对宾客的尊重和友好而举行的合乎礼貌、礼仪要求的仪式，如欢迎外宾所举行的迎宾仪式，运动会的升旗仪式，新婚夫妇的婚礼仪式等。这些仪式都可以表达、激发人们一定的道德情感和社会责任感。如在奥运会上，每当五星红旗冉冉升起的时候，中国人民的民族自豪感、爱国主义情感就会油然而生。通过举行年满 18 周岁的成人仪式形式，

---

① 蒋璟萍．现代礼仪[M]．北京：清华大学出版社，2009．

能够激发青年人对自己、对家庭以及对社会的道德责任感。

二、礼仪的含义

根据礼仪产生的缘由、内容及其发展变化，礼仪的含义可以表述如下：礼仪是社会上层建筑中政治制度的一部分；礼仪是统治集团维护社会秩序、协调人际关系的准则；礼仪是介于道德规范和法律规范之间，由社会全体成员约定俗成、共同遵守的行为规范；礼仪是进行人际交往与社会交流的工具；礼仪是社会的一种文化现象。

礼仪是人们在长期的社会实践中，就人类自身言谈行为的模式和思维方式达成的一套社会协议和共识，是人们共同遵守的一系列言行及仪式的标准。它是人们在社会交往中应当遵守的行为规范和准则。不同的阶级有不同的礼仪规范；不同的地区、民族有不同的礼仪形式；不同时期、不同地域的礼仪也有一定差异。随着时代的发展，礼仪在不同的社会层面和领域始终处于发展变化中。

社会生活中，人与人之间的交往非常广泛，礼仪无时不在、无处不在。所以，礼仪涉及男女老少、家家户户以及社会生活的每个方面。一个人年轻时要讲礼仪，年老后也要讲礼仪；在家对长辈讲礼仪，出门在外对他人也要讲礼仪；与人交往要讲礼仪，工作中要按礼仪行事。

现代文明社会，得体的礼仪使人们充满信任、友爱和欢乐，使民族精神焕发出永恒的魅力。礼仪被纳入社会学的学术视野，不仅因为它关系到整个社会的精神文明、社会风气和民族风貌，也关系到精神文明建设与发展生产力。宏观上，礼仪与社会生活、文化事业、民族和睦、国际交往有不可忽视的联系；微观上，礼仪与家庭、同事、亲邻、学友，与个人行为密切相关，甚至会影响到人的思想、心态、生活、学习以及工作，关系到每个人的事业发展和成就。

在当今世界经济日趋一体化的现代社会，礼仪内容也日趋“同化”。现代礼仪是维护社会秩序，协调、处理人际关系的准则，是社会全体成员共同约定和遵守的思想和行为规范，是顺利进行人际交往、社会交流的手段和工具。文明礼仪，不仅是个人素质、教养的体现，也是个人道德和社会公德的体现。作为具有五千年文明史的“礼仪之邦”，讲文明、用礼仪，也是弘扬民族文化、展示民族精神的重要途径。

三、礼仪的内容

随着时代的变迁和社会的进步，人们的文明程度在不断地提高，礼仪也在不断推陈出新，朝着更完善，更合理，更丰富的方向发展。礼仪的学习过程本身是一个内强素质、外塑形象的过程。一个人在成长的过程中，如果只注重自己的道德品质修养，而不注重礼仪、礼貌、礼节的学习，举止就会显得不得体，甚至粗鲁、粗野，就不会被别人认可和接受；相反，如果只注重自己的礼貌、礼节、仪表的学习，而不注重内在道德品质的修养，也会显得虚伪浮华。只有既注重礼节、仪表的学习，又注重良好道德品质修养的人，才能成为真正有教养的人，受欢迎的人。

（一）礼节

礼节是人们在交际过程中逐渐形成的约定俗成的各种行为规范的总和。礼节是社会外在文明的组成部分，具有严格的礼仪性质。

（二）礼貌

礼貌是指人们在社会交往过程中良好的言谈和行为，它主要包括口头语言的礼貌、书面语言的礼貌、态度和行为举止的礼貌。礼貌是人的道德品质修养最直接的体现，也是对人类文明行为的最基本的要求。在现代社会，使用礼貌用语、对他人态度和蔼、举止适度、彬彬有礼、尊重他人已成为我们的日常行为规范。

（三）仪表

仪表指人的外表，包括仪容、服饰、体态等。仪表属于美的外在因素，反映人的精神状态。仪表美是一个人心灵美与外在美的和谐统一，美好纯正的仪表来自高尚的道德品质，它和人的精神境界融为一体。端庄的仪表既是对他人的一种尊重，也是自尊、自重、自爱的一种表现。

（四）仪式

仪式指行礼的具体过程或程序。它是礼仪的具体表现形式。仪式是一种比较正规、隆重的礼仪形式。

（五）礼俗

礼俗即民俗礼仪，它是指各种风俗习惯，是礼仪的一种特殊形式。

第三节　礼仪的原则与特性

一、礼仪的原则

在日常生活、学习、社交、应用礼仪中，必须要掌握一些具有普遍性、共同性和指导性的礼仪规律。这些礼仪规律，就是礼仪的原则。

（一）平等

礼仪中的平等原则，是指以礼待人，有来有往，既不盛气凌人，也不卑躬屈膝。平等原则是现代社交礼仪的基础，是现代社交礼仪有别于以往礼仪的最主要的原则。礼仪的核心点，即尊重交往对象并且以礼相待，对任何交往对象都一视同仁，给予同等程度的礼遇。社交礼仪作为现代礼仪的一个分支，不会因为年龄、性别、种族、文化、职业、身份、地位、财富以及亲疏等的不同而有差别。但是在具体操作上，要针对不同的交往对象，采取不同的交往方法。

（二）尊重

人际交往中必须尊重对方的人格，尊重是礼仪的情感基础。这一原则实际上是礼仪的重点和核心。在面对他人时，最重要的就是要常存敬人之心，处处不可失敬于人，不可伤害他人的尊严，更不能侮辱对方的人格。古人云："敬人者，人恒敬之。"在人际交往中，尤其是社交中，只有相互尊重，人与人的关系才会融洽与和谐。

（三）诚信

诚信原则是指遵时守信，"言必信，行必果。"取信于人在人际交往中是非常重要的。中国自古以来家族观念就很强，古代颇有影响的寓言"智子疑邻"便体现了"自己人效应"。当你信任一个人的时候，就会想：既然是这个人说的，大概不会错的；当你不信任一个人的时候，就会想：这个人说的靠不住。所以，常常是别人信任你，才认为你是对的。因此，在人际交往中，获得别人的信任，才更有利于成功。

（四）自律

自律是礼仪的基础和出发点。学习、应用礼仪，最重要的是要自我约束、自我对照和自我反省，严格按照礼仪规范行事，明确知道自己该做和不该做哪些事情，然后经过长期不懈的努力，逐渐变成一种自觉——行为的自觉和内心情感的自觉。礼仪对人行为的规范作用从人的外在表现开始，逐渐深入人的内心，最终实现自律。

（五）宽容

在社交场合中，宽容是一种较高的境界。《大英百科全书》对宽容下了这样一个定义：宽容即容许别人有行动和判断的自由，对不同于自己或传统观点的见解的耐心公正的容忍。在人际交往中，宽容的思想是创造和谐人际关系的法宝。①人际交往中要做到豁达大度、有气量。只有具备了容人的胸襟，具备了容纳意识和自控能力，才能更好地把握礼仪的精髓。

（六）遵守

在交际应酬中，每一位参与者都必须自觉自愿地遵守礼仪，用礼仪去规范自己在交往活动中的言行举止。超越规范的行为言语往往会给他人带来这样那样的损害和不便。遵守原则是对主体行为的基本要求，更是人格素质的基本体现。自觉遵守礼仪规范，在"礼"的范围内待人做事，才能赢得他人的尊重并确保交际活动的愉快和持久。

（七）适度

运用礼仪时要注意把握分寸，认真得体。适度的原则是指实施社交礼仪过程中必须在熟悉礼仪准则规范的基础上，注意各种情况下人际关系的社交距离，把握与特定环境相适应的人们彼此间的感情尺度、行为尺度、谈吐尺度，以建立和保持健康、良好、持久的人际关系。

---

① 牟红，杨梅．旅游礼仪实务[M]．北京：清华大学出版社，2007．

例如在与人交往时，尤其是与外国人交往时，既要彬彬有礼，又不能低三下四；既要热情大方，又不能阿谀奉承。

（八）从俗

礼仪也要讲究因地制宜、因时制宜、因人制宜，所以我们才有“入境而问禁，入国而问俗，入门而问讳”的说法。从俗是指交往的双方都应尊重对方的风俗和习惯，了解并尊重对方的禁忌，否则就会在交际中引起误会和麻烦。由于国情、民族以及文化背景不同，故应入乡随俗，这样才能表达对对方国家民族文化的尊重，切勿目中无人，失礼于对方。

（九）互谅

在交际活动中既要遵守平等的原则，同时也要善于理解具体条件下对方的一些行为，不应过多地挑剔对方。交往双方都能够自觉保持换位思考心态，时时处处从他人角度出发考虑问题，才能保证交往的顺利和长久。

二、礼仪的特性

礼仪是人们在漫长的社会实践中逐步形成、不断演变和发展的。现代礼仪具有文明性、共通性、多样性、变化性等特性。

（一）文明性

礼仪是人类文明的结晶，是现代文明的重要组成部分。文明性体现在尊重方面，既是对人也是对己。尊重成为人们日常生活、工作中的行为规范。

（二）共通性

无论是交际礼仪还是公关礼仪，都是人们在社会交往过程中形成并得到共同认可的行为规范。我们今天生活的世界可谓千姿百态。人们尽管居住在世界的不同角落，但是许多礼仪都是世界通用的。例如问候、打招呼、礼貌用语、各种庆典仪式、签字仪式等，大体上是世界通用的。虽然各国家、各地区、各民族形成了许多特有的风俗习惯，但就礼仪本身的内涵和作用来说，仍具有共通性。正是由于礼仪具有共通性，才形成了国际交往礼仪。

（三）多样性

世界是丰富多彩的，礼仪也是五花八门、绚烂多姿的。从语言的表达礼仪到文字的使用礼仪，从举止礼仪到规范化礼仪，从服饰礼仪到仪表礼仪等，在不同的国家、不同的场合，礼仪的表达方式也有所不同。

（四）变化性

礼仪并不是僵死不变的永恒模式。礼仪随着时间的推移不断发展变化。可以说，每一种礼仪都有其产生、形成、演变、发展的过程，因此礼仪在运用上具有变化性。

（五）规范性

礼仪是人们在交际场合待人接物时必须遵守的行为规范。规范性不仅约束着人们在一切交际场合的言谈话语、行为举止，使之合乎礼仪，而且也是人们在交际场合必须采用的一种“通用语言”，是衡量他人与自己行为的一个标尺。

（六）传承性

任何国家的礼仪都具有自己鲜明的民族特色，任何国家的当代礼仪都是在本国古代礼仪的基础上继承和发展起来的。

第四节 礼仪的影响与作用

无礼则不生，事无礼则不成，国无礼则不宁。礼仪是人们在社会交往过程中形成并得到共同认可的各种行为规范，它体现了一个国家、一个民族、一个地区的道德风尚和人们的精神面貌。在现代社会，礼仪是人们进行社会交往的手段，无论做什么都离不开礼仪。①

礼仪渗透于社会生活的方方面面，积淀为民族的行为习惯，成为协调人际关系、维护社会秩序的重要手段。古人云：“礼，经国家，定社稷，序民人，利后嗣者也。”随着人类社会的不断发展，礼仪在不同时代被赋予了不同的内容和功能，以便更好地适应社会需要。礼仪具有多方面的功能，主要表现在对社会的影响和对个人的作用上。

一、礼仪对国家和社会的影响和作用

（一）弘扬礼仪传统

新时代的礼仪教育，既有利于我国优秀文化和传统美德的继承，又为传统文化赋予了新的时代内容，对形成适应新时代中国特色社会主义需要的新的价值观、道德观和行为规范具有重要的推动作用。重视礼仪教育有助于凝聚各族人民齐心协力建设新时代中国特色社会主义。

世界上不少国家在现代化的过程中，把现代化与传统文化的精髓有机结合，不仅推动了经济的飞速发展，而且为传统文化注入了新鲜血液，使其焕发出新的活力，成为社会稳定与经济发展的精神动力。其中，日本和新加坡的成功经验最值得我们学习和借鉴。日本一些公司录用职员不仅考察其业务和文化水平，而且把举止、言谈、仪表等礼仪礼貌修养列为重要内容。礼貌谦虚的精神不仅体现在日常生活中，而且贯穿于现代社会生活的各个层面。

（二）建立社会秩序

秩序，是指人和事物的一种有规律的活动状态。人类社会和自然界的运动都必须遵守一定的秩序。人类社会如果没有了秩序，无论日常生活，还是生产活动都无法正常进行。

---

① 张岩松，现代交际礼仪[M]．3版．北京：中国社会科学出版社，2006．

管子曾经指出："礼义廉耻，国之四维，四维不张，国乃灭亡。"一个国家有没有完备的礼仪制度，人们能不能自觉地遵守礼仪规范，是衡量其社会秩序状况的一个重要尺度。

（三）树立良好风尚

社会风尚也可以称为社会风气，一般是指一定时期社会上人们在日常生活中形成的思想言行方面带普遍性的倾向。

礼仪反映一个民族、一个国家的文明水平、整体素质与整体教养。遵守礼仪、应用礼仪，不仅有助于净化社会空气，还有利于提升全体社会成员的精神文明素养和道德文化素养。当前，我国精神文明建设中一项重要内容，就是要求全体社会成员"讲文明、讲礼貌、讲卫生、讲秩序、讲道德、心灵美、语言美、行为美、环境美"，这些内容与礼仪的基本要求完全吻合。因此，讲礼仪与社会主义精神文明建设相互配合、相互促进，有利于纠正和克服社会上的不良风气，逐步形成良好的社会风尚。

（四）建设精神文明

世界各国和各民族都十分重视交往时的礼节礼貌，将其视为一个国家和民族文明程度的重要标志。正如古人所说："礼义廉耻，国之四维。"礼仪是立国的支柱。在社会主义精神文明建设中，讲究礼节礼仪，注重礼貌是最基本的要求，它是建设精神文明大厦的地基。只有基础打得扎实，大厦才能巩固。

二、礼仪对个人的影响和作用

（一）提高自身修养

在人际交往中，礼仪往往是衡量一个人文明素养的准绳。它不仅反映了一个人的交际技巧与应变能力，而且还反映了一个人的气质风度、阅历见识、道德情操、精神风貌。因此，从这个意义上说，礼仪即教养，有教养才能文明，有道德才能高尚。英国哲学家约翰·洛克对道德与礼仪这种密切关系曾有过十分精彩的论述："礼仪是在他的一切别种美德之上加上的一层藻饰，使他们对它具有效用，去为他获得一切和他接近的人的尊敬和好感。没有良好的礼仪，其余一切成就会被人看成骄夸、自负、无用和愚蠢。"所以，要培养自己高尚的道德情操，就得知情知礼。正所谓"文质彬彬，然后君子"，不懂情、不知礼便难以成为道德情操高尚的人。

（二）完善个人形象

讲究礼仪对个人的成功是至关重要的，因为它关系到个人的形象。个人形象，是一个人仪容、表情、举止、服饰、谈吐、教养的集合，而礼仪在上述诸多方面都有详尽的规范。礼仪的学习和运用可以帮助人发扬气质的长处，克服和弥补气质的短处，形成个性化的、优雅的、令人愉悦的气质形象。洛克还曾就礼仪对气质的影响说过这样一段话："礼仪的目的和作用本在使得本来的顽梗变柔顺，使人们的气质变温和，使他敬重别人，和别人合得来。"由此可见，礼仪知识的学习和礼仪规范的实践是培养优雅气质的有效途径。

（三）改善人际关系

人际关系是人类社会生活中极为重要的关系。一个人如果没有良好的人际关系，就无法满足个人的归属感与受尊重感，就会怅然若失，甚至惶惶不安、行为怪异。同样，如果一个单位或者整个社会人际关系混乱、紧张，就不会有安定团结的局面。礼仪作为一种规范、程序，作为凝固下来的文化传统，对人们之间的相互关系模式起着固定、维护和调节的作用。

礼仪的核心是关心人、尊重人。对礼仪的学习有助于培养人们理解、宽容、谦虚、诚恳的待人态度，热情友好、庄重大方、高雅文明的行为举止，与人为善、助人为乐的道德品质。应当说，热情、谦恭、有礼的态度是表现对他人尊重的重要方式。在社会交往中，礼仪不仅可以使人充满自信，胸有成竹，处变不惊，而且能够规范交际行为，更好地向交际对象表达自己的尊重、敬佩、友好与善意，增进彼此的了解与信任，营造和谐、融洽的人际关系。而且，外表的形象与魅力往往在有形无形中左右人际关系的建立与发展。

（四）培养良好习惯

良好的行为习惯也是人们获得机会和成功的重要因素。社会生活中，人与人之间的交往非常广泛，礼仪无时不在、无处不在。所以，礼仪涉及每一个人以及社会生活的每个方面。年轻时要讲礼仪，年长后也要讲礼仪；在家对长辈讲礼仪，出门在外对他人也要讲礼仪；与人交往要讲礼仪，工作中要按礼仪行事。

在现代文明社会中，得体的礼仪使人们充满信任、友爱和欢乐，使民族精神焕发永恒的魅力。正因如此，礼仪被纳入社会学的学术视野，不仅因为它关系到整个社会的精神文明、社会风气和民族风貌，也关系到精神文明建设和发展生产力的层面。宏观上，礼仪与社会生活、文化事业、民族和睦、国际交往有不可忽视的联系，微观上与家庭、同事、亲邻、学友，与个人行为密切相关，甚至会影响到人的思想、心态、生活、学习、工作，关系到每个人的事业发展和成就。

第五节　礼仪与道德

一、礼仪是人类社会道德自主的表现

道德是调整人与人之间以及个人和社会之间关系的行为规范的总和。道德可分为社会公德、职业道德、伦理道德三个方面。道德以善与恶、正义与非正义、公正与偏私、诚实与伪善等概念来评判人们的各种行为，调整人们之间的关系。道德通过各种形式的教育、说服、指导以及社会舆论的力量，逐渐形成一定的信念、习惯、传统。礼仪与道德有着密切的联系，礼仪是人类社会为了维系社会的正常生活而共同遵守的最起码的道德行为规范。明确礼仪与道德的关系，对不断提高民众的道德水平是十分重要的。

礼仪是现实生活中卓有成效的交往工具，因为礼仪的核心是建立以礼为中心的道德规范。礼仪蕴涵的礼不仅指人的行为规范，还指人生的规范。

二、礼仪与社会公德

社会公德是指一个社会中全体成员都必须遵守的社会正常生活秩序的各种行为规范的总和，它是人们最起码的公共生活准则，是人类生活、人际关系中的一个基本问题。社会公德的内容十分丰富，它涉及人类社会生活的各个方面。

（1）反映人们共同利益的道德规范。如我国的“五爱”公德，即爱祖国、爱人民、爱劳动、爱科学、爱社会主义。

（2）人道主义精神。尊重国家主权、领土完整，尊重人权、保护妇女、儿童、老人、伤残人的合法权益，维护世界和平，支持人类进步事业，实行人道主义救援等。

（3）人类共同行为准则。如相互尊重，礼貌待人；诚实守信、言行一致；遵守公共秩序和公共安全，举止文明，爱护公物、保护环境、维护公共卫生，遵纪守法，见义勇为等。

三、礼仪与职业道德

职业道德与社会公德息息相关，从某种意义上说，职业道德属于社会公德的有机组成部分，二者在内容上有着许多相同之处。在各种职业道德中都包含着社会公德的因素，如热情周到，以礼相待，诚实待人等，既是职业道德的要求，也是社会公德的内容。[①]

四、礼仪与伦理道德

人们在长期的社会交往中，都会遵守一套大家所公认的行为准则与规范。这些行为准则和规范就是我国的礼仪制度和礼仪内容。

中国传统礼制中的伦理道德主要体现在三个方面：一是提倡尊长爱幼；二是忠君孝亲、尊卑贵贱的等级制度；三是维护人伦关系。中国传统的伦理道德有消极的部分，同时也有其积极进步的部分。

第六节　空乘礼仪

一、空乘礼仪的内容和重要性

（一）空乘礼仪的内容

空乘礼仪是指空中乘务员在客舱服务过程当中，与乘客交往时所呈现出的精神风范和礼貌风范。乘务员的职业形象礼仪包括以下几方面：

1．外表形象

乘务员的外表形象包括人的容貌、姿态、服饰和个人卫生等方面，它是乘务员精神面貌的外观表现。由于人的性格、气质不同，内在修养不同，行为习惯不同，每个人都能以其文

① 李莉．实用礼仪教程[M]．北京：中国人民大学出版社，2004．

化素养、学识、思维能力为核心，形成一种独特的气质。

良好的风度需要很长的时间来培养，尤其是作为合格的乘务员，更需要在长期的飞行工作中注重自己文化素质的提高、自身修养的提升，将外在的美和内在的美相结合，体现在个人独特的气质上。

2．服饰

服饰是人体的外在包装，它包括衣、裤、裙、帽、袜、手套及各种服饰。服饰是一种无声的语言，它体现了一个人的个性、身份、涵养以及心理状态，直接代表了一个人的品格。乘务员必须对个人的服饰予以重视，这关系到个人的形象和航空公司的形象。

3．规范服务礼仪

乘务员是否具备良好的职业形象，能否在日常的客舱服务工作中运用基本的礼仪规范，不仅反映出该员工自身的职业素养，也能折射出其所在航空公司的企业文化水平和经营管理水平。

（二）空乘礼仪的重要性

改革开放40余年，我国民航运输业快速发展。在激烈的市场竞争中，差异化战略是企业发展的最佳选择，技术的差异化在航空方面因费用昂贵而难以实现，而经营化的差异化却有助于同竞争对手的经营方式形成差异。

安全、快捷和舒适是航空运输的最大特点。乘务工作是实现这一特点的重要组成部分，也是航空运输中直面乘客的窗口。空乘的仪表形象、言谈举止、服务态度、服务技能等不仅代表自身和航空公司，还代表整个民航和国家的形象与尊严。空乘的职业礼仪素养将直接影响客舱服务的品质，影响着航空公司的生存和发展。

服务窗口标志着一个企业的服务质量水平，这是竞争对手很难效仿的，如实施“微笑服务”“零缺陷”服务等。空中乘务员的大部分工作是客舱服务，乘务员是与旅客直接接触并为旅客提供服务的一方。高质量的客舱服务已经成为航空公司对外展示形象、吸引客源的最佳渠道之一。第一印象对乘客来说是至关重要的，乘务员首先要掌握好礼仪要领，才能做好服务工作。

对乘务员和作为空乘后备队伍的空中乘务专业学生来说，学习专业礼仪是成长为一名合格乘务员的基本要求。在中国民航协会用户工作委员会进行的“全国旅客话民航”调查活动中，有46.2%和28.3%的乘客认为空乘的优质服务有利于树立航空公司形象和促进公司的经济效益。乘务员的一举一动都直接影响着航空公司的声望。在客舱服务过程中，乘务员运用形体语言和基本礼仪的能力以及技巧、素养的高低对民航运输的发展有着至关重要的影响。

二、学习礼仪对于空乘专业学生的意义

学习礼仪的目的之一是树立和塑造空乘的形象，这包括外在和内在两个方面的内容：内在内容包括素质的提高和心灵的美丑。外在内容则包括仪容仪表以及语言行为等。外在形象是内在素质的体现，是以内在素质为基础的。只有加强自身修养，才能做到“内慧外秀”，真正树立起优质的空乘形象。

学习乘务礼仪的主要目标，即通过现代礼仪教学培养空中乘务专业学生的职业素质，提高学生对客舱服务的认识，树立职业形象，为今后从事客舱服务工作打下坚实的基础。

（一）礼仪学习对心理健康的影响

良好的心理素养和身体素质是健康的标志。礼仪修养可培养乐观而稳定的情绪，让人在工作和生活中既充满活力，又心态平静、言行规范、举止得体，既能充分认识自己并正确对待自己的得失，又能客观、公正地评价他人，树立较强的事业心和公共道德意识。意志坚韧，并善于自我克制；人格健全，有鲜明且较完善的个性；乐于交往，建立并保持和谐的人际关系；个人行为同组织行为及公众利益能协调一致，在复杂的工作环境中能保持良好的心理状态。

飞机上的乘客来自世界各地各行各业，有着不同的文化、信仰、习俗、性格和语言等背景。因此客舱服务工作不仅要求乘务员有较强的语言表达能力、广博的文化地理知识、快速应变的能力和良好的合作精神，还要有得体的仪态、健康的身体和心理。

（二）礼仪学习对空乘专业职业素养的影响

职业人格素养是指在基本的思想道德品质素养的基础之上形成的职业情感、职业意识和职业行为。

1. 启迪、培养学生的审美意识

现代礼仪教育从培养学生良好道德品质和高尚情操出发，使其讲究仪表美、仪态美、言谈美、举止美。学习乘务礼仪既符合民航职业的要求，也能使学生认识到美的道德情操与美的仪表仪态对自己未来职业的影响，提升学生的审美，提高学生对仪表美、仪态美、举止美、言谈美的感受、鉴赏、表现和创造能力。具有专业性、针对性的礼仪教育使学生的情感教育有了实在的内容。

2. 锻炼良好的职业意志和职业品质

空乘专业的培养目标非常明确，即为航空运输和航空服务培养所需要的高级应用型人才。空乘专业学生走向服务第一线时，会遇到各种困难、痛苦，甚至危险。通过礼仪教育，可培养其尊重、宽容、理解、真诚、镇定、坚强等人格特征，在碰到困难和危险，遇到紧急情况或某些特殊事件时，能运用所学到的交往知识和方法，正确、及时地解决紧急突发事件。

3. 有助于建立团队合作的精神品质

学会尊重他人、尊重自己，增强个人交往的自信心和自尊心，有助于学生养成团队合作精神。这是民航工作对从业人员的重要要求。良好的礼仪修养能够使人在与别人沟通、合作时得到切实有效的帮助，促进团队合作。尤其在遇到强气流、恶劣气候等紧急情况下，这种合作是确保生命安全的关键因素。因此，礼仪教育是乘务人员与空乘专业学生构建自主与合作职业精神的基础。

（三）礼仪学习对职业技能素质的影响

职业技能素质指一专（专业技术能力）多能（多种发展潜能），触类旁通。这是空乘这一特殊职业的基本要求。

1．有利于学生的专业技术能力的培养

乘务员除了要有良好的外表以及具有亲和力的笑容以外，还应该掌握丰富的适应飞行服务工作的知识，以达到“内在美”和“外在美”的统一。学生对社会关系的掌握、人际关系的处理、困难与矛盾的解决，在遇险时不惊慌，这些都与礼仪教育有着直接关系。

空乘特殊的工作场合和工作性质，决定了服务人员的职业形象特点，即整洁、清爽、端庄、优雅、敏捷、成熟。他们内练自己静态和动态的礼仪修养，外练优美的形体，以优美的仪态、甜美的微笑、端庄的举止，使自己在旅客心中留下良好印象，也让旅客有一个轻松、舒适、愉快的旅行心情，并自觉接受服务员传递出的信息和指令。由此可以看出，礼仪学习对空乘专业学生的专业技术能力的培养有直接的作用。

2．有利于培养综合能力

对空乘专业学生的职业技能素质培养，既包括某一特定专业技术技能的培养，也包括适应社会多种需要的技能的培养，即以专业知识为学术基点，吸纳自然、人文、社会科学等学科理念。礼仪教育以人文、社会科学为基本范畴，培养学生端庄的仪表、优雅的仪态、得体的表情和恰当的礼貌礼节，让学生在交往、联系、竞争、合作过程中尊重他人、尊重自己、真诚守信、理解宽容并获得他人的信任、理解和支持。

第二章　社交礼仪

第一节　会面礼

在接待活动中，接待人员具体应选择何种会面礼节，都是十分讲究的。会面礼节，亦称见面礼，一般是指人们见面之际向交往对象致意的规范化行为。就适用范围而言，有的见面礼适用面较广，而有的见面礼则仅仅适用于本国、本地区或本民族。在接待活动中，接待人员可用自己惯用的见面礼，也可参照其交往对象的特殊礼节来行见面礼。对在日常交往中常见的点头致意、握手礼、拥抱礼、亲吻礼、吻手礼、合十礼、鞠躬礼、脱帽礼等，接待人员均要深入了解，再根据具体的情况和场合选择施礼的方式。①

一、点头致意礼

点头致意是会面礼中一种最为常用的礼节，表示问候、尊敬之意。随着现代生活节奏的加快，点头致意逐渐成为日常人际交往中使用频率最高的一种礼节。它没有严格的模式与要求，但功效却是不可忽视的。通常用于相识的人或有一面之交的人打招呼或致意，行此礼时应该诚心诚意，表情和蔼可亲。若毫无表情或精神萎靡不振，则会有不尊重对方的感觉。

点头致意礼作为见面礼，主要适用于不宜与对方交谈的场合。例如会议或会谈正在进行中，行走在人声嘈杂的街道上，或是置身于影院、剧院等公共场合，与仅有一面之交者在营销或商务交往中相遇，或是与相识者在同一场合中多次见面时，可行点头致意礼。同时，在外交场合，遇到身份高的领导，有礼貌地点头致意，也是表示欢迎的意思。

点头致意礼的操作要领：

第一，头部向下稍许晃动一两下，同时目视被致意者。不应把头高高扬起，或是头部晃动的幅度过大，点头不止。

第二，点头时，要注意面带微笑。微笑就是面含笑容，是不显著、不出声、不夸张的笑。总的来说，它可以用于同不相识者初次会面，也可以用于和在同一场合反复见面的老朋友打招呼。微笑的要旨是真诚、自然、朴实无华，否则会有悖于与人为善的初衷。

二、握手礼

握手礼是流行于许多国家的一种见面、离别、祝贺或致谢的礼节。此礼源于原始社会人们扔掉棍棒武器而相握交好的动作。

---

① 金正昆．社交礼仪[M]．北京：北京联合出版公司，2013．

握手礼是人们在交往中用于表达友好的常用礼节。握手也是服务人员在活动中的重要表达方式。握手的力量、姿势与时间的长短往往能够表达出对对方的态度，显露自己的个性，从而给人留下深刻印象，因此我们说握手是一种无声的动作语言。

（一）时机

握手的时机，是一个十分复杂而微妙的问题。它通常取决于交往双方的关系、现场的气氛以及当事人的心情等多种因素。但是对于接待人员来说，在如下这样一些时刻，是有必要与交往对象行握手礼的，否则即为失礼。

（1）在比较正式的场合同相识之人道别时，应与之握手以表示自己的依依惜别之意和希望对方珍重之心。

（2）在家中、办公室以及其他一切以本人为东道主的场合中，欢迎或送别来访者时，应与对方握手以表示欢迎或欢送。

（3）拜访他人之后，辞行之时，应与对方握手表示“再会”。

（4）被介绍给不相识者时，应与之握手以表示自己乐于结识对方，并为此深感荣幸。

（5）在社交性场合，偶然遇上同事、同学、朋友、邻居、长辈或上司时，应与之握手以表示高兴与问候。

（6）他人给予自己一定的支持、鼓励或帮助时，应与之握手以表示感激。

（7）成功或获得荣誉嘉奖时，应与之握手以表示祝贺。

（8）对他人表示理解、支持、肯定时，应与之握手以表示真心实意、全心全意。

（9）应邀参与社交活动，如宴会、舞会之后，应与主人握手以表示谢意。

（10）在重要的社交活动，如宴会、舞会、沙龙、生日晚会开始与结束时，主人应与来宾握手以表示欢迎与道别。

（11）他人向自己赠送礼品或颁发奖品时，应与之握手以表示感谢。

（二）不宜握手的场合

在以下几种情况下，不宜同对方握手行礼，应以其他方式表示。

（1）对方手部负伤或负重。

（2）对方手中忙于其他事，如打电话、用餐、喝饮料、主持会议、与他人交谈等。

（3）对方与自己距离较远。

（4）对方所处环境不适合握手。

（三）先后次序

在比较正式的场合行握手礼时，最为重要的礼仪问题是握手的双方应当由谁先伸出手来“发起”握手这个动作。倘若对此一无所知，在与他人握手时，轻率地抢先伸出手去而得不到对方的回应，那种场景一定是非常令人尴尬的。作为接待人员，更要对握手的先后顺序有一个清楚的了解。

1.“尊者优先原则”

根据礼仪规范，握手时双方伸手的先后次序应遵循“尊者优先原则”，具体情况具体对待。

“尊者优先原则”的含义是当两人需要握手时，首先应该清楚彼此身份的“尊卑”，然后由此而决定伸手的先后。通常应由位尊者先伸出手来，即“地位高者先行”。相对位低者只能在此后予以回应，而绝不可贸然抢先伸手。

在握手时，之所以要遵守“尊者优先原则”，既是为了恰到好处地体现对位尊者的尊重，也是为了维护在握手之后的寒暄应酬中位尊者的自尊。因为握手往往意味着进一步交往的开始，如果位尊者不想与位低者深交，他是大可不必伸手的。换言之，如果位尊者主动伸手与位低者握手，则表明前者对后者印象不错，而且有主动与之交往之意。

2. 具体涉及的情况

具体而言，握手时双方伸手的先后次序大体包括如下六种情况：

（1）年长者与年幼者握手时，应由年长者首先伸出手来。

（2）长辈与晚辈握手时，应由长辈首先伸出手来。

（3）老师与学生握手时，应由老师首先伸出手来。

（4）女士与男士握手时，应由女士首先伸出手来。

（5）上级与下级握手时，应由上级首先伸出手来。

（6）职位、身份高者与职位、身份低者握手时，应由职位、身份高者先伸出手来。

（四）某些特殊的情况

如果一个人需要与多人握手时，握手的顺序应由尊而卑，即先年长者后年幼者，先长辈后晚辈，先老师后学生，先女士后男士，先上级后下级，先职位、身份高者后职位、身份低者。

如在工作场合，握手时伸手的先后次序，主要取决于职位和身份。若在社交休闲场合，则主要取决于年龄、性别。

在接待来访者时，这一问题变得较为特殊一些：当客人抵达时，主人应首先伸出手来与客人相握；而在客人告辞时，则应由客人首先伸出手来与主人相握。前者是表示“欢迎”，后者则表示“再会”。如果这个顺序错误的话，则容易让人产生误解。

应当强调的是：上述握手的先后次序可用于律己，但不必处处苛求他人。如果自己处于尊者之位，而位卑者抢先伸手来相握时，最得体的做法是与之配合，立即伸手与之相握。若过分拘泥于形式，对其视若不见、置之不理，使其进退两难、当众难堪，也是失礼于对方的一种行为。

（五）具体动作

握手的标准方式是行礼时行至距握手对象约 1 米处，双腿立正，上身略向前倾，伸出右手，四指并拢，拇指微微张开与对方相握。握手时，应用力适度，上下稍许晃动三四次，随后松开手来，恢复原状。具体来说，握手时应加以注意的问题有如下几点：

1. 握手的神态

与人握手时，理当神态专注、热情、友好、自然。在通常情况下，与人握手时应面含笑意，目视对方双眼，并且口道问候。在握手时，切勿显得自己三心二意、敷衍了事、漫不经心、傲慢冷淡。如果迟迟不握他人早已伸出的手，或是一边握手，一边东张西望、目中无人，甚至忙于跟其他人打招呼，都是失礼的做法。

2. 握手的姿势

与他人行握手礼时，只要有可能就应起身站立，坐着与人握手是不合适的。握手时，彼此间的最佳距离为 1 米左右，因此握手时双方都应主动向对方靠拢。若双方距离过大，显得像是一方有意讨好或冷落一方。若双方握手时距离过小，手臂难以伸直，姿势不美观。

（1）手的手位

在握手时，手的具体位置至关重要，常见的手位有两种：

① 单手相握

以右手单手与人相握，是最常见的握手方式。单手与人相握时，左手掌垂直于地面最为适当，这被称为“平等式握手”，表示自己不卑不亢。与人握手时掌心向上，表示自己谦恭、谨慎，这一方式叫作“友善式握手”。与人握手时掌心向下，则表示自己感觉甚佳、自高自大，这一方式叫作“控制式握手”。

② 双手相握

双手相握，即用右手握住对方右手后，再以左手握住对方右手的手背。这种方式适用于亲朋故友之间，可用以表达自己的深厚情谊。一般而言，这种方式的握手不适用于初识者与异性。双手相握时，左手除握对方右手手背外，也有人握住对方右手手腕或右手手臂，或拥抱对方右肩。这些做法，除非是至交，否则最好不要滥用。

③ 握手的力度

握手时，为了向对方表示热情友好，应当稍许用力；与亲朋见面，故友重逢时，所用的力量可以稍为大一些。而在与异性以及初次相识者握手时，则千万不可用力过猛。

总之，在与人握手时不可毫不用力，不然就会使对方感到缺乏诚意与活力，但也不宜矫枉过正。若是在握手时太用力，将对方的手握得有些许疼痛的感觉，在对方眼里难免有示威挑衅之嫌。

④ 握手的时间

在一般情况下，与他人握手的时间不宜过短或过长。大体来讲，握手的时间应控制在 3 秒钟之内，即握上一两下即可。当然，若是老友重逢，握手的时间则可以适当延长。

握手时两手稍触即分，时间过短，感觉是在敷衍。而与他人握手时间过久，尤其是拉住异性或初次见面者的手长时间不放，则显得有些虚情假意，甚至会被怀疑有骚扰之嫌。

（六）握手的禁忌

在人际交往中，握手虽然司空见惯，看似寻常，但由于它可被用来传递多种信息，因此在行握手礼时应努力做到合乎规范，不犯禁忌。这就要求接待人员做到下述几点：

（1）不要用左手与他人握手，尤其是在与一些少数民族人士或外国友人打交道时，因为在他们看来左手是不洁的。

（2）不要在握手时争先恐后，而应当遵守秩序，依次而进。

（3）不要在握手时戴着手套或将另外一只手插在衣袋里，也不能在握手时另外一只手拿着东西不肯放下，例如香烟、报刊、公文包、行李等。

（4）不要在握手时戴着墨镜，除非患有眼疾。

（5）不要在握手时面无表情、不置一词，好像无视对方的存在，或纯粹是为了应付。

（6）不要在握手时长篇大论、点头哈腰、过分客套。这些做法都会令对方不自在、不舒服。

（7）不要在握手时仅仅握住对方的手指尖，好像有意与对方保持距离，也不要在握手时只递给对方冷冰冰的手指尖。正确的做法是握住对方的整个手掌，即使是对异性，也要这么做。

（8）不要以肮脏不洁或患有传染性疾病的手与他人相握，更不能在与人握手之后，立即揩拭自己的手掌。

（9）不要拒绝与他人握手。在任何情况下，都不能这么做。

三、拱手礼

拱手礼，也叫作揖礼，已经有两三千年的历史了，从西周起就开始在同辈人见面、交往时使用。古人通过程式化的礼仪，以自谦的方式表达对他人的敬意。拱手礼不仅是最能体现中国人文精神的见面礼节，也是中国人最常见的致意礼仪方式之一。

（一）拱手礼的方式

拱手礼的姿势一般来说是：起身站立，上身挺直，两臂前伸，双手在胸前高举抱拳，通常为左手握空拳，右手抱左手，拱手齐眉，上下略摆动几下。

（二）拱手礼的场合

在我国，拱手致意通常用于以下场合：

（1）双方告别，互道珍重时可用拱手礼；有时向对方表示歉意，也可用拱手表示。

（2）婚礼、生日、庆功等喜庆场合，来宾也可以以拱手致意的方式向当事人表示祝贺。

（3）每逢重大节日，如春节等，邻居、朋友、同事见面时，常拱手为礼以表祝愿；为欢庆节日而召开的团拜会上，大家欢聚一堂，互相祝贺，常用拱手致意。

拱手致意时，常常与寒暄语配合进行，比如“恭喜恭喜”“久仰”“节日快乐”“请多多关照”等。

四、鞠躬礼

鞠躬，本来意思为不抵抗，相见时把视线移开，郑重地把头低下，告诉对方我对你不会怀有敌意，并以鞠躬这个形式表示对他人的敬重。

鞠躬礼，既适用于庄严肃穆、喜庆欢乐的仪式，也适用于一般的社交场合，晚辈对长辈、学生对老师、下级对上级、表演者对观众都可以施鞠躬礼。领奖人上台领奖时，向授奖者及全体与会者鞠躬行礼；演员谢幕时，对观众的掌声常以鞠躬致谢；演讲者也用鞠躬来表示对听众的敬意。

（一）鞠躬的方式

（1）行鞠躬礼时，须脱帽并且呈立正姿势，面带笑容，目视受礼者。男士双手自然下垂，贴放于身体两侧裤线处，女士的双手下垂搭放在腹前。

（2）上身前倾弯腰，下弯的幅度可根据施礼对象和场合决定鞠躬的度数，一般为 15°或 30°。90°大鞠躬常用于特殊情况。

（二）鞠躬的禁忌

（1）鞠躬不可速度太快。
（2）切忌一边摇晃着身体一边鞠躬。
（3）切忌边看着对方边鞠躬，这是十分不雅的。
（4）不可连续地重复施礼，鞠躬一次即可。

五、拥抱礼

拥抱礼是流行于欧美的一种见面礼节。所谓拥抱礼，一般是指双方用自己的双手互相揽住对方的上身，借以向对方致意。中国人对这一礼节不太习惯，但它在对外交往中却得到了广泛的运用。对拥抱礼，接待人员应主要掌握下述四点：

（一）具体做法

拥抱礼最为常见的做法是：两人走近之后，正面站立，先各自举起右臂，将右手搭在对方左肩后面，左臂下垂，左手扶住对方腰部的右后侧，首先各向对方左侧拥抱，然后各向对方右侧拥抱，最后再一次各向对方左侧拥抱。

（二）具体区域

一般来讲，拥抱礼在西方国家广为流行。在中东欧、阿拉伯各国、大洋洲各国、非洲与拉丁美洲的许多国家和地区，拥抱礼也颇为常见。但在东亚、东南亚等国家，拥抱礼则不常用。

（三）具体场合

在庆典、仪式、迎送等较为隆重的场合，拥抱礼最为多见，在政务活动中尤其如此。在一些私人性质的社交、休闲场合，拥抱礼则可用可不用。在某些特殊的场合，诸如谈判、检阅、授勋等，则大都不使用拥抱礼。

（四）具体人员

在欧洲、美洲、大洋洲诸国，男女老幼之间均可使用拥抱礼。但是在亚洲、非洲的绝大多数国家里，拥抱礼一般仅用于同性之间。

六、亲吻礼

在一些流行拥抱礼的国家里，亲吻礼也普遍流行，且往往与拥抱礼同时采用。所谓亲吻礼，特指以亲吻交往对象面部某些特定部位的方式来向对方致意。当人们有必要向他人行亲吻礼时，一般有如下三点须特别注意：

（一）点到为止

在亲吻别人时，不论与对方关系如何，不论双方是否同性，都不宜表现得过于热烈、过于投入。一般的做法是：以唇部象征性地接触对方一下即可。

（二）部位有别

根据惯例，在行亲吻礼时，双方关系不同，亲吻的具体部位通常也会有所不同。长辈吻晚辈，应亲吻额头；晚辈吻长辈，应亲吻下颌或吻面颊；同辈之间、同性之间应贴面颊，异性则应亲吻面颊。在正常情况下，互相亲吻嘴唇往往仅限于夫妻或恋人之间，不宜滥用，更不宜当众进行。

（三）国情差异

在西方国家里，亲吻礼既适用于同性之间，也适用于异性之间。但在许多亚洲国家里，亲吻礼则仅限于同性之间使用，异性之间绝对不能使用。

七、吻手礼

在欧洲与拉丁美洲，异性在社交场合见面时往往会采用吻手礼。所谓吻手礼，实际上是亲吻礼的一种特殊形式，它是以一个人亲吻另外一个人的手来向对方表示致意。在亚洲国家，吻手礼与亲吻礼一样，都是不流行的。在涉外交往中有可能接触吻手礼时，必须对以下三个特征有所了解：

（一）单向性

一般的见面礼，如握手礼、拥抱礼、亲吻礼等，往往都具有双向性，即有来有往彼此相互施礼。但吻手礼却较为特别，它通常是单向施礼的，即其施礼对象不必以相同形式向施礼者还礼。

（二）对象性

按惯例，吻手礼大都是男士向女士施礼。接受吻手礼的女士，往往都是已婚者。按照常规的做法，一般不应当向未婚妇女施吻手礼。

（三）限定性

在正规场合施吻手礼，通常有以下两条特殊的限制：其一，行礼的地点应为室内。在街道上行此礼，是不合时宜的。其二，吻的部位应是女士的手指或手背。一般而言，女士被吻的手大都是右手。当男士吻女士的手时，必须是轻轻的、象征性的接触。

八、脱帽礼

脱帽礼起源于中世纪的欧洲。当时武士打仗要戴头盔，以防敌人袭击。若来者是自己人，就把头盔掀开，露出面孔，以防误会。这种习惯流传下来，就是今天的脱帽礼。此礼在东、西方都较为流行。

脱帽礼有几种不同的方式，有的国家只是把帽子稍微摘一下便立即戴上，有的是拿在手里向对方点头致意，有的则是把帽子脱下来，用左手小臂托着。

行脱帽礼时，戴制服帽者，通常应双手摘下帽子，然后以右手执之，端在身旁。带便帽者则既可以右手完全摘下帽子，也可以右手微抬帽檐代之。不过，正规的场合一般要求完全摘下帽子。一般女士可不必摘下帽子，但男士则不享有此项待遇。

脱帽礼除适用于见面之时，还适用于其他场合，比如路遇熟人，进入他人居所或办公室、娱乐场所，升国旗演奏国歌时，等等。

在西方，男女相遇，男子又戴着容易摘下的有边帽，通常要将边帽略略提起以示礼貌，学生也可用这种方法向老师致意。如果有人向与你在一起的人脱帽致意，即使你并不认识，也要脱帽回礼。假如帽子不容易摘下来可以不脱，但要用手触一下。

九、合十礼

合十礼又称“合掌礼”，属佛教礼节，通行于印度和东南亚信奉佛教的国家与地区，我国傣族聚居地也用合十礼。

行礼时两掌合十于胸前，十指并拢向上，掌尖和鼻尖基本齐平，手掌向外倾斜，头略低，面部安详且严肃。合十礼分为跪合十礼、蹲合十礼和站合十礼三类。

（一）跪合十礼

适用于佛教徒拜佛祖或僧侣的场合，行礼时右腿跪地，双手合掌于两眉中间，头部微微低下，以表恭敬虔诚。

（二）蹲合十礼

佛教国家的人拜见父母或师长时所采用的礼节，行礼时双腿下蹲，将合十的掌尖举至两眉间，以表示尊敬。

（三）站合十礼

佛教国家的平民之间、平级官员之间相见，或公务人员拜见长官时所用的礼节，行礼时端正站立，将合十的手掌尖移至胸前或者嘴巴前面，以表示致意。

在我国，因佛教中不实行握手礼节，所以一般非佛教徒对僧人行礼，也可行站合十礼。

第二节　介绍礼

一、自我介绍

自我介绍，是指在必要的社交场合，把自己介绍给其他人，以使对方认识自己。恰当的自我介绍，不但能增进他人对自己的了解，还可以创造出意料之外的效果。

（一）需要介绍的场合

在公众场合，如遇到下列情况时，自我介绍就是很有必要的：

（1）与不相识者初次见面。

（2）不相识者对自己很有兴趣。

（3）他人请求自己做自我介绍。

（4）在聚会上与身边的陌生人共处。

（5）求助的对象对自己不甚了解或一无所知。

（6）前往陌生单位进行业务联系时。

（7）在旅途中与他人不期而遇又有必要与人接触时。

（8）初次登门拜访不相识的人。

（9）初次利用大众传媒，如报纸、杂志、广播、电视、电影、标语、传单向社会公众进行自我推介、自我宣传时。

（10）利用社交媒介，如信函、电话、电报、传真、电子信函与其他不相识者进行联络时。

（二）介绍方式

1．工作式

工作式的自我介绍的内容包括本人姓名、供职的单位和部门，以及承担的职务或从事的具体工作等。

2．交流式

它是一种刻意寻求同交往对象做进一步交流沟通，希望对方认识自己、了解自己、与自己建立联系的自我介绍，适用于社交活动，介绍内容大体包括本人的姓名、工作、籍贯、学历、兴趣以及与交往对象的某些熟人关系等。

3．问答式

针对对方提出的问题做出自己的回答。这种方式适用于应试、应聘和公务交往，在普遍性交际应酬场合也时有所见。

4．礼仪式

这是一种表示对交往对象友好、尊敬的自我介绍，适用于讲座、报告、演出、庆典、仪式等正规的场合，介绍内容包括姓名、单位、职务等。自我介绍时，还应多加入一些适当的谦辞、敬语，以示尊敬。

5．应酬式

这种自我介绍的方式最简洁，往往只包括姓名一项即可。它适合于一些公共场合和一般性的社交场合，如途中邂逅、宴会现场、舞会、通电话时。

（三）掌握分寸

（1）力求简洁，尽可能地节省时间。通常以半分钟左右为佳。如无特殊情况，最好不要长于 1 分钟。为了提高效率，在做自我介绍时，可利用名片、介绍信等资料加以辅助。

（2）在适当的时间进行。进行自我介绍，最好选择在对方有兴趣、有空闲、情绪好、干扰少、有要求之时。如果对方兴趣不高、工作很忙、干扰较大、心情不好、没有要求、休息用餐或正忙于其他交际之时，则不太适合进行自我介绍。

（四）追求真实

进行自我介绍时所表达的各项内容一定要实事求是，真实可信。过分谦虚、自吹自擂或一味贬低自己去讨好别人，都是不可取的。

二、为他人介绍

为他人做介绍，就是在以你为东道主的场合中，你遇到了其他的客人，客人之间不认识，但你跟他们认识，则你是第三方。这时将由第三方的你出面为不相识的双方做介绍并说明情况。

（一）介绍顺序

根据规则，为他人做介绍时的礼仪顺序大致有以下几种：

（1）介绍长辈与晚辈认识时，应先介绍晚辈，后介绍长辈。

（2）介绍女士与男士认识时，应先介绍男士，后介绍女士。

（3）介绍上级与下级认识时，先介绍下级，后介绍上级。

（4）介绍同事、朋友与家人认识时，应先介绍家人，后介绍同事、朋友。

（5）介绍与会先到者与后来者认识时，应先介绍后来者，后介绍先到者。

（6）介绍来宾与主人认识时，应先介绍主人，后介绍来宾。

（二）注意介绍时的细节

在介绍他人时，介绍者与被介绍者都要注意以下一些细节：

（1）介绍者为被介绍者做介绍之前，要先征求双方被介绍者的意见。

（2）被介绍者在介绍者询问自己是否有意愿认识某人时，一般应欣然表示接受。如果实在不愿意，应向介绍者说明缘由，取得谅解。

（3）当介绍者走上前来为被介绍者进行介绍时，被介绍者双方均应起身站立，面含微笑地目视介绍者或者对方。

（4）介绍者介绍完毕，被介绍者双方应依照合乎礼仪的顺序进行握手，并且彼此使用“您好”“很高兴认识您”“久仰大名”“幸会”等语句问候对方。

介绍他人认识是人际沟通的重要组成部分，良好的合作可能就是从这一刻开始的。

三、集体介绍

集体介绍，实际上是介绍他人的一种特殊情况，它是指被介绍的一方或者双方不止一人的情况。介绍集体时，被介绍双方的先后顺序依旧至关重要。

具体来说，介绍集体又可分为以下两种基本形式：

（一）单向式

所谓单向式，就是指当被介绍的双方中一方为一个人，另一方为多个人组成的集体时，往往可以只把个人介绍给集体，而不必再把集体介绍给个人。

（二）双向式

所谓双向式，是指被介绍的双方皆为一个由多人所组成的集体。在具体进行介绍时，双方的全体人员均应被正式介绍。它的常规做法是，应由主方负责人首先出面，依照主方在场者具体职务的高低，由高至低地依次对其进行介绍。接下来，再由客方负责人出面，依照客方在场者具体职务的高低，由高至低地依次对其进行介绍。

第三节　名片礼仪

名片是人类文明发展的产物。我国古代的名片，是用竹木削制而成的薄片，在上面写上姓名，当时叫作“名刺”。如果去拜访主人时，通常给门房一张名刺，请他进去通报。如今使用的名片已是国际上一种通用的方式，名片由于使用起来简便、灵活，能适应现代社会人际交往十分频繁的需要，因此成为现代人际交往中必不可少的联络工具和信息载体，具有自我推荐和扩大交往的重要功能。

在很多场合，名片的使用往往和宾主双方的互相结识与交往联系在一起。名片是个人身份的象征，是人们进行社交活动的重要工具。所以，名片的递送、接受、存放也要讲究礼仪。

一、名片的用途

作为一种不可或缺的交际工具，名片在现实生活中有着很强的实用性。对接待人员而言，名片的基本用途主要有以下几种：

（一）常规用途

名片主要具有互通姓名、相互结识的重要作用。具体来说，又可细分为介绍自己、结交他人、拜会他人、便于联系等功能。

1. 介绍自己

初次与交往对象见面时，如果想进一步交往，除了必要的口头自我介绍外，还可以递上一张名片作为介绍的辅助工具。这样做，不仅能使对方明确自己身份，而且还可以节省时间，强化效果。

2. 结交他人

在社会交往中如果想要结识某人，往往可以主动递交名片。这不仅意味着友好，而且还含有“可以交个朋友吗”这句潜台词。从礼仪上讲，对方一般会互换名片，从而也就完成了双方结识的第一步。

3. 拜会他人

在初次前往他人工作单位或私人居所进行正式拜访时，可把本人名片交于对方门卫、秘书或家人手中，然后由其交给被拜访的人，意为“我是某某，我可以拜访您吗”。待对方确认了拜访者的实际身份，再决定双方是否见面。

4. 便于联系

利用他人在名片上提供的联络方式，可以与对方取得并保持联系，促进交往。当人们变换了工作单位、调整了职务，或者联系方式有所更改后，一般都要重新制作自己的名片。向经常交往的对象递交新名片，也意味着把本人的最新情况通报给对方，避免影响双方联系。

（二）特殊用途

在社交场合，尤其是国际社交性的场合，名片不仅仅是相互联系的工具，它还可以代替一封简洁的信函，用来表示祝贺、感谢、介绍、辞行、慰问、馈赠以及吊唁等。具体做法是：在名片的左下角写上一行字或一句短语，然后装入信封送交他人。如果是本人亲自递交或托人带给他人，要用铅笔书写，如果采用邮寄方式，则应用钢笔书写。①

二、名片的分类

根据名片使用场合的不同，在日常生活中可以将所使用的名片分为社交名片和公务名片；根据名片主人的不同，具体又可以分为个人名片、集体名片、社交名片以及夫妇名片。一般而论，在不同的场合，或面对不同的交往对象时，应当使用不同的名片。

（一）公务名片

公务名片，此处是指工作人员在正式的公众活动中所使用的名片，它是最常使用的一种名片。一枚标准的公务名片，按惯例应由具体归属、本人称呼、联络方式等基本内容构成。

1. 具体归属

它是由工作人员供职单位和所在部门的正式名称组成，具体个人信息通常位于名片的左上角，单位名称不能采用缩写。需要注意的是，在一枚名片上列出的单位或部门不宜多于两个。如果确实供职于两个以上的单位或部门，或同时承担着多种不同的社会职务，则应分别印刷不同的名片，并根据接待对象和交际目的的不同而分发不同的名片。

2. 本人称呼

它应由本人姓名、职务、学术头衔等几个部分构成，位于名片的正中位置。一般来说，技术职务或者是学术头衔往往可有可无。通常名片所列的行政职务一般不宜多于两个，并且要注意与同一名片上的具体归属保持对应。

3. 联络方式

它通常由单位地址、办公电话、邮政编码等内容构成。在正常情况下，家庭住址、住宅

---

① 金正昆．社交礼仪[M]．北京：北京联合出版公司，2013．

电话不宜列出，至于传真号码、电子邮箱等内容，则应该根据具体情况决定是否列出。上述内容以及工作单位的联络方式等信息既要完整无缺又应排列美观。一般来说，本人姓名应以大号字体印于名片的正中央，职务头衔则应以较小字体印在姓名的右侧。

（二）集体名片

集体名片，是公务名片的一种特殊形式，它通常适用于那些对外交往较为频繁的政府部门，是其主要成员集体对外使用的名片。使用集体名片不仅可以节省费用，而且有助于维护和宣传集体。

集体名片与其他公务名片的区别在于要在名片上列出这一集体的每一位主要成员的具体称呼，并按其具体职务高低由上而下依次排列。

（三）社交名片

社交名片，指的是在工作之余，以私人身份在社交场合进行交际应酬时使用的名片，故又被称为个人名片。社交名片的基本内容包括两个部分：其一，本人姓名，以大号字体印在名片正中央。因为社交名片只用于社交场合，通常与公务无关，因此无须添加任何公务性头衔。其二，联络方式，以较小字体印在名片右下方。与公务名片的区别是，社交名片可以将自己的手机号码留在名片上。如果本人不喜欢被外界打扰，则可根据具体情况对自己的联络方式有所保留。必要时，也可以不留任何联络方式，仅保留姓名一项内容即可。

（四）夫妇名片

在一些社交场合，接待人员有可能偕同配偶一起参与交际应酬。在这种情况下，使用夫妇名片就比较合适了。事实上，夫妇名片只是社交名片的一项特例，它较多地运用于两人联名赠送礼品或投寄问候信函的场合。名片上的基本内容，同样只包含姓名和联系方式两项，或只有姓名一项。需要注意的是，夫妇两人姓名应印刷成一行，而不宜印成上下两行。同时切记，无论任何理由，都不能随意划掉或涂去另一方的姓名。如果有必要以某一方的名义单独使用名片时，则最好还是选择个人名片。

三、名片的交换

名片礼仪的核心内容是名片交换。接待人员如何交换名片不但是其个人修养的一种反映，也是对交往的对象尊重与否的直接体现。

（一）携带名片

接待人员在接待活动中，或者参加正式的交际活动时，都应随身携带自己的名片。

1. 足量适用

接待人员携带的名片一定要数量充足，确保够用。所带名片要分类放置，以便根据不同交往对象使用不同名片。

2. 放置到位

名片应统一置于名片夹、公文包或上衣口袋之内，在办公室时还可以放于名片架或办公桌内，切不可将其随便放在钱包、裤袋等处。

3. 完好无损

平时，名片一定要保持干净整洁，切不可出现折皱、破烂、肮脏以及涂改等情况。

（二）递交名片的礼节

你向别人索取了名片，同时也要向别人递交你的名片，这样别人才会了解你的情况，这就是礼尚往来。在递交名片时，要注意以下几个要点：

1. 观察意愿

除非自己想主动与人结识，否则名片务必在交往双方均有结识对方并欲建立联系的意愿前提下发送。这种愿望往往会通过“幸会”“认识你很高兴”等一类谦语以及表情、姿态等非语言符号体现出来。如果双方或一方并没有这种愿望，则无须发送名片，否则会有故意炫耀、强加于人之嫌。

2. 把握时机

发送名片要掌握适宜时机，只有在确有必要时发送名片，才会令名片发挥功效。发送名片一般应选择初识之际或分别之时，不宜过早或过迟。不要在用餐、戏剧、跳舞之时发送名片，也不要在大庭广众之下向多位陌生人发送名片。

3. 讲究顺序

双方交换名片时，应当首先由位低者向位高者发送名片，再由后者回复前者。但在多人之间递交名片时，不宜以职务高低决定发送顺序，切勿跳跃式进行发送，甚至遗漏其中某些人。因此最佳方法是由近而远、按顺时针或逆时针方向依次发送。

4. 先打招呼

递上名片前，应当先向接受名片者打个招呼，令对方有所准备。既可先做一下自我介绍，也可以说声“对不起，打扰了”“可否交换一下名片”之类的提示语。

5. 表现谦恭

递交名片时应当表现得郑重其事。首先要起身，主动走向对方，面含微笑，上身前倾15°左右，以双手或右手持握名片，举至胸前，并将名片正面面对对方，同时说一些“请多多指教”“欢迎前来拜访”之类的礼节性用语。切勿以左手持握名片。递交名片的整个过程中应当谦逊有礼，郑重大方。在一般情况下，交换名片时，如果双方是坐着的，应当起立或欠身递送。

（三）接受名片的礼节

接受名片时，同样也有一系列讲究要遵守。主要有：

1. 接受之法

在接受他人名片时，接待人员不论多忙，都要暂停手中的一切事情，起身站立，双手捧接，至少也要用右手，而不得使用左手。然后要用不少于 1 分钟时间，将其从头至尾默读一遍，遇有显示对方荣耀的职务和头衔时不妨轻读出声，以示尊重和敬佩。若对方名片上的内容有所不明也可当场请教对方。

2. 有来有往

接收了他人的名片后，不要忘记“礼尚往来”，一般应当立刻回送对方一枚自己的名片。没有名片、名片用完了或者忘了带名片时，应向对方做出合理解释并致以歉意，千万不能毫无反应。

3. 认真收存

接过交往对象的名片后，切忌把玩或折叠，应将其谨慎地置于名片夹、公文包、办公桌或上衣口袋之内，并应与本人名片区别放置。需要注意的是，绝对不能把所收到的名片随意塞入钱包或裤子口袋里，那样是对对方的一种极大的不尊重。

四、名片的索取

不管你是从事公关、营销还是服务的工作，想向客人索取名片，一是要保证你能够把名片要过来，二是在“要”的过程中给别人留下良好印象。索取名片可采用如下技巧：

1. 交易法

想索要别人的名片，最方便的办法就是把自己的名片先递给对方。所谓“来而不往，非礼也”，当你把名片递给对方时，对方不予回赠名片是失礼的行为，所以对方一般会回赠名片给你。

2. 激将法

有的时候遇到的交往对象其地位身份比我们高，或者身份为异性时，对方难免有提防之心。这种情况下把名片递给对方，对方很有可能不会回赠名片。遇到这种情况，不妨在把名片递给对方的时候，略加诠释，如：“×总，非常高兴能认识您，不知道能不能有幸跟您交换一下名片？”在这种情况下，对方就不至于不回赠名片。即使他不想给，也会找到适当借口，不至于让你难堪。

3. 谦恭法

谦恭法是指在索取对方名片之前稍做铺垫，更有助于成功。此法适用于地位高、知名度较高的人士，比如，你可以说：“××教授，久仰您的大名，今天听了您的讲座，很受启发，不知道以后还有没有机会继续向您请教？”

4. 联络法（平等法）

谦恭法一般是对地位高的人，对平辈或者晚辈就不大合适了。面对平辈和晚辈时，不妨采用联络法。联络法的标准说法是：“认识您太高兴了，希望以后有机会跟您保持联络，不知道怎么跟您联络比较方便？”

在职场的交往中，不要小看了名片，它是你人脉管理中重要的资源。友谊之花，须经年月培养。要使用好自己的名片，让你的名片受到重视；管理好朋友的名片，让你的人脉得到扩展，从而使你更加出彩。

第四节　称呼礼仪

人与人打交道时，相互之间免不了要使用一定的称呼。不使用称呼，或者使用称呼不当，都是一种失礼的行为。所谓称呼，通常是指在日常交往应酬中，人们彼此之间所使用的称谓语。需要注意的是，选择正确、适当的称呼，不仅反映了自身的教养和对被称呼者尊重的程度，而且在一定程度上还体现了双方之间关系的亲疏。从某种意义上讲，当一个人称呼另外一个人时，实际上意味着自己主动对彼此之间的关系进行定位。

一、常用称谓介绍

作为一个礼仪之邦，国人在交际过程中，非常注重礼貌称谓的运用。以下为部分常用称谓的叫法。

（一）姓名称谓

姓名，即一个人的姓氏和名字。姓名称谓是使用比较普遍的一种称呼形式。用法大致有以下几种情况：

1. 全姓名称谓

即直呼其姓和名。如“张国庆”“赵建国”等。全姓名称谓有一种庄重感、严肃感，一般用于学校、部队或其他庄重场合。一般地说，人们在日常交往中指名道姓地称呼对方是不礼貌的，甚至是粗鲁的。

2. 名字称谓

即省去姓氏，只呼其名字。如“国庆”“建国”等，这类称呼显得既礼貌又亲切，运用场合比较广泛。

3. 姓氏加修饰称谓

即在姓氏之前加一修饰字，如“老张”“小赵”等。这种称呼亲切、真挚，一般用于一起工作、劳动和生活中比较熟悉的朋友和同事。

在古代，除了姓名之外还有字和号，这是一种沿用已久的古风。古时男子 20 岁取字，女子 15 岁取字，表示已经成人。平辈之间用字称呼既尊重又文雅。为了尊重不甚相熟的对方，一般宜以号相称。

（二）职务称谓

在工作岗位上，人们所使用的称呼自有其特殊性。下述几种正规的称呼方式是工作人员可以广泛采用的：

1. 称呼行政职务

在正式场合中，尤其是在具体工作中，以交往对象的行政职务相称，以示敬意有加、身份有别，这是公务活动中最常见、最正规的一种称呼方式。如“刘局长”“何科长”“张经理”“王院长”“杨书记”等。

2. 称呼技术职称

当今社会，有文化、有知识、有技术的人士受到人们普遍的尊敬。因此当对方是具有技术职称者，特别是具有高级、中级专业技术职称者，在工作中可直接称其技术职称，以示对其敬意有加。如“高教授”“李工程师”“宋医师”。

3. 称呼具体学位

与前一种情形类似，在交往中，特别是在实际工作或学术活动中，以交往对象的具体学位相称，既可增强现场的学术气氛，又可增加被称呼者的权威，如“周博士”。

4. 称呼职业名称

在交往活动中，当工作人员仅仅了解接待对象所从事的具体行业，而不清楚对方的行政职务、技术职称或者具体学位时，直接称呼对方的行业名称往往也是可行的，这也是另一种不会失礼的方式。例如可以统称教员为“老师”，称医生为“大夫”，称警察为“警官”等。

5. 称呼通行尊称

所谓通行尊称，也称为“泛尊称”，通常适用于各类被称呼者。诸如“同志”“先生”等，都属于通行尊称。不过，其具体适用对象往往小有差别。此外，对同事或熟人，可以直接称呼其姓名，以示亲密无间，如“周凤”“张晓菲”等。但对尊长、外人，则显然不宜如此。

二、称呼时应该注意的问题

称呼的使用是否规范，是否表现出尊重，是否符合彼此的身份和社会习惯是十分重要的。因此在使用具体称呼时，应特别注意以下几点：

（一）记住对方

在人际交往中，每一个人都希望自己被对方重视。因此，对称呼的运用往往与对接待对象的态度密切相关。此时，“态度决定一切”，千万不要马虎大意、随心所欲。尤其是初次交往中，能够迅速“记住对方”能体现自己对对方的尊重程度。一般而言，要“记住对方”，首先就要牢记对方的姓名，以便与之进一步交流。否则，不但场面尴尬，而且还会给对方留下不被“重视”的感觉。

（二）不出差错

在工作中，只要涉及对方姓名，不论口头称呼还是书面拼写，都不能出现任何差错，否则，轻则显得不礼貌，重则影响工作的顺利进行。因此，在各种活动中，一定要谨记以下几点：

1. 不读错姓名

对工作人员来说，千万不能读错被接待对象的名字。不论任何原因，将对方的名字读错，都是一个严肃的错误，有时还会引起对方的反感，甚至会引起不同程度的误解。

2. 不写错姓名

同样的道理，接待人员不能写错被接待对象的姓名，因为写错姓名也意味着失礼和不尊重。当需要书写接待对象的姓名时，一定要加倍谨慎，不仅在书写过程中应当一丝不苟，而且在书写完毕后还必须再三核对。

（三）称呼有别

在工作中，接待人员对接待对象所使用的具体称呼往往备受对方重视。因为，选择一种称呼不仅反映了接待人员自身的教养和对对方的尊重程度，而且还体现了双方关系的发展程度。在称呼接待对象时，工作人员应该注意以下具体问题：

1. 区分对象

当面对不同行业、不同职务、不同身份乃至不同性别的接待对象时，工作人员须根据交往对象的不同，在具体称呼上有所区别。一般说来，对于成年人，可以将男士称为“先生”，将女性称为“小姐”“女士”或“夫人”，这是目前通行的“泛尊称”。在称呼女性时还要注意，对已婚者应称“夫人”，对未婚者或不了解其婚否者可称“小姐”，对于不了解其婚否者也可称之为“女士”。此外，不同的场合还有不同的讲究，主要有下列几点需要特别重视：

（1）政务活动

在政务活动中，除了可以使用“泛尊称”外，通常也可以称呼对方的行政职务。

（2）军事交往

在军事交往中，对军界人士最佳的称呼往往是称呼其军衔。对于其行政职务，有时则不必称呼。

（3）宗教场所

在宗教场所中，对神职人员一般应以其神职相称。有两点要特别加以注意：第一，切勿在称呼神职时出现差错；第二，越是正式的场合，越应当在称其神职时使用全称。

（4）普通场合

在普通场合，对教授、研究员、工程师、律师、法官、医生等职称、职务或学位拥有者，均可直接以其职称、职务、学位相称。

（四）主次有序

在实际工作中，工作人员往往需要在同一时间、同一地点对多名接待对象同时予以称呼。在这种情况下，既要注意在称呼对方时面面俱到，又要注意在称呼对方时主次有序。所谓主次有序，通常指的是在需要同时称呼多名接待对象时，一定要首先分清主次，然后由主到次依次而行。在实际操作中，其标准做法有下列四种：

1. 由尊而“卑”

称呼多名人士时，应当自地位较高者开始，自高而低，按顺序依次进行。

2. 由疏而亲

若被称呼的多名人士与自己存在亲疏之别，一般应当首先称呼与自己关系生疏者，然后再称呼与自己关系亲近者。

3. 由近而远

有时不便细分多名被称呼者的“尊卑亲疏”，那么不妨以对方距离自己的空间位置的远近为序，即先称呼距离自己最近者，然后再依次称呼距离自己较远者。

4. 统一称呼

在某些特殊情况下，当不必对多名称呼者一一称呼，或者不方便逐一称呼时，可采用统一称呼对方的方式作为变通。例如，以“诸位”“大家”“各位来宾”“女士们、先生们”等方式直接称呼对方。

（五）相互称呼

在比较正式的场合，彼此之间的问候应当有来有往。双方在彼此问候时，顺序往往颇有讲究。根据惯例，交往双方在彼此问候时讲究“位低者先行”，即通常应由双方中地位较低的一方首先问候地位较高的一方。具体而言，主人应首先问候客人，职务低者应首先问候职务高者，晚辈应首先问候长辈，男士应首先问候女士。在国际交往中，若我方人员需要同时问候多名外方人士时，按照惯例，可以“由尊而卑”或“由近而远”依次进行。在具体操作中，若接待对象首先向我方问候，则接待人员应立即予以回应。

（六）问候有别

在不同国家、地区、民族之间，问候礼为人们普遍运用。所谓问候礼，通常简称为问候、问好、问安，或者打招呼。具体而言，它是指在与他人相见时，以专用的语言或动作向他人询安问好。这是向交往对象表达善意的一种常规的致意形式。在工作中，工作人员在问候接待对象时，应注意规范内容。

尽管在不同的国家里，人们问候他人的具体内容和形式往往各有不同，但都充满对问候对象的敬意与善意。例如在中国，人们最常见的问候是“吃过饭没有”“忙什么呢”。在美国，人们的问候往往是最为简洁的“嗨”。而在中亚一些以畜牧业为主的国家，人们却习惯以“牛羊好吗”作为问候之语。

在国际交往中，问候外方人士的常规内容有：

（1）直接向对方问好，如“你好”。

（2）采用时效性问候，即在向对方问好的同时加上具体的时间限定，如“早上好”“下午好”“晚上好”“周末好”“圣诞快乐”等。

除此之外，不宜再以其他内容向外方人士进行问候。

（七）重视态度

工作人员在向接待对象进行问候时，必须注意“表里如一”，从总体上讲，问候接待对象时的态度应当是热情、友善、大方。具体而言，须注意如下几点：

1.“眼到”

问候他人时，一定要正视对方的双眼，以示自己全神贯注。不可目视他方，或是不正视对方。

2.“口到”

所谓“口到”的具体含义是：问候他人时，声音一定要清晰、响亮、爽朗，切莫声音含糊或用词不当。

3.“意到”

在问候他人时，不可面无表情，更不可充满敌意。只有面露真诚的微笑，才会使自己的问候显得真心实意。

三、错误的称呼

在各种活动中，千万不要因为称呼而触犯对方的禁忌。以下几种错误称呼都是接待人员平日不宜采用的：

1. 错误的称呼

在称呼接待对象时，千万不能有任何形式的差错。因为不论何种差错，显然都是十分失礼的。

2. 庸俗的称呼

某些称呼庸俗低级、格调不高，在工作活动中应当绝对禁止使用。工作人员在正式场合如采用低级庸俗的称呼，不仅失礼，还失自己的身份。

3. 绰号性称呼

在接待活动中，对关系一般者，切勿擅自称呼对方的绰号，更不应该以道听途说而来的绰号去称呼对方。至于一些对对方具有讽刺侮辱性质的绰号，则必须严禁使用。在任何情况下，当面以绰号称呼他人，都是不尊重对方的表现。

4. 地域性称呼

有些称呼，诸如“爱人”“对象”“师傅”“小鬼”等具有很强的地域性特征。一旦不分对象地滥用，则会出错。

5. 简化性称呼

在正式场合，有不少称呼不宜随意简化。如把“范局长”“沙处长”称为“范局”“沙处”，就显得既不正规，又不礼貌。

6. 无任何称呼

对接待对象一定要有适当的称呼。若根本不用任何称呼，或者以“喂”“嘿”“下一个”“那边的”代替称谓，都是特别不礼貌的行为。

第五节　馈赠礼仪

中国人一向崇尚礼尚往来。《礼记·曲礼上》：“礼尚往来。往而不来，非礼也；来而不往，亦非礼也。”馈赠作为社交活动的重要手段之一，受到古今中外人士的普遍肯定。馈赠作为一种非语言的重要交际方式，以物的形式出现，以物表情，礼载于物，起到寄情言意“无声胜有声”的作用。得体的馈赠，恰似无声的使者，给交际活动锦上添花，为人们之间的感情和友谊注入新的活力。有一点需要注意，我们要把馈赠礼物、正常交往中的送礼与收买贿赂、腐蚀拉拢区别开。[①]

一、馈赠的含义及原则

馈赠是人们在社交过程中通过赠送给交往对象一些礼物来表达对对方的尊重、敬意，友谊、纪念、祝贺、感谢，慰问、哀悼等情感与意愿的一种交际行为。馈赠以礼品为媒介，能够与交往对象建立很好的沟通渠道，充分表达对对方的友情与敬意。馈赠的目的在于沟通感情和保持联系，所以它不仅是一种行为方式，更为重要的是通过这种方式可以体现馈赠者的人品和诚意。认真研究和把握馈赠的基本原则，是馈赠活动顺利进行的重要前提条件。

（一）轻重原则

礼品有贵贱厚薄之分，有善恶雅俗之别。礼品的贵贱厚薄，往往是衡量交往人的诚意和情感浓烈程度的重要标志，然而礼品的贵贱与其价值并不总是成正比的。因为礼物是言情寄意表礼的，是人们情感的寄托物。人情无价而物有价，有价的物只能寓情于其身，而无法等同于情。

也就是说，就礼品的价值含量而言，礼品既有其物质的价值含量，也有其精神的价值含量。“千里送鹅毛”的故事在我国妇孺皆知，被标榜为礼轻情意重的楷模和学习典范。“折柳相送”也常为文人津津乐道。一般情况下，我们既要注意礼轻情意重，又要入乡随俗地选择轻重不同的礼物。

（二）时机原则

就馈赠的时机而言，及时、适宜是最重要的。中国人很讲究“雨中送伞”“雪中送炭”，即要注重送礼的时效性。因为只有在最需要的时候得到的礼物才是最珍贵也最难忘的。我国是一个节日较多的国家，在传统节日相互赠送相应的礼品，会使双方的感情更为融洽。另外，在某些纪念日，以礼品相送也会起到很好的效果。因此，要注意把握好馈赠礼品的时机，包括时间的选择和机会的择定。

一般说来，时间贵在及时，超前或滞后都达不到馈赠的目的；机会贵在事由和情感及其他需要的程度。“门可罗雀”时和“门庭若市”时，人们对馈赠的感受会有天壤之别。所以，对处境困难者的馈赠，其所表达的情感就更显真挚和高尚。

一般情况下，人们还可以选择下面几种时机馈赠：

1. 传统节日

我国传统的节日主要有春节、元宵节、中秋节、端午节等。现在一些世界性的节日在年

---

① 金正昆．社交礼仪[M]．北京：北京联合出版公司，2013．

轻人中也广为流行，如圣诞节、情人节、母亲节等。人们往往在这些日子里向亲朋好友表达美好的祝愿，同时送一些礼物，其中以传统节日送礼居多。

2. 喜庆之日

喜庆之日是指嫁娶、乔迁新居、生日祝寿、晋升获奖、升学或出国深造等。遇到对方家中有这样的喜庆事件，一般应考虑备送礼品以示庆贺。此外，在参加某些企业开业庆典活动时，也要赠送花篮、牌匾或室内装饰品以示祝贺。

3. 惜别送行

为表达自己的惜别之情，可适当赠送友人一些礼品留作纪念，以示友谊天长地久。

4. 酬谢他人

自己受过别人的帮助，事后可送些礼品回报感恩。

5. 探视病人

到医院或病人家里去探望病人时可带些礼物，祝愿对方早日康复。

6. 回赠

当收到他人礼物时，也要回赠礼物，这才符合交际礼仪。

总之，送礼时机要视实际情况灵活掌握，选择好的送礼时机，为物质礼品赋予情感的深意则更有意义，更能打动人。

（三）效用性原则

同一切物品一样，当礼物以物质的形式出现时，礼物本身也就具有了价值和实用价值。就礼品本身的实用价值而言，人们经济状况不同、文化程度不同、追求不同，对礼品的实用性要求也就不同。

一般说来，物质生活水平的高低，决定了人们精神追求的不同。在物质生活较为贫寒时，人们多倾向于选择实用性的礼品，如食品、水果、衣料、现金等；在生活水平较高时，人们则倾向于选择艺术欣赏价值较高、趣味性较强和具有思想性纪念性的物品为礼品。因此，应视受礼者的物质生活水平，有针对性地选择礼品。

（四）投好避忌原则

就礼品本身所引发的直接后果而言，由于民族、生活习惯、生活经历、宗教信仰以及性格、爱好的不同，不同的人对同一礼品的态度是不同的，或喜爱或忌讳或厌恶，等等。因此我们要把握投其所好、避其禁忌的原则。

禁忌是一种不系统的、非理性的、作用极大的心理和精神倾向，对人的活动影响强烈。当自己的禁忌被冒犯时，无论是有意的还是无意的，心中的不快不满甚至愤恨是不言而喻的。当我们冒犯了别人，就会引起纠纷，甚至冲突。所以，馈赠前一定要了解受礼物者的喜好，尤其是禁忌。

二、赠礼礼仪

要使交往对象愉快地接受馈赠，并不是件容易的事情。因为即便是你在馈赠原则指导之下选择了礼品，如果不讲究赠礼的艺术和礼仪，也很难使馈赠成为社会交往的手段，甚至会适得其反。馈赠时应注意的艺术和礼仪有以下几点：

（一）礼品的包装

精美的包装不仅使礼品的外观更具艺术性和高雅的格调，显现出赠礼人的文化和艺术品位，而且还可以使礼品保持一种神秘感，既有利于交往，又能引起受礼人的兴趣和好奇心，从而令双方愉快。好的礼品若不讲究包装，不仅会黯然失色，使其内在价值大打折扣，而且还易使受礼人轻视礼品的内在价值，而无谓地折损了礼品所寄托的情谊。

（二）赠礼的场合

赠礼场合的选择是十分重要的。尤其那些出于酬谢、应酬或有特殊目的的馈赠，更应注意赠礼场合的选择。通常情况下，当众只给一群人中的某一个人赠礼是不合适的。因为那会使受礼人有受贿之感，而且会使没有受礼的人有受冷落和受轻视的感觉。给关系密切的人送礼也不宜在公开场合进行，只有礼轻情重的特殊礼物才适合在大庭广众之下赠送。只有那些能表达特殊情感的特殊礼品，才在公众面前赠予，因为这时公众已变成你们真挚友情的见证人，如一本特别的书或一份特别的纪念品等，最好当着受礼人的面赠礼。赠礼是为巩固和维持双方的关系，赠礼也必须是有对象的。因此赠礼时应当面向受礼人，以便于观察受礼人对礼品的感受，并适时解答和说明礼品的功能、特性等，还可有意识地向受礼人传递你选择礼品时独具匠心的考虑，从而激发受礼人对你一片真情的感激和喜悦。

（三）赠礼时的态度、动作和语言表达

那种平和友善的态度和落落大方的动作且伴有礼节性的语言表达，才是令赠受双方都接受的。悄悄将礼品置于桌下或房中某个角落的做法，不仅达不到馈赠的目的，甚至会适得其反。

（四）赠礼的具体时间

一般说来，应在相见或道别时赠礼。

（五）礼品的选择

因人因事因地施礼，是社交礼仪的规范之一。礼品的选择也应符合这一规范要求。礼品的选择，要针对不同的受礼对象区别对待。一般说来要遵循如下原则：

（1）对家贫者，以实惠为佳。

（2）对富裕者，以精巧为佳。

（3）对恋人或爱人，以纪念性为佳。

（4）对朋友，以趣味性为佳。

（5）对老人，以实用为佳。

（6）对孩子，以启智新颖为佳。

（7）对外宾，以特色为佳。

三、受礼礼仪

（1）受礼者应在赞美和夸奖声中收下礼品，并表示感谢。一般应赞美礼品的精致、优雅或实用，夸奖赠礼者的周到和细致，并伴有感谢之辞。

（2）双手接过礼品。视具体情况或拆看或只看外包装，同时还可请赠礼人介绍礼品功能、特性、使用方法等，以示对礼品的喜爱。

（3）只要不是贿赂性礼品，一般最好不要拒收，但以后要找机会回礼。

四、国际交往中的馈赠常识

1. 给美国人送礼

可送葡萄酒或烈性酒，也可以送一些具有浓厚乡土气息或别致精巧的工艺品，以满足美国人的好奇心。送礼时间可选在活动前或结束时，不要在活动中将礼物拿出来。

2. 给英国人送礼

给英国人送礼要轻，可送些鲜花、小工艺品、巧克力或名酒，送礼一般在晚上。

3. 给德国人送礼

德国人喜欢价格适中、典雅别致的礼物，包装一定要尽善尽美，忌讳数字“13”。

4. 给法国人送礼

法国人最讨厌初次见面就送礼，一般在第二次见面时送，礼品可以是几枝不加捆扎的鲜花，但不可以是菊花。

5. 给日本人送礼

送礼是日本人的一大喜好，他们比较注重品牌，喜欢名牌礼物和礼品的包装，但不一定要贵重礼品。送礼通常以送对其本人用途不大的物品为宜，但送礼者不要在礼物上刻字作画以留纪念。

6. 给韩国人送礼

韩国人喜欢本地出产的东西，所以在送礼时只需备一份本国、本民族、本地区的特产就好。

7. 其他国家

如朝鲜人喜欢花，斯里兰卡人喜欢茶，澳大利亚、新加坡人喜欢鲜花与美酒。还有些外国人喜欢中国的景泰蓝、刺绣品等。

五、馈赠六要素

遵循“馈赠六要素”可以指导我们进行得体的馈赠活动。这馈赠六要素分别是：送给谁

（Who）、为什么送（Why）、送什么（What）、何时送（When）、在什么场合送（Where）、如何送（How）。也就是要考虑馈赠对象、馈赠目的、馈赠内容、馈赠时机、馈赠场合、馈赠方式六个要素。

（一）馈赠对象

馈赠对象即馈赠客体，是赠物的接受者。馈赠时要考虑到馈赠对象的性别、年龄、职位、身份、性格、喜好、数量等因素。

（二）馈赠目的

馈赠目的即馈赠动机。任何馈赠都是有目的的，或为表达友谊、或为祝颂庆贺、或为酬宾谢客、或为慰问哀悼。馈赠动机应高尚，以表达情谊为宜。

（三）馈赠内容

馈赠内容即馈赠物，是情感的象征或媒介，包括赠物和赠言两大类。赠物可以是一束鲜花、一张卡片或一件纪念品。赠言则有多种形式，如书面留言、口头赠言、临别赠言、毕业留言等。馈赠时，应考虑赠物的种类、价值的大小，档次的高低、包装的式样、蕴含的情意等因素。

（四）馈赠时机

馈赠时机即馈赠的具体时间和情势，主要应根据馈赠主客体的关系和馈赠形式来把握。

（五）馈赠场合

馈赠场合即馈赠的具体地点和环境，主要应区分公务场合与私人场合，根据馈赠的内容和形式来选择适当的场合。

（六）馈赠方式

馈赠方式主要有亲自赠送、托人转送、邮寄运送等。

第三章　公共场所礼仪

公共场所礼仪是在公共场应该遵守的礼仪规范。良好的公共礼仪可以使人际交往更加和谐，使人们的生活环境更加美好。在公共场所，应充分展示自己良好的礼仪修养，维护良好的个人形象。

第一节　行进礼仪

一、行路礼仪

人们在上班下班、办事购物、假日休息时总要行路。道路是最常见的公众场合，能否自觉地遵守行路的规则，尤其能反映一个人的修养。

（一）路上行进

要自觉走人行道，不要走车行道，还应自觉让出专用盲道。无人行道时，应尽量走路边。要按惯例自觉走在右侧，不可在左侧逆行。

要保持一定的速度，行动不要太慢，不要在马路上停留、休息或与人长谈，以免阻挡身后的人。

要与其他人保持适当的距离。两人一起走路时，不要把手搭在对方的肩上；走廊内不要多人并排同行；在马路上不要多人携手并肩行走，以免造成道路拥堵。

在行走时，应体现“女士优先”的原则，男士应礼让女士进出大门和走廊；上下车时，男士不应抢在女士前面。

保持环境卫生是人类健康生活的需要，讲究公共卫生是每一个人都应当具备的公德。不要在道路上随地吐痰，乱抛杂物，要尊重环卫工人的辛勤劳动。出门带上面巾纸，有痰要吐在面巾纸上。随地吐痰不仅会影响市容，还会同别人发生口角、摩擦，并且容易传播疾病。应当自觉养成注意公共卫生的文明美德。

在路上与年老者相遇，要主动让路；遇到妇女儿童不要拥挤；遇到路人摔倒，要上前扶一扶；别人掉了东西，看到了要提醒他一下；到人多拥挤的地方，要依次而过；碰到别人或踩了别人要及时说声“对不起”，别人碰了自己，踩了自己，不必过分计较，也可以礼貌而委婉地说一声“请你注意一下”；遇到蛮不讲理的人，不要与之纠缠，尽早摆脱，必须讲清的也不可以大声争吵。①

---

① 金正昆．社交礼仪教程[M]．北京：中国人民大学出版社，2009．

（二）上下楼梯

上下楼梯均应靠右单行行走，不应多人或并排行走。

为人带路上、下楼梯时，应走在前面。

上下楼梯时不应进行交谈，更不应站在楼梯上或楼梯拐弯处深谈，以免阻碍他人通过。

男性与长者、异性一起上下楼梯时，如果楼梯过陡，男性应主动走在前面，以防对方有闪失。

上下楼梯时，既要注意楼梯，又要注意与身前、身后的人保持一定距离，以防碰撞。

上下楼梯时，应注意姿势、适度。不管自己有多么急的事情，都不应推挤他人，也不要快速奔跑。

（三）骑自行车

如同驾驶汽车一样，人们骑自行车时也必须严格遵守交通规则以及礼仪规范：

遵守交通信号灯的指示，不闯红灯，不抢道。骑车时要注意瞭望四周，骑在自行车专用道上，不在行人道上行驶。在车流比较集中的路段，不要随便改变行驶路线。

严禁酒后骑车。骑车时不要使用电话。避免结伴并排骑车，骑车时也不要和同伴互相嬉戏。骑车不要带人且不载重货。

雨天骑车应该穿雨衣。为了安全起见，最好选择鲜艳的雨衣，如黄色。下雪与化雪天最好不骑车，以防路滑出现意外。

骑自行车转弯时，应该减速慢行、伸手示意转弯方向，有需要的时候可以按铃。遇到老、弱、病、残等动作迟缓者，要给予谅解，主动礼让。不能随意乱停乱放车辆，要遵守停车规则。

在国外有些地方，比如在美国和加拿大，自行车可以作为一种交通工具。骑自行车虽然不需要有驾驶执照，但上路时仍需像驾驶汽车一样严格遵守交通规则。自行车必须配备车灯和反光器，夜间或雨天骑车均需要开灯。一般情况下，骑车需要戴头盔。除了比赛等特殊情况外，自行车不许在高速公路上行驶，在人行道上骑车更是违法的。

（四）驾驶机动车

驾驶机动车时应遵守交通规则，酒后坚决不驾车。驾车时系上安全带，副驾驶也需系上安全带。驾驶员在开车过程中不能使用手机。

在路口转弯时应减速或停车，让直行的行人或非机动车先行。遇到盲人或其他行动不便的行人应减速慢行，必要时应停车。靠近人行横道时，应注意观察周围的动态。如果有行人或非机动车要过马路，必须在人行横道前停下。

起步、拐弯、并线、停车时要打转向灯。拐弯时要进入合适的车道。机动车行驶时，车与车之间要保持安全的距离。停车前要减速。

驾驶者应养成良好的行为习惯，不往车窗外扔杂物或吐痰。不强行加塞，不争道抢行，不乱停车，不乱鸣笛，尤其是进入居民小区后，更不能鸣笛，且一定要减速慢行。

二、乘电梯礼仪

乘电梯时，应注意以下事宜：

1. 注意安全

电梯关门时，不要扒门，不要强行挤人。在电梯人数超载时，不要强行进入。

2. 注意秩序

乘电梯时，先按一下电梯口的上下按钮，站到电梯的一侧。

电梯到达后，应先出后进，不要争先恐后。要遵循“尊者为先”的原则，晚辈礼让长辈，男士礼让女士，职位低者礼让职位高者。如果与尊长、女士、客人同乘电梯，要视电梯类别礼让他人，如遇有人看管的电梯，则尽量把无控制按钮的一侧让给尊长和女士。

在商场、机场或娱乐场所乘自动扶梯，一般站在原地顺行进方向上下，并自觉靠向右侧，给有急事的人留出一条通道。

3. 主动服务

乘电梯时，即便电梯中的人都互不认识，站在开关处者也应做好开关的服务工作。 乘坐电梯时应注意以下细节：

（1）等候电梯时，不应挡住电梯门口，以免阻碍电梯内的人出来。

（2）在电梯里，尽量站成“凹”字形，挪出空间，以便让后进入者有地方站。

（3）进入电梯后，应正面朝电梯口，以免造成面对面的尴尬。

（4）在电梯中，不应高声谈笑，不能吸烟或乱丢垃圾。

（5）如突然发生事故，不要惊慌失措，应及时通知救援人员或检修人员。

三、乘坐交通工具礼仪

交通已经成为现代社会人们日常生活的重要组成部分。无论是乘坐轿车、公共汽车，还是乘坐火车、轮船、飞机，都应遵守一定的礼仪规范。

（一）乘坐轿车

在乘坐轿车时，应遵守乘车礼仪，并注意以下细节（如图 3-1 所示）：

（1）乘坐轿车应遵循客人为尊、长者为尊、女士为尊的礼仪规则。

（2）在正式场合，乘坐轿车应分清座位的主次，找准自己的位置。非正式场合，不必过分拘礼，乘车时注意座次。

（3）当专职司机驾车时，其排位自高而低依次为：后排右座、后排左座、后排中座、副驾驶座。后排的位置应当让尊长坐。

（4）当主人亲自开车时，副驾驶座不宜留空，应把司机边上的位置让给尊长，其余的人坐后排。由先生驾驶自己的轿车时，则其夫人一般应坐在副驾驶座上。

（5）考虑安全系数，根据“尊者决定”原则，嘉宾坐哪儿，哪儿就是上座，即使坐错也不要纠正。

（6）上车时，应将车开到客人面前，帮助客人打开车门，站在客人身后请其先上车。若客人中有长辈，还应扶长辈先上，自己后上车。关车门时切忌用力过猛。

（7）下车时，主人或工作人员应先下车，帮助客人打开车门，迎候客人或长者下车。

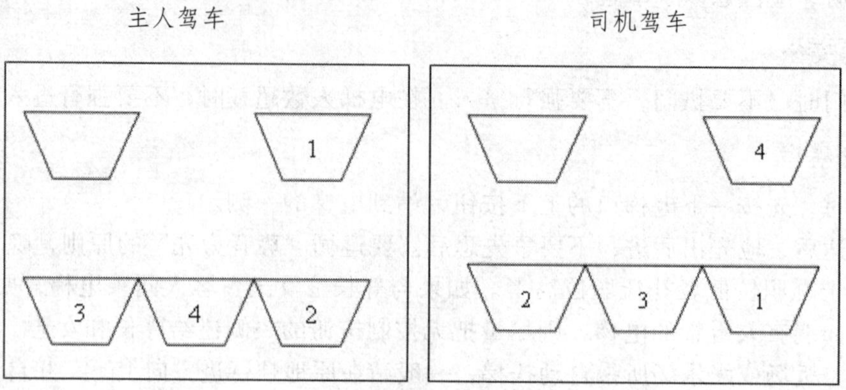

图 3-1 双排五人座车

（二）乘坐公交车

乘坐公交车应注意以下细节：

（1）候车应按先来后到的顺序在站台上排队。车辆进站时，应等车停稳再依次上车，对妇女、儿童、老年人及病残者要照顾谦让。

（2）上车后不要抢占座位，更不要把物品放到座位上替别人占座。遇到老弱病残孕及怀抱婴儿的乘客应主动让座。

（3）在车上与人说话应轻声，不要大声谈笑，不要与爱人过分亲昵。

（4）应讲究乘车卫生，不要在车上随地吐痰、乱扔果皮、纸屑；禁止在车上吸烟。

（5）下雨天上车后，应把雨衣脱下，不要让雨水沾湿别人的衣服；雨伞放置好，伞尖要朝下。

（6）拎着鱼、肉或其他食物上车时，应事先把东西包好，以免蹭脏别人的衣服。

（7）下车应提前做好准备，在车辆到站之前向车门靠近。车内十分拥挤时，需要他人让路，应有礼貌地请前面的乘客让一下或调换一下位置。在调换过程中，动作要和缓，不要碰撞到别人。如果自己暂时不下车，应主动为下车的乘客让路。车到站后，应依次下车，并应照顾礼让老、弱、病、残、孕和儿童。

（三）乘坐地铁

地铁是人们常用的交通工具之一，作为地铁乘客，应该自觉维护公共设施，遵守应有的秩序。

1. 保持安静，举止文雅

在月台上，要遵守“按线候车”的规则，切勿越过黄色安全线。同时也要注意自己的言行举止，不要在站内大声喧哗，不要在站台上奔跑。候车时，坐在车站提供的椅子上等候。如果没有椅子或座位已满，即使很想休息，也不要坐卧或蹲在站台上。有些人习惯于靠着墙休息，此时千万不要把脚踏在墙上，避免破坏或污染地铁的设施及环境。

2. 先下后上，注意礼让

排队上车时，如果遇到老人、病人、残疾人、孕妇和带小孩的妇女，应该让他们排到自己的前面。人多的时候，除了注意遵守安全法则外，也别忘了遵守文明礼仪规范。拥挤的情况下，不要推撞他人。

（四）乘坐火车

在乘坐火车时应自觉遵循乘车礼仪，并注意以下细节：

（1）在候车时应自觉遵守公共卫生，要保持安静，不要大声喧哗、随地吐痰、乱扔废物，检票时排队依次通行，不要拥挤或推搡。

（2）上车后不要抢座。若未持有坐票，就座前应礼貌地征求邻座的同意后再坐。

（3）使用行李架时，应相互照顾，不要独占太多的空间，不要粗暴地把自己的行李放在别人行李上；当移动别人行李时应征得同意；往行李架上放行李时，不要穿鞋直接踩踏座位；行李安放好后，应礼貌地向邻座的乘客打招呼点头示意。

（4）坐定后，待时机成熟后再与邻座交谈。在交谈时，不要打听对方隐私；不要冒失地索要对方地址、电话；也不要旁若无人地嬉笑打闹。

（5）在卧铺车厢，不要盯视他人的睡前准备和睡相；自己脱衣就寝时，应背对其他乘客。

（6）当乘务员来打扫卫生和提供其他旅途服务时，应主动予以配合、提供方便并表示谢意，必要时应给予帮助。

（7）当看到不良行为、不法行为时，要协助乘警、乘务员制止、抵制不法行为。

（五）乘坐轮船

在乘船时，应自觉遵守乘船礼仪并注意以下细节：

（1）上、下船时，应按先后次序排队，不要拥挤、插队。与长者、女士、孩子一起时，应请他们走在前面，或者以手相扶，必要时应给予照顾和帮助。

（2）在上、下船时应注意安全，走跳板或小船时，不要乱蹦乱跳，要小心翼翼，不要去不宜前往的地方，如轮船客舱、救生艇以及桅杆之上；不要一个人在甲板上徘徊；不要擅自下水游泳等。乘船时不得随意携带易爆品、易燃品、易腐蚀物品、枪支弹药、腐烂性物品、家畜动物以及其他一些违禁品。

（3）登船应自觉接受安全检查，要积极配合，不要非议或拒绝。

（4）乘船时应对号入座。若自己买的是不对号的散席船票，要听从船员的指挥和安排，不要任意挪动或选择地方。

（5）应自觉遵守公共卫生，要保持安静，不要大声喧哗，不要随地吐痰，不要乱扔废物。与他人同住一个客舱时，不要吸烟。

（6）若自己周围的人晕船、生病，应给予他们力所能及的帮助。

（7）待时机成熟后再与同船乘客交谈。交谈时应保持一定的距离，理性地交往，不要过分亲密；不要打听对方隐私；不要冒失地索要对方地址、电话；也不要旁若无人地嬉笑打闹。

（8）乘船旅途中，如果遇到突发事故，要听从指挥，尽心尽力地先救助其他人，不要惊慌失措、不择路或夺路而逃或跳水逃走。

（六）乘坐飞机

在乘坐飞机时，应自觉遵守乘机礼仪，并注意以下细节：

（1）当上下飞机时，空乘人员站在客舱的门口迎送，并热情问候乘客，应向他们点头致意或问好。

（2）登机后应对号入座。

（3）在客舱内谈话声音不可过高，尤其是其他乘客闭目养神或阅读书报时，不要喧哗。

（4）不小心碰到了其他乘客，应当道歉。

（5）不论对中国人还是外国人都应一视同仁，以礼相待。如果别的乘客主动向你打招呼或想找你攀谈，若非十分疲倦，应当友好地应对；若打算休息而不想交谈，则应向对方说明并表示歉意。

（6）不要随地吐痰，不能在飞机上吸烟。

（7）遇到班机误点或临时改降，不要惊慌失措，而要镇静，配合。

（8）下飞机后找不到行李，应请机场管理人员协助查找。如果丢失，应与航空公司沟通处理。

第二节　购物、游园等礼仪

一、购物礼仪

购物是我们生活中极为普通的事情，作为顾客，在购物的过程中应注意自己的文明举止，自觉遵守有关礼仪。

在购买东西时应礼貌客气，当需要导购员提供服务时，应礼貌客气地提出请求，不应用命令的语气说话，更不可盛气凌人。呼唤导购员时，语气要平和，不要用命令式口气高声呼叫。少年儿童对年轻的导购员可以称阿姨、叔叔，对年龄大的导购员则可称师傅。当导购员正忙于接待别的顾客时，要耐心等待一下，不要急不可耐地高声叫喊，更不可向导购员指手画脚。

在挑选商品时，应该事先考虑一下，不应在选购时过分挑剔或换来换去，时间过久会影响导购员为别人服务。对易污、易损商品要轻拿轻放。可以请导购员把商品取回，要说一声“劳驾了”，挑选多次时，可以说一声“对不起！给你添麻烦了”。如由于某些原因需要调换已买好的商品，应耐心地向导购员说明原因。如理由正当，但遭拒绝，可向商店负责人反映，不应与导购员争吵。不可在这种场合高声争执或吵闹。

调换商品，应当斟酌情况，能换则换，不应当换的则不可强求。

导购员交货、找钱等发生差错时，要善意提醒，说明情况。

买过商品离开时，不要忘记向为你提供服务的导购员致谢。在需要排队购物的地方，不能插队，对于老、弱、病、残及妇女儿童，应有礼让精神。在离开柜台时，应对导购员所提供的服务表示谢意。

到自选商场购物，可随意挑选自己满意的商品。没选中的，应放回原处，不应乱放。选好商品以后，将其放在商场提供的购物车或购物篮里，主动到出口处付款。

二、游园礼仪

游园是一种休闲活动，着装应以休闲装为主，可穿着牛仔服、运动服或夹克衫等服装，还可以穿背心、短裤，戴上棒球帽和太阳镜等。不必西装革履，与游园的轻松气氛不协调。

在游园时，所穿的鞋既应时髦、漂亮，更应合脚、轻软、防扎、防水、防滑，穿运动休闲鞋最佳，不宜穿皮鞋，尤其是高跟鞋。

在游园时，在装饰上应当淡妆并且选择简单的饰品。可以不化妆，不佩戴饰物。假如有必要进行一些修饰，亦应化淡妆，并以少用饰物为宜。

在参加娱乐活动时，应当自觉排队，讲究先来后到，服从工作人员的管理，不应一拥而上。

在游园时，若有人向自己微笑，打招呼，应立即回答，不可不予理睬。不应尾随他人，或是悄悄旁听其他人的介绍与交谈。

在公园进行练歌、唱戏、跳舞等活动时，应尽量避免干扰他人。与恋人或家人一起游园时，应注意公共道德。与恋人或配偶不要表现得过分亲昵，对自己的孩子也应严加管束。

在游园时对文物古迹应倍加爱惜，不应在文物上乱写、乱刻、乱画，对公共设施和树木花草应爱护，不应随意在树木、雕塑、建筑上攀高、乱摸、乱碰，肆意践踏破坏；对园林里放养的珍禽异兽，不应进行抓捕或恐吓。

公园和其他一些旅游景点所设置的长椅长凳，是供游人短暂休息用的，不可一个人长时间占用。许多公园的儿童游乐场是专为儿童设计的，应注意爱护。成年人不可去玩，以防造成损坏。

游园时应自觉保护环境卫生，不要随意乱扔杂物。

游园时应特别注意安全：

（1）在湖滨、河畔游览和登船旅游时，不应肆意打斗追逐，以防翻船落水。

（2）不应只身独闯危险地段。

（3）不应在公园里从事攀岩、跳岩、轮滑等比较危险的运动。

（4）在拍照、摄像或观看动物时，应足下留神，保持头脑清醒，防止发生意外事故。

（5）吸烟者、野餐者以及野炊者需特别注意防火。

（6）应注意饮食卫生，特别是应当避免生食各种食物，防止食物中毒。

三、观光与拍照

旅游时要自觉遵守公共秩序，按顺序购票入馆、入园，不拥挤、堵塞道路和出入口。要树立环保意识，自觉保持环境卫生整洁，遵守铁路、民航规定，不携带危险品、违禁物品乘机乘船。

外出旅游或出差，不要忘记遵守当地的风俗和规定。

拍照时，要先注意这里有没有关于拍照的规定事项，是否允许拍照。一般在边境口岸、机场、博物馆等地都会有关于拍照的注意事项。要遵守规定，不要偷拍、强拍，造成不愉快。为古文物、古字画拍照时，不要使用闪光灯，避免造成文物的损害。

在公共场地拍照，不要破坏公物。不要踏入草坪，不要攀折树枝，不要摘花薅草，不要攀登雕塑作品等。拍照时，还要顾及其他游人，不要争抢，不要妨碍别人，不要影响交通。注意安全，防止事故。带小孩的游客不要让小孩随地大小便，不要让小孩到处乱跑。

在拍照、摄像时应避免与其他人为争抢好位置、好角度而发生不快。应当相互谦让，按照先后次序进行。合影时，如需别人帮忙，则应礼貌地提出请求并表示谢意。

第三节　餐馆、酒店等场所礼仪

不论是出差、旅游、住酒店，还是去饭店就餐，都应自觉遵守餐馆或酒店的礼仪，维护自身的良好形象。

一、在餐馆就餐

餐馆是公众场合，人来人往，所以，要特别注意自己的公众形象。

到餐馆去，或宴请朋友，或家庭小聚，或临时用餐，要衣帽整齐，穿着得体。不论何时都不要只穿背心、短裤或敞胸露怀进入餐馆。遇到熟人打招呼，不要大呼小叫，拍打嬉闹。应当走到他的身边，进行交谈。

如果没有预订位置，要请服务人员帮助安排。暂时没有位置时，应当耐心等待。确实不能久等的，可以和服务人员讲明情况，仍不可以时，宁可更换饭店，以避免与对方发生口角。进入饭店，如有座位，应当尽快入座，以免影响他人。不要哄抢位置，也不要多占位置。小件物品可以随身携带或放在桌边，如有空位，可以暂时放在凳子上；有人没有位置时，要主动把自己的物品拿起，给别人腾让位置。

要尊重服务人员，不要颐指气使，不要随意对人呼来唤去，不提过分要求。如果出现问题，应当平静地说明情况，讲清道理。不要激动，不要暴躁。实在讲不通时，应请他们的负责人来协调解决。

入座时要礼让，不要旁若无人。要主动和人打招呼、问好，要尽快选择与自己身份相当的位置坐下。在就餐时，交谈的声音不要过高，更不要大声喧闹。如果有酒助兴，也需要顾及他人和注意个人形象。不要动作张扬，不要嬉笑打闹，更不能酗酒闹事。鸡骨、鱼刺吐到小盘里，不要把餐巾纸乱扔。保持餐厅的卫生。

用完餐后要及时结账，及时离开，给后来的人让出位置。不要无休止地说个没完没了。离开时不要忘记对服务人员说声“谢谢”“辛苦了”“再见”。通过其他席位时，要轻捷、肃静。不要交头接耳，慢慢腾腾，甚至吆喝吵闹、前呼后拥。始终保持一种稳重、平和、文雅、自信的风度。

二、入住酒店

入住酒店时，与门卫、服务人员相处应注意平等相待，处处尊重他们的人格。当门卫为自己开启大门，或向自己问好时，应表示感谢，或予以回应。在总服务台登记客房或咨询问题时，不能趾高气扬，咄咄逼人，也不必低声下气。得到对方的服务和帮助后应表示感谢。

搭乘有人服务的电梯时，应清晰地报出自己想去的楼层，并随后道一声“谢谢”。

当行李员到自己房间送行李或取行李时，应对其表示谢意。不要对对方不屑一顾，不搭不理，或提出过高要求。

当客房服务员进入客房打扫卫生、送开水和报刊时，应表示欢迎并且道谢。在走廊里遇上了客房服务员，尤其是对方首先向自己打招呼时，应向对方问好。

与其他客人共用一间客房时，应注意相互适应，相互理解。切勿以我为尊，目中无人。与同事一起住宿，最重要的是应互谅互让，尊重对方。有事应彼此商量，作息时间大体保持一致。因特殊原因与不相识者或不太熟悉的人同住一室时，应主动与对方打招呼，相互关心，不可视若路人。特别要注意，不要因自己的原因而去妨碍对方休息。

最好不要在客房内接待普通关系的异性客人。确有必要，最好不关闭房门，时间也不宜超过半小时，以防产生误会。

不要请不熟的客人到自己客房里做客，自己也不宜前去打搅别人。有必要前去时，应先按门铃，不要推门而入，应该在得到允许后再入内。夜晚 10 点之后，早上 8 点之前，通常不应前去打扰，午休时刻也不宜登门拜访。

三、公共场所的吸烟礼仪

吸烟有害健康。有吸烟习惯的人应特别注意文明吸烟，自觉遵守吸烟有关礼仪，并注意以下细节：

1. 注意场合

凡是在贴有“禁止吸烟”或“无烟室”等字样的地方和有空调的房间、没有摆放烟灰缸的房间以及公共场合（如车、飞机、船、影剧院、展览馆、医院病房等），应自觉禁烟，遵守社会公德。在工作、参观、谈判和进餐中，一般不应吸烟或少吸烟。与长者或女士共处一室时，最好不要吸烟，要吸烟也应先征得别人的同意。在私人住宅，如果主人不吸烟，又未请客人吸烟，客人最好不要吸烟。

2. 注意文明

吸烟时，不应把烟灰、烟蒂到处乱丢，而应放入烟灰缸内。找不到烟灰缸时，应请主人拿给自己。丢烟头时，应将烟熄灭后放入烟灰缸内。吸烟时，不应将烟雾向别人直喷过去；不应当众吐烟圈；不应使劲并发出声响；不应叼着烟与人谈话；不应走着路吸烟，不应把烟夹在耳朵上；也不应在电扇和空调的上风吸烟。

3. 讲究礼节

敬烟时先敬长者，如女士中有吸烟者，应先敬女士。敬烟时，手不应碰到过滤嘴；不宜用手取出一支递给对方，更不可将烟扔给对方，而应把数支烟抖出烟盒递给对方，请对方自取。敬烟时，如对方谢绝，则不应勉强。对外宾不必敬烟，外国人通常没有敬烟的习惯。点烟时，应先给对方点。如有女士吸烟，男士应主动为女士点烟。当别人为自己点烟时，应躬身相迎。烟点完后，应向对方致谢。自己如果不吸烟，当别人吸烟时，应尽量克制自己，不应露出厌恶的神色。

第四节　图书馆、博物馆礼仪

一、图书馆与阅览室礼仪

图书馆是公共学习场所，来这里或借阅图书资料，或查看报章杂志，都是丰富充实自己的精神世界，提高自己的文化修养。所以，到这种场合尤其应当注意文明礼貌。

到图书馆看书，要衣着整齐干净，大方得体。进入图书馆要注意维持公共卫生和公共秩序，保持安静和整洁卫生。进门入座时动作要轻，走动时脚步要轻，不要高声谈话，不能吃东西。

图书馆的书刊资料属于公共财产，阅览时应注意爱护。翻书页时应尽量轻轻地翻，尽量不发出声音，翻页时不要沾唾沫。不要在图书上随意圈点、涂抹、折面，不得损毁图书。图书馆一般都备有复印、照相等业务，若需要可与工作人员联系。去书架上找书，要轻取轻放，看完后，要放回原处。入座时移动椅子要轻挪轻放，不要发出声音。

人多时，要按次序进入。不要抢占座位，不要在座位上躺卧，也不要在阅览室内吸烟。对阅览室的桌椅板凳应注意爱护，不要随意刻画破坏。

碰到熟人可点头致意，如要交谈，应离开阅览室找一个不影响他人的地方，不可在室内谈笑。

二、博物馆与艺术厅礼仪

在博物馆和艺术厅也有相应的参观礼仪。去博物馆和艺术厅应穿戴整洁。

轻声慢语是必要的，用洪亮的声调说话是令人厌烦的。

在艺术厅观赏的时候，通常尽力站在观赏者的后面，而不要挡住他们的视线。如果因为拥挤而不得不这样做的时候，就要向他人表示歉意。

第五节　影剧院、舞会礼仪

一、观看演出

到影剧院看电影、戏剧，是一种高雅的享受，每位观众都应当遵守影剧院里的公共秩序，讲究文明礼貌。

到影剧院以前，应穿上整洁、庄重的服装，女士可化淡妆，喷香水，男士也应当稍做修饰。

买票时，要排队，不要插队，也不宜请人代买。

进影剧院要提前几分钟到场，对号入座。如果进入影剧院的时间晚了，可请服务员引导入座，行走时脚步要轻，姿势要低，不要在人行道上停留，以免影响他人。看戏迟到最好在幕间再入座，入座时身体要下俯，要向经过的观众道歉，说一声“对不起”。如果别人坐了你的位子，要轻声和蔼地再请他检查一下座号，不要引起争执。必要时可以请服务员帮助解决。

遇到熟人，不要大声招呼，也不要挤过去交谈，点头或以手势示意即可。

观看时，不要吸烟，不吃带皮带核的东西，不随地吐痰，不乱扔杂物，不高声说话。要注意脱下帽子，身体不要左右摇晃，两腿不要抖动，更不要脱鞋子。观看已经看过的影剧，不要在下面讲解、介绍、评论。热恋的情侣在公共场合也不宜过分亲昵。

要尊重演员的艺术创造。马克思认为“需要赞扬和崇拜是艺术家的天性”。观众的掌声是对演员的最好赞扬，会使演员受到激励，发挥出更佳水平，使观众得到更好的艺术享受。演出中出现差错失误，不应起哄，在适当的时机报以更热烈的掌声。这掌声，体现了对演员的体谅和爱护。对精彩的表演，要经常报以热烈的掌声，表达对演员的尊重和激励。演出结束时，要起立站在原位，热烈鼓掌，感谢全体演职人员的艺术创造和辛勤劳动。

中途没有特殊情况，不要离场，必须离开时，要等幕间。看电影不要在情节紧张、热烈时离场。离座时，要轻声地说“对不起”“劳驾”“借过”等，压低姿势，轻步退场。

演出将结束时，不要提前起立退场，这会导致全场混乱，对演员十分不礼貌。散场时要慢慢依次退出，不要前挤后拥。

二、观看电影

看电影是很常见的活动，可是许多人往往在这时不注意礼节。其实在电影院是有很多细节是需要加以注意的。

不要迟到。在开映前进入电影院寻找座位。如果不得不迟到了，应该向周围的人低声询问，并报以歉意。

不要吃有壳的食物或咀嚼声音过大的食物。电影院是公共场所，吃东西要考虑到别人的感受，并且要协助电影院保洁。实在需要吐壳应吐在垃圾袋中，咀嚼声音大的食物分成小块吃。

不要不断交头接耳，高声议论。情侣间举止要文明。有些人可能听说或看过正在看的电影，不宜谈论过多，以免影响他人。不要踢前排座椅。

打喷嚏、吐痰要悄悄进行。如果要离位去如厕，应该向两边的人致歉，带小孩子的观众不要让孩子在走道上乱跑或哭闹。手机应调到振动状态，尽量少对别人造成影响。

电影近尾声时不要抢先站起离开，应该等剧情完全结束再起立。

三、参加舞会

舞会是现代社会中一种高雅而又重要的交际联谊活动，是以跳交际舞为主要活动方式的一种社交性舞会，是一种轻松愉快的文娱性活动。

参加舞会时，应注意仪容仪表和举止文明，做到庄重典雅，整洁大方，保持风度。

在正式场合上邀请舞伴，不能单凭个人好恶，还须兼顾交际面。一般情况下，男士应主动有礼貌地邀请女士跳舞。如果是上下级的关系，不论男女，下级都应主动邀请上级跳舞。

跳舞时舞姿应端庄，身体应保持平、直、正、稳，切忌轻浮鲁莽；男士动作应轻柔文雅，动作应谦和而有分寸，不应因动作不当而引起别人反感；不宜将女士拢得太紧，过近；不能把女士的手捏得过紧；不可把整个手掌掌心完全向内贴在女士的腰上；女士不应把双手套在男士的脖子上，也不应把头部主动靠在对方的肩上。

上、下舞场时，应讲究规矩，有礼貌，尊重舞伴。上场时，男士应主动跟在女士后面，由对方选择双方跳舞的地点。一曲终了，方可停舞。女士拒绝男士的邀请时，应委婉而客气。男舞伴应把女舞伴送至席位，并致谢意，女舞伴则应点头还礼。

在跳舞时，男女双方不应目不转睛地凝视对方，表情应保持自然。

在跳舞时，万一触碰到舞伴的脚部或冲撞别人，应有礼貌地向对方致歉。

参加舞会前不得吃葱、蒜、醋等带有强烈刺激气味的食品，不喝烈性酒，不大汗淋漓或疲惫不堪地进入舞场。患有感冒者不应进入舞场。

尚不会跳舞者最好不要现学现跳，应当学会后再进舞池。

应维护舞场秩序，不吸烟或乱扔果皮，不高声谈笑，不随意喧哗，杜绝一切粗野行为。

第六节　体育比赛礼仪

无论是参加体育比赛还是观看体育比赛，都应自觉遵守赛场秩序，遵守有关礼仪。

一、参加体育比赛

参赛者应严格遵守体育比赛的有关规定，自觉遵守赛场秩序，不冒名顶替、弄虚作假。应自觉尊重裁判、服从裁判，即使裁判有误，也应按有关程序反映，不应在赛场大喊大叫，发生争吵。

应充分体现“友谊第一、比赛第二”的原则。不论是输还是赢，都应把比赛对手当成朋友。还应善待热心观众，支持记者工作。

二、观看比赛

观众在观看比赛时，应自觉遵守赛场秩序。拥戴偶像应适度，宣泄情感应文明。为运动员加油助威的标语口号内容应健康；对本方的运动员和另一方运动员都应加油助威，对精彩表演都应报以掌声鼓励。

（一）入场

观看体育比赛虽不像到剧场需要那样刻意修饰仪表，但也应当服装整洁。穿背心、短裤是不适宜的。入场应先排队购票，有秩序地进场。如果迟到，应当尽量不影响其他观众。从别人面前经过要礼貌地请求，碰着别人要致歉。

（二）观看

入座后，要遵守赛场秩序，不抽烟，不吃带皮带核的食物，不乱扔纸屑杂物。观看比赛时，要对双方的精彩表演加油叫好，适时恰当地叫好声可以使运动员受到鼓舞，发挥更好的水平。叫好加油的音量要适度。运动员失手或裁判员误判了，不要起哄或吹口哨，更不应该用带污辱性的语言喊叫。

对领先一方的精彩表演，要用热烈的掌声给予激励，使他们发挥得更好。落后的一方更需要观众为他们加油鼓励。热情洋溢的加油声，会使他们清醒头脑，振奋精神，很快进入良好的竞技状态，赛出自己的风格，使比赛更激烈更精彩，观众也能获得更大的满足。相反，如果对落后一方嘲笑奚落，“嘘”声不止，则更会使他们一蹶不振。看这样的比赛便不会得到什么享受。

看体育比赛是最容易调动人的情绪的。能否控制自己是最能反映一个人的文明礼貌程度的。具有高度道德修养的人，善于在这个时候冷静地控制自己，特别是在大型国际比赛场上，观众的表现反映着一个国家的文明状况。我们应当表现出“礼仪之邦”的风度，不要在赛场上表现出有失国格、人格的行为，让人讥笑。

比赛结束时，对双方的表现均应报以热烈的掌声，表示谢意。自己一方胜了，不要得意忘形，手舞足蹈。自己一方败了，也不要埋怨球员和教练，更不要冷嘲热讽，甚至出言不逊。

（三）退场

比赛结束离开座位时，不要争先恐后，特别是在人流涌向出口时，更不要向前拥挤，应随着人流缓缓而出。出场后不要围观运动员，运动员的车辆从身旁通过时，要让开通路，为表示友好可以招手致意。

第七节　医院礼仪

在医院这种特殊的场所，无论是门诊检查还是住院治疗，都应讲究文明，自觉遵守有关礼仪。

一、就诊

在门诊看病应排队挂号。如有特殊情况需先看诊，应向前面的人说明原因，求得谅解和同意。不应在候诊室里喧哗吵闹、随意走动、大声呻吟、吸烟、随地吐痰、乱丢杂物等。

在就医的过程中，应尊重和信任医生。如对医生的诊断有怀疑，可委婉礼貌地向医生说明原因，请医生再作考虑。如果自己认为医生对疾病做了不当处理，应认真询问处理依据。即使确认属于医生的责任事故，也不可纠集亲友聚众闹事，而应通过适当的途径来解决问题。

二、探望病人

探望、慰问病人是一种礼节行为，由于情况特殊，更需要注意方式方法。交谈得当会使病人心神快慰，消除忧虑，有利于早日恢复健康。

（一）探视前

到医院探视病人以前，要做一些准备，可向其家属友人了解一下病人的病情和心情、饮食、休息情况以及家里的情况等，以便到病房后有针对性地安慰病人。去时可以带些病人需要的东西，如书籍、食品、鲜花等。了解医院允许探视的时间，去医院时换上清洁的服装。女士不应该浓妆艳抹，服装也不应鲜艳刺目。

（二）探望

进医院探望病人要遵守医院规定，按时间要求入内和离开。

进病房要先轻轻敲一下门，或轻轻开门进去。到病床前，先把礼物放下。见到病人，要同平常一样自然、平静、面带微笑，主动上前握手。不宜握手时，可探身表示慰问。见到病人治疗用的针头、皮管、纱布、绷带要表现出平静的样子，切不可表现出惊讶的神态，不然会给病人增加精神压力。探望时要坐在病人身旁或拿一个椅子坐下。

坐下后，要亲切目视病人，先问一声“今天好些吧”或“今天精神好多了”，然后再关切地询问病人病情和治疗情况。交谈中，要让病人介绍情况，自己不要滔滔不绝。多讲些慰问、开导和鼓励的话，用乐观向上的语言给病人以精神上的鼓励。不要提及刺激病人的话题，多讲些愉快的事，使病人得到宽慰和快乐。要帮助病人增强战胜疾病的信心，劝其积极配合医生治疗，不要再为工作和家事操心。

（三）告辞

探望病人的时间不宜过长，十分钟左右即可起身告辞，问一下病人有什么需要帮助的，有什么事要帮办理的。离开前再嘱咐病人安心治疗，表示过两天再来看望。

如果是危重病人，则不应交谈，只需要探视，简单而深情地安慰、鼓励，再向病人的亲属致意以后就可告辞。不便当着病人的面交谈的，可在其亲属送到门外时再谈，以免引起病人疑虑，加重病情。[①]

---

① 杜延起．与人相处很简单[M]．北京：清华大学出版社，2017．

第四章　餐饮礼仪

第一节　中西餐礼仪

餐饮，既催生人类文明，又展现人类文明。餐饮礼仪，是现代文明人必备的基本素质，是社会交往和事业成功的重要条件。餐饮礼仪，是国民素质、国家形象的重要体现，也是走向世界与世界交往的名片。

一、西餐的礼仪规范

（一）西餐的预约

西餐总是让人联想到烛光、钢琴、红酒、牛扒、沙拉……西餐是一种文化的沉淀，从入座、点餐到用餐有一整套礼仪，掌握礼仪是用餐的关键。

在西方，去餐厅吃饭一般都要事先预约，在预约时，有如下几点要特别注意：

（1）要说明人数和时间。

（2）要表明是否要吸烟区或视野良好的座位。如果是生日或其他特别的日子，可以告知宴会的目的及预算。

（3）如去高档的餐厅，男士要穿正装，女士要穿套装和有跟的鞋子。此时，再昂贵的休闲服也不能随意穿着。

（二）西餐的排位

西餐的位置排列与中餐有相当大的区别，中餐多使用圆桌，而西餐一般都使用长桌，这就要求我们了解一些座次的基本知识。

（1）如果男女二人同去餐厅，男士应请女士坐在自己的右边，还得注意不可让她坐在人来人往的过道边。若只有一个靠墙的位置，应请女士就座，男士坐在她的对面。

（2）如果是两对夫妻就餐，夫人们应坐在靠墙的位置上，先生则坐在各自夫人的旁边。

（3）如果两位男士陪同一位女士进餐，女士应坐在两位男士的中间。

（4）如果两位同性进餐，靠墙的位置应让给其中的年长者。

此外西餐还有个规矩：每个人入座或离座时，均应从座椅的左侧进、右侧出。举行正式宴会时，座次的排列则按国际惯例：桌次的高低视距离主桌位置的远近而定，具体为右高左低，桌次多时应摆上桌次牌。同一桌上席位的高低也是视距离主人座位的远近而定。

（三）西餐摆台

西餐摆台相对而言要复杂一些，需要先铺桌布、围桌围。西餐的餐布往往比较讲究，特别是在家中举行的宴会，主人一般都会将最好的桌布拿出来。桌布往往与餐巾的颜色、款式、质地相统一，这样会显得比较协调。铺完桌布以后，在每个人的座位前摆餐具和酒具；餐具一般包括一个垫盘、一张餐垫（花纸），然后再在上面放一张餐盘。垫盘的右侧放餐刀、餐勺和汤勺，左侧摆放正餐叉和沙拉叉。垫盘的正前方，从中线往右，按高低顺序摆放酒具。一般应摆水杯、白葡萄酒杯、红葡萄酒杯，水杯外侧可以放咖啡杯。咖啡杯一般放在咖啡杯垫盘上，杯侧放咖啡勺。餐盘左上方摆面包盘，面包盘上可以放黄油刀，面包盘上方可以放调味瓶。餐盘正前方放甜品刀。餐巾一般摆放在餐盘中或者餐盘的左侧。

二、西餐上菜的服务位置

餐厅员工在提供西餐上菜服务中，总体顺序是先女主宾后男主宾，然后再服务主人与一般来宾。

餐厅员工应用左手托盘，右手拿叉匙为客人提供服务。服务时，员工应站在客人的左边。

西餐上菜的三种方式：

（1）在厨房里将主菜与沙拉放进盘内，而后用垫盘将菜送到宴席上。

（2）餐厅员工将一大盆菜送到餐桌中央，然后让客人自行选取食用。

（3）厨师事先将菜装到一只专用的分菜盘内，然后由服务员送到餐桌边分给客人食用。分菜时，服务人员要站在客人的左边，左手托盘，右手使用服务叉匙为客人分菜。

三、西餐的上菜顺序

1. 面包和黄油

餐厅员工应在开餐前 5 分钟为客人送上面包与黄油。先用小方盘装上热的小面包，上面用清洁的口布盖上；再用小圆盘装上黄油，数量与客数相等。然后将黄油刀移放到黄油盘上，在奶酪盘的右上角放上黄油，中间放上面包。

2. 沙拉

服务人员为客人送上沙拉时，应将果盘端送到客人的左侧，让客人自己挑选。

3. 汤

在西餐中汤有清汤与浓汤之分。清汤又包括热清汤与冷清汤两种。要用热碗放浓汤，从而保持汤的原汁原味。夏天用西餐时一般喝冷清汤，上汤之前首先要将盛放冷清汤的专用杯（带两耳）用冰冻冷。

4. 主菜

食用主菜时要用大菜盆，所以主菜通常又称为大盆。服务人员在为客人送上主菜的同时，还要在主菜的前面随送上卤汁和蔬菜。这些配料用半月形的生菜专用盆装盛。

5. 点心

食用冰激凌时，要将匙放到底盘内与冰激凌一道端上去；吃水果则应为客人摆上菜匙；食用热点心要用中号叉与点心匙。

6. 水果

有的西餐服务人员事先在台面上摆好了水果盘，作为点缀之用。在这种情况下，给客人上水果时只要为客人送水果刀叉、净手盅即可。如果桌面上并没有事先摆好水果盘，服务人员可以在放上辅助工具之后，为客人送上准备好的果盘。

7. 咖啡

西餐中早、中、晚餐饮用咖啡的杯子各不一样。通常情况下，分别使用大、中、小三种杯子。餐厅员工可以在客人食用水果时就将一套咖啡杯送到客人的水杯后面。分派咖啡的盘上应当垫上口布，并装上糖钳、牛奶盅、咖啡壶等用品。为客人斟好咖啡后，应当先将客人的水果盘与洗手盅收去，然后将咖啡轻移到客人面前。做好这一切后，便可以为客人派送利口酒。

四、西餐餐巾的用途

餐巾的第一个作用是，它可以暗示宴会的开始和结束。参加正式宴请时一定要注意，西方人讲究女士优先，因此在西餐宴会上，女主人是第一主人。女主人不坐，别人不能坐。女主人把餐巾铺在腿上，则说明大家可以开始用餐。同样，女主人把餐巾放在桌子上，便是宴会结束的标志。使用餐巾时，必须谨记餐巾只能够铺在腿上，而不能放在别的地方。

餐巾的第二个作用是，如果就餐过程中你要离开一下，餐巾有一个最标准的放法，即放在你座椅的椅面上。这就等于告诉在场的其他人，尤其是服务生，你到外面有点事，回来还要继续就餐。

餐巾的第三个作用是，暗示自己用餐的情况。因此千万别把餐巾随意地放在桌上，这等于告诉别人自己用餐结束了。

餐巾的第四个作用是揩拭。吃西餐的时候，如果要跟别人交谈，一定要用餐巾先把嘴沾一沾，然后再跟别人说话。餐巾可以擦嘴，但是不能用来擦刀叉，也不能擦汗。

五、西餐刀叉的使用

（一）就餐时的使用方法

正餐一般有刀叉可用，而且不止一副，往往是两三副。通常是刀放在你的右手边，叉放在你的左手边。西餐刀叉的取用是有其讲究的。吃一道菜，便需要换一副刀叉。吃一顿西餐，一般可能会用三副刀叉，吃色拉、吃海鲜、吃主菜各用一副。三副刀叉在取用时应按照顺序，由外侧向内侧取。先拿最外面那一副，那副一般是吃沙拉的；然后再拿中间那副，那副一般是吃海鲜的；最后再拿最里面那一副，那副是吃主菜的。

不管你拿哪副刀叉，一般都应当是左叉右刀。使用主要有以下两种模式：

1. 英式吃法

用右手拿刀，左手拿叉。一块牛排，它要求从左侧开切。切下来一块，马上就吃这一块。

2. 美式吃法

还是左叉右刀，也是从左侧开切，但是它的特点是先把牛排从左侧向右侧切，切完之后，右手拿的那把刀就放下来。然后把左手的叉子换到右手，用右手执叉食之。吃东西时不拿刀，仅用右手执叉即可。

（二）刀叉的摆放方法

跟中国人吃饭拿筷子指着别人不礼貌的一样，西餐的刀叉也是不能指人的。使用西餐刀叉切菜的时候很有讲究。一般左手和右手肘关节应该刚好夹在腰的两侧，以这种姿态来控制切割的动作。用餐期间打算与自己身边的人交谈时，刀叉一定先要放下来。此时特别注意，刀叉应在盘子上摆放成汉字的“八”字形，刀刃朝内，不能朝外。叉子则是弓朝上，齿朝下。这个形式就是告诉服务生和别人这个菜没吃完。而把刀叉并排摆放，刀齿朝内，叉齿朝上，则表示自己不吃了，请立即将其收掉。

六、中餐的礼仪规范

（一）中餐的排位法

不同的宴席，其性质和目的也各不相同，因此不同地区的餐饮礼仪也是有区别的。古代的饮食礼仪是按阶层划分：宫廷、官府、行帮、民间等。而现代饮食礼仪则简化为：主人（东道主）和客人。作为客人，赴宴讲究仪容，根据关系亲疏决定是否携带小礼品或好酒。赴宴守时守约。抵达后，先根据与主人认识与否决定是否自报家门，或由东道主进行引见介绍，然后由东道主安排入座。“排座次”，是整个中国饮食礼仪中最重要的一部分。从古到今，因为餐桌的演进，所以座位的排法也相应变化。

总的来讲，座次是“尚左尊东”“面朝大门为尊”。家宴首席为辈分最高的长者，末席为最低者。巡酒时自首席按顺序依次敬酒。若是圆桌，则正对大门的为主客 1，左手边依次为 2、4、6、……右手边依次为 3、5、7、……直至汇合。

若为八仙桌，有正对大门的座位，则正对大门一侧的右位为主客 1。如果不正对大门，则面东的一侧右席为首席 1，然后首席的左手边排列为 2、4、6、8，右手边为 3、5、7。如果为大型宴会，桌与桌之间的排列讲究首席居前、居中，左边依次 2、4、6 席，右边为 3、5、7 席，根据主客身份、地位、亲疏分坐。

（二）中餐餐饮摆台

摆台是餐饮活动中的一项重要工作，它不仅体现餐饮活动的规格，更是营造气氛的重要元素，同时也是不同餐饮类型、就餐形式的重要标志。常见摆台类型如下：

1. 中餐摆台

中餐摆台方法简单一些。餐桌上先铺桌布，有时需要围桌围，然后在上面摆转台，以方便就餐。转台放好之后，将餐盘（三寸碟）、筷架、筷子、酒杯、水杯、汤碗、汤勺、茶碟、茶杯、口布等餐具用品按就餐人数摆放整齐。

2. 中西混合摆台

中西餐混合摆台基本与西餐摆台相似，只是餐具的摆放稍有差别。此种摆台只放一把餐刀、餐叉和汤勺，然后在餐刀一侧放筷架和一副筷子。

（三）中餐上菜顺序和习惯

1. 上菜顺序

不同种类的宴会上菜的程序是不完全一样的，但从总体上说，中餐上菜的程序是基本固定的。中餐上菜的顺序为：冷盘→热菜→炒菜→大菜→汤菜→炒饭→面点→水果。

2. 上菜中的习惯

（1）菜肴上有孔雀、凤凰图案的拼盘，应当将其正面放在第一主人和主宾的面前，以方便第一主人与主宾的欣赏。

（2）第一道热菜应放在第一主人和主宾的前面，没有吃完的菜则移向副主人一边，后面的菜可遵循同样的原则。

（3）遵循“鸡不献头，鸭不献尾，鱼不献脊”的传统礼貌习惯，即在给客人送上鸡、鸭、鱼这一类菜品时，不要将鸡头、鸭尾、鱼脊对着主宾。而应当将鸡头与鸭头朝右边放置。上整鱼时，由于鱼腹的刺较少，肉味鲜美腴嫩，所以应将鱼腹而不是鱼脊对着主宾，表示对主宾的尊重。

（四）撤盘与换盘

1. 餐盘撤换时机

（1）在客人用完冷菜之后，准备上热菜之前；

（2）荤菜与素菜交替食用之时；

（3）上甜点与水果之前；

（4）当客人吃过汤汁较为浓郁的菜后。

2. 撤换餐盘操作要求

（1）撤换餐盘时应注意礼貌，即站在客人的右侧用右手将餐盘撤回放到托盘中。

（2）撤盘时不拖拽，不能当着客人的面刮擦脏盘，不能将汤水或菜汁洒到客人身上。

（3）如果客人还要食用餐盘中的菜，服务人员应将餐盘留下或在征得客人的同意后将菜并到另一个餐盘中。

（4）撤盘时，应将吃剩的菜或汤在客人右边用碗或盘装起来，然后将同品种、同规格的盘按直径由大到小的顺序自下而上摆放整齐。

第二节 宴请礼仪

宴会是一种比较重要的交往方式。一般情况下，举办宴会和参加宴会都不仅仅是为了吃吃喝喝，而是以交际为目的。因此，无论请客还是被请，无论举办还是参加宴会，都应该讲究和遵循宴会礼仪。[①]

一、宴会礼仪

（一）周密准备

1．规格种类

宴请的规格因宴请目的和主要宾客的身份地位而定，过低显得失礼，过高也没有必要。宴请的种类因宴请的性质、目的和内容而定。

2．作陪人员

一般讲究对等接待，即我方主陪与对方主宾身份地位相仿。接待高层领导，我方主要负责人应当出面。

3．确定时间

可以按照主办方的实际需要而定，如单位庆典、朋友聚会；也可以按照客人的活动安排而定，如接风送行；还可以按照事情的进展情况而定，如谈判成功之后。确定宴会时间，一要考虑客人方便，避开其重大节日、假日或是有重要活动的时间。二要照顾参加人员的习俗，避开对方的禁忌日。比如邀请中国同胞不要安排在除夕夜，邀请西方朋友则应避开每月的 13 日。如果条件允许，时间确定之前，可以先征求主宾意见。

4．确定地点

确定宴请地点应遵循以下原则：

（1）与宴请目的、性质和主宾的身份地位相适应；

（2）能够充分表达对客人的敬意；

（3）交通便利、环境优雅、菜肴精美、价格合理、服务到位。

（二）盛情邀请

1．发送请柬

组织比较正式的宴会，发请柬应注意以下几点：

（1）大型宴会的请柬，可以以单位名义发，也可以以个人名义发；小型宴会一般以个人或夫妇二人的名义发；工作餐以单位名义发。如果以夫妇二人的名义发送请柬，主宾、陪客的配偶均可被列为受邀对象。如果受邀夫妇都有重要身份，则应分别发送请柬。

（2）请柬应尽早（一般提前一至两周）发出，以便宾客调整时间。为了减少失误，可以在宴会前夕，再次电话联系，确认对方是否出席。

2．其他方式

组织比较轻松随意的“便餐”式的宴请，可以采用打电话或请人代转的方式进行邀请。无论采用哪种方式，都要做到两点：一是说明理由，表达敬意和诚意；二要明确告知时间、

---

① 金正昆．社交礼仪[M]．北京：北京联合出版公司，2013．

地点、参加人员，询问清楚对方能否出席、有无其他需要。

（三）定制菜单

1．主随客便

菜单以客人的爱好为准，充分考虑客人尤其是主宾的饮食习惯、口味好恶、宗教禁忌、健康状况等具体情况。规模较大的宴会，酒水最好准备三种以上。

2．量力而行

一般情况下，安排菜单不要超出自己的实际能力，因为这样会使客人感到不安。

3．适当控制

文明社会中，铺张浪费越来越被人们所不齿，因此，大吃大喝而被客人误解，最终不欢而散的事情也屡见不鲜。因此定制菜单，应该多在品种、口味上动脑筋，不要追求以贵为好或以量取胜。

（四）安排桌次、座次

举办正式宴会，应当提前排定桌次和席次，或者只排定主桌席位，其他只排桌次。桌、席排次时，先定主桌主位，后排座位高低。

1．中式宴会的桌次安排

中式宴会通常 8～12 人一桌，人数较多时也可以平均分成几桌。当宴会不止一桌时，要安排桌次。其具体原则是：

（1）以右为上。当餐桌分为左右时，以面门为据，居右之桌为上。

（2）以远为上。当餐桌距离餐厅正门有远近之分时，以距门远者为上。

（3）居中为上。多张餐桌并列时，以居于中央者为上。

（4）在桌次较多的情况下，上述排列常规往往交叉使用。

2．中式宴会的席次安排

席次，指同一餐桌上的席位高低。排列席次的原则是：

（1）面门为上。即主人面对餐厅正门。有两位主人时，双方可相对而坐，即一人面门，一人背门。

（2）主宾居右。即主宾在主位（第一主位）右侧。

（3）好事成双。即每张餐桌人数为双数，吉庆宴会尤其如此。

（4）各桌同向。即每张餐桌的排位均大体相似。

3．西式宴会的桌席安排

西式宴会的餐桌习惯用长桌。同中式宴会一样，举办西式宴会也要排定桌次和席次。

西式宴会的席次排位也是讲究右高左低，同一桌上席位高低由距离主人座位远近而定。如果男、女主人并肩坐于一桌，则男左女右，女性坐于右席；如果男、女主人各坐一桌，则女主人坐于右桌；如果男主人或女主人居于中央之席，面门而坐，则其右方之桌为尊，右手旁的客人为尊；如果男、女主人一桌对坐，则女主之右为首席，男主人之右为次席，女主之左为第三席，男主人之左为第四席，其余位次依序而分。

西式宴会的席次一般根据宾客地位安排，女宾席次依据丈夫地位而定。也可以按类别分坐，如男女分坐、夫妇分坐、华洋分坐等。在我国用西餐宴请客人，通常采用按职务高低、男女分坐的方式。

（五）热情迎送

1. 提前到达

宴请前，主人应提前到达宴会地点，在门口迎接客人。

2. 笑脸相迎

客人到来后，主人应与之握手、寒暄，表示欢迎，不要有远有近，冷落任何一位客人。如果客人之间不认识或不熟悉，主人应热情地为其介绍。在有一定社会地位的贵宾到来后，应先将其迎进接待室休息，并安排身份相同的人员照顾，等其他客人到齐并进入宴会厅后，主人陪同贵宾一同进入宴会厅。第一道主菜上桌，主人应主动热情地请客人品尝。

3. 适时结束

宴会一般控制在一个半小时左右为宜，最多不超过两个小时。

（六）敬酒与劝酒

俗话说“无酒不成席”，喝酒是宴会上联络感情、融洽关系的重要社交方式。

1. 敬酒

如是一桌宴请，主人应向所有客人逐一敬酒；如是多桌宴请，主人应逐桌敬酒，不可厚此薄彼。敬酒时，主人应与主宾碰杯，其余人员可举杯示意。如有必要，也可致以简短、友好的祝酒词。碰杯时，要态度从容，目视对方。注意不要交叉碰杯。

2. 劝酒

设宴请客，主人都希望客人多喝几杯，尽兴而归。这样，席间自然少不了劝酒。劝酒需要掌握以下原则：一是量力而行，事先了解对方的酒力，劝酒时容易掌握分寸；二是讲究艺术，选择对方关心的话题，采用更能产生共鸣的表达方式，往往更能说动对方；三是适可而止，不可勉为其难。

3. 注意事项

涉外宴请，应事先了解对方的饮酒习俗和讲究，以免弄巧成拙。比如穆斯林不饮酒，宴请他们时就不要敬酒，甚至不要上酒。

二、做客礼仪

（一）尽早回复

接到邀请以后，无论能否参加，都要尽快给予回复。如果收到了请柬，还应以书面形式回复。在西方国家，正式请柬的日期下，都有“R.S.V.P”四个法文缩写字母，意思是敬请赐复。这样的请柬，应当在收到后一天内回复。

（二）适度修饰

出席宴会，应当精神饱满、容光焕发，这需要提前适度地修饰仪表。男士要修整须发，女士应面部化妆。无论男女，都要换好既符合自己在宴会上的身份，又突出自身气质的衣服。

（三）遵守时间

出席宴会，迟到、早退或逗留时间过短都会被认为失礼或者有意冷落。因此，要尽量避免迟到。也不必到达过早，以免有贪吃之嫌。一般而言，按照规定时间提前 1 ~ 2 分钟到达即可。

三、酒会、茶会、冷餐会

宴请当中，正式宴会并不是唯一的选择。酒会、冷餐会、工作餐、茶会等招待或进餐方式因其形式灵活、操作简便、气氛宽松，越来越为现代社会所接受。

（一）酒会

酒会是国际上流行的一种便宴形式。会上不设正餐，只是略备酒水、点心、菜肴等，且多以冷味为主。

1. 酒会的类型

按照举行时间的不同，酒会分为两种类型：正餐之前的酒会和正餐之后的酒会。

（1）正餐之前的酒会也称鸡尾酒会，一般在下午 6 点或 6 点半举行，持续两个小时左右，鸡尾酒会分为设座和不设座两种形式，在不设座的鸡尾酒会中，有时为了照顾年长者，也备一些椅子。这类酒会有明确的时间限制，一般会在请柬中写明。招待品以酒水为主，酒水分为含酒精的酒水和不含酒精的饮料两类。含酒精的酒水至少要在三种以上，如雪莉酒、香槟酒、红葡萄酒、白葡萄酒、混合葡萄酒、开胃酒和各种烈性酒等。不含酒精的饮料至少准备一种，如果汁、矿泉水、牛奶等，食品从简，只备一些点心和开胃菜，如面包、三明治、热香肠、炸薯片等。

（2）正餐之后的酒会，通常在晚 9 点左右开始，一般不限定时间长短，客人可以根据自身情况随时告辞。这类酒会规模较大，常常播放音乐，并准备场地供来宾跳舞。这点也要在请柬中事先说明。酒水供应大致与鸡尾酒会相同，但有时不备雪莉酒。因为是在晚餐之后，可不备食品。但如果是大型或正式酒会，应该准备夜餐。

2. 酒会的功能

（1）联络旧友。宾主之间交流信息，联络感情，进一步深化友谊。

（2）结交新知。提前给需要结识的人发份请柬，对方往往惊讶并愉快应约，从此成为你的朋友。

（3）答谢款待。在其他酒会或宴会上受到了东道主或某些宾客的周到照顾，可以邀请他们参加自己举办的酒会，以示答谢。

3．酒会的特点

（1）不必准时。虽然请柬上约定了时间，但不一定必须遵守，何时到场可由自己掌握。

（2）不限衣着。穿着不必过于正式，端庄大方、整洁干净即可。

（3）不排席次。主客均需站立，可以自由组合、随意交谈。

（4）菜肴自选。喝什么、吃什么以及喝多少、吃多少全凭自愿。

4．注意事项

（1）无论新朋旧友，都应主动招呼，表示友好。

（2）善待他人，即便话不投机、无意结交，也要给人以应有的尊重，礼貌地与人道别。

（3）饮酒有度，姿态要文雅，不要开怀畅饮、大呼小叫，酒量要控制，以免醉酒失态。

（4）适时告辞，要体贴主人，适时离开。如果有事提前离开，告辞时不要引人注意，但最好是向女主人当面致谢。

（5）不忘致谢，于酒会次日再次打电话向女主人表达谢意，是表现修养的必要礼节。

（二）茶会

1. 举办茶会的时间、地点

举办茶会，时间一般安排在上午 10 点或下午 4 点左右，地点通常安排在客厅、会议室、接待室。

2. 基本礼节

（1）沏茶。茶不应过浓或过淡，不要斟得过满，有七分满（茶杯的 2/3）即可。

（2）敬茶。起身站立，双手捧杯，递给客人，并可轻声告之“请用茶”。如果来者为贵宾或重要客人，应由主人（公务接待时为本单位在场的最高职务者）亲自敬第一杯茶。

（3）接茶。双手去接，并道“谢谢”，然后就近将茶杯放到茶几或桌子上。

（4）饮茶。饮时小口啜饮、认真品味，不要大口吞咽、一饮而尽。喝过一口后，应对茶水加以赞赏，不可质疑其口味；如果茶叶漂浮，可用杯盖抹去，不可用嘴吹、用手捞或是吞咽咀嚼；如果水温过高，应待其自然冷却，不要用口吹凉或是用另外的杯子折凉。

（5）续水。续水的时机应在客人喝过几口以后，不要等到茶叶见底；会议中的续水间隔应在 30 至 40 分钟之间；续水时不要妨碍客人，最好不要当面进行；不小心把水洒在茶几或桌子上，应及时以小毛巾擦干；续水不要过满。

3. 其他

（1）茶会的核心和实质是茶叶的高档次。高水平的茶会要用高质量的茶叶，并且品种要多，以适应不同人的口味。

（2）举办茶会，选用茶具也要讲究，一般为高档成套的瓷具或陶具，不可使用低档茶具。

（3）可以准备一些便于食用的点心和风味小吃。

（4）茶会的规模不宜过大。

（三）冷餐会

冷餐会是国际上流行的一种非正式宴会，在国内又称自助餐。冷餐会举行的地点可以是大型餐厅或者露天花园。一般情况下，冷餐会设有菜点桌、餐桌、餐椅，露天冷餐会还要设置遮阳伞。所提供的食物以冷食为主，同时可以提供一些热菜或半成品由来宾自行加热。餐会开始之前，应将菜点和酒水上齐，将餐具摆好。冷餐会不讲尊卑，不排席次座次，就餐者可以随时随意调换座位。

参加冷餐会应该注意以下两点：

（1）衣着、装饰不可过于随意；用餐时不可戴手套；参加室外冷餐会不宜佩戴太阳镜。

（2）取食时应按照顺序，不能争抢，取完后马上离开菜点桌；取食过程中，不能把刀叉等叼在嘴中或别在衣袋里；取食应多次取食、次次少取，宁可多添几次，也不要一次装得过多，甚至吃不完。

第三节　酒水礼仪

古往今来，酒水在人际交往中一直都扮演着重要的角色。逢年过节时更是少不了它们的身影，以至于形成了无茶不会客，无酒不成宴的惯例。

目前，除了人们常饮的茶之外，各种各样的洋酒、各种品牌的咖啡也已悄然进入了我们的日常生活。在商务交往中，酒水的品种选择增多了，所需要注意的礼数也就多了。敬茶有什么讲究？喝洋酒需要搭配什么？怎样喝咖啡才称得上优雅？如果把这些问题解决了，那么不管红茶绿茶、洋酒咖啡，你都可以应付自如。

酒水是对我们在正式场合所饮用饮料的一种统称。它既包括含有酒精的饮料，就是我们所说的酒，也包括软饮料，即不含酒精的其他饮料，比如水、果汁以及其他类型的饮料。在日常交往与工作中，我们遇到最多的饮料主要是以下几种：茶、咖啡和酒。

一、茶的礼仪

（一）茶叶的起源与发展

相传在5000年前的神农时代，神农发明农耕，发现中药，当尝到致命的草药时，是茶救了他的命。茶被发现后先是当药用，并被奉为“祭祀品”。据文字记载，周朝时茶才开始作为饮品；唐朝时，饮茶的风气已普及至全国各地，茶叶量产大大增加，茶叶贸易开始兴盛。在这样的历史背景之下，出现了茶圣陆羽和他编写的世界上最早的茶叶著作《茶经》。书中概括了茶叶的起源、生产等自然科学和饮用器具等，探讨了饮茶艺术，把儒、道、佛三教融于饮茶之中，首创了中国的茶道精神。发展到了现代，茶叶已和咖啡、可可并称为世界三大无酒精饮料。

（二）茶叶的功能成分及作用

茶叶之所以受到世人的广泛欢迎，主要原因是它对人体的身心健康非常有益，其药效成分和营养成分含量十分丰富。茶中含有茶多酚、生物碱、脂多糖、氨基酸、微量元素及矿物质等，具有抗癌、抗辐射、提神、增强人体免疫力等效用。

（三）六大基本茶类

鲜叶采摘后经过不同的加工工艺，形成了六大基本茶类：

1．绿茶

绿茶为不发酵茶，是我国产量最多、分布面积最广的一大茶类。茶叶“清汤绿叶”，滋味清香，最适宜夏天饮用。碧螺春、龙井、太平猴魁、信阳毛尖等都是绿茶中的名品。

2．白茶

白茶主要产于福建，是轻发酵茶。其外形色泽灰绿、香气清鲜、汤色浅淡、滋味醇和，观赏性较强。其中，“银针白毫”和“白牡丹”都是白茶中的上乘佳品。

3．黄茶

黄茶是轻发酵茶，黄茶“黄汤黄叶”，名茶主要有君山银针、蒙顶黄芽等。

4．青茶

青茶是半发酵茶，也称乌龙茶，主要产于福建、广东、台湾等地。乌龙茶“绿叶红镶边”，汤色金黄，香气因茶树的品种、栽培方式、加工方式的不同而具有各种花香果味，如铁观音的兰花香。乌龙茶属于半发酵茶类，不寒不热，介于红、绿茶之间，最适宜秋天饮用。

5．红茶

红茶是全发酵茶。我国有名的红茶有滇红、祁门红茶、英德红茶等。红茶茶香以甜香为主，茶汤色泽红艳明亮，滋味甘醇，最适宜在冬天饮用。

6．黑茶

黑茶在加工时堆积发酵时间较长，叶色呈暗褐色。云南普洱茶和湖南的安化黑茶就是中国传统的经典黑茶。黑茶具有降脂、减肥和降血压的功效，在东南亚和日本很普及。

（四）中国十大名茶

（1）西湖龙井，产于浙江杭州西湖区。

（2）碧螺春，产于江苏吴县太湖的洞庭山碧螺峰。

（3）信阳毛尖，产于河南信阳车云山。

（4）君山银针，产于湖南岳阳君山。

（5）六安瓜片，产于安徽六安和金寨两县的齐云山。

（6）黄山毛峰，产于安徽歙县黄山。

（7）祁门红茶，产于安徽祁门县。

（8）都匀毛尖，产于贵州都匀县。

（9）铁观音，产于福建安溪县。

（10）武夷岩茶，产于福建崇安县。

（五）饮茶的礼仪

1．奉茶

为客人奉茶前要先洗手、洗茶杯或茶碗；检查茶杯或茶碗是否有裂痕；不要用带有茶垢的杯子敬茶；不要用手直接抓取茶叶；要用刚煮沸的开水冲泡。

奉茶的时机通常是在客人就座后、还未开始谈论工作之前，通常由主人或秘书或晚辈上茶，先主宾后主人，先女宾后男宾，先主客后次客。应从每人的右后侧递送，每杯斟七分满。如有茶点，茶杯应放置在茶点的右侧。

2．饮茶

喝茶时，如需调和糖与奶精，应在调好之后将茶匙横放在碟子上，再以右手端起杯子。喝茶时不可出声，不要因为怕将茶叶喝入口中而用嘴滤茶，女士喝茶先用化妆纸将口红擦掉，以免口红印留在杯子上。

3．品茶

应慢慢地小口仔细品尝。如遇到漂浮在茶面上的茶叶，可以用茶盖拂开，或轻轻吹开。我国旧时有以再三请茶作为提醒客人应该告辞了的说法，因此在招待客人时，不要一而再、再而三地劝其饮茶。

4．饮茶的禁忌

禁忌晚间饮茶或饮茶太多（失眠或胀腹）；不可饮隔夜茶（民间认为会腹泻）；有些茶中有枣，大多不食用（民间认为有贪婪之意）；宋代时，家有丧事，不提供茶托，当时茶托多为朱红色漆器。

二、咖啡礼仪

（一）咖啡起源

咖啡是世界三大饮料之一，是由热带常绿小乔木——咖啡树的果实咖啡豆，经用适当的烘焙方法、用不同的烹煮器具制作出来的。

“咖啡”起源于埃塞俄比亚早期，人们用阿拉伯语“qahwah”为其命名，其含义为植物饮料。后来咖啡开始在世界各地盛行，人们便把这种饮品称为“kaffa”。直到 18 世纪后期，咖啡才正式被命名为“coffee”。

关于咖啡的起源有种种不同的传说。其中，最普遍且为大众所乐道的是牧羊人的故事。相传 16 世纪伊索比亚有一个牧羊人在放牧时意外发现，他的羊群吃了一种红色果实后变得异常精神。于是他好奇地将这些果实采摘下来，回家熬成汤水食用。结果发现自己自从食用了这些红色果实熬成的汤水后，每天都精神饱满、不知疲惫。于是，他把这个现象告诉了周边的牧羊人们。大家纷纷将这种红色的果实采摘回去熬汤喝，并且给这种果实取名为“提神药”。这就是初期咖啡的形成。

（二）咖啡的传播方式

早期熟悉咖啡的人很少，最早接触咖啡的是僧侣。所以早期咖啡只是在宗教人群中流行。随后咖啡又被当作药品来使用，因为将它熬成汤水后食用会精神振奋，所以广受人们喜爱。咖啡被广泛传播是在第二次世界大战时期。因为咖啡提神和驱赶困乏的原因，所以食用的军官很多。咖啡也是因为这个被带到了世界各地，从而被全世界的人们所熟知的。

（三）咖啡的主要产地

巴西：世界最大的咖啡生产地，最有名的就是山多斯咖啡，口感香醇，中性。

哥伦比亚：世界第二大咖啡产地，哥伦比亚咖啡多名品。

牙买加：以出产蓝山咖啡著名。

墨西哥：中美洲的主要咖啡生产国，咖啡口感舒适，香味与酸味优质。

危地马拉：这里的咖啡豆多带有炭烧味、可可香，唯其酸度稍强。

萨尔瓦多：大颗咖啡豆，香浓口感温和。

此外，著名的咖啡产地还有哥斯达黎加、美国夏威夷、加纳、几内亚、埃塞俄比亚、坦桑尼亚、多米尼加、印度尼西亚、中国云南等。

（四）喝咖啡的礼仪

（1）先喝一口冷水，让口腔完成清洁。

（2）喝咖啡要趁热，因为咖啡中的单宁酸很容易在冷却的过程中起变化，从而使口味变酸，影响咖啡的风味。

（3）先趁热喝一口不加糖与奶精的“黑咖啡”，感受一下咖啡在“未施脂粉”前的风味。然后加入适量的糖，再喝一口，最后再加入奶精。

（4）正式开始喝咖啡之前，先喝一口冰水，冰水能帮助咖啡味道鲜明地浮现出来。

（5）适量饮用，咖啡中含有咖啡因，所以要适量地喝，依照上述的过程享受一杯好咖啡，不仅能体会咖啡不同层次的口感，而且更有助于提升鉴赏咖啡的能力。

在喝咖啡时，还需要注意以下几点：

① 拿咖啡杯

餐后饮用的咖啡一般都是用袖珍型杯子盛出。这种杯子的杯耳较小，手指无法穿过去。咖啡杯的正确拿法应是拇指和食指捏住杯耳将杯子端起。

② 给咖啡加糖

给咖啡加糖时，砂糖可用咖啡匙舀取，直接加入杯内；也可先用糖钳把方糖夹在咖啡碟的近身一侧，再用咖啡匙把方糖加在杯子里。如果直接用糖钳或手把方糖放入杯内，有时可能会使咖啡溅出，从而弄脏衣服或台布。

③ 用咖啡匙

咖啡匙是专门用来搅拌咖啡的。饮用咖啡时，应当把它取出来放在杯碟里，不能用咖啡匙舀着咖啡一匙一匙地慢慢喝。

④ 冷却咖啡

刚刚煮好的咖啡太热，可以用咖啡匙在杯中轻轻搅拌使之冷却，或者等待其自然冷却再饮用。用嘴试图去把咖啡吹凉是很不文雅的动作。

⑤ 杯碟的使用

盛放咖啡的杯碟都是特制的。它们应当放在饮用者的正面或者右侧，杯耳应指向右方。饮用咖啡时，可以用右手拿着咖啡的杯耳，左手轻轻托着咖啡碟，慢慢地移向嘴边轻啜。不宜大口吞咽，也不宜俯首去靠近咖啡杯。喝咖啡时，不要发出轻响。添加咖啡时，不要把咖啡杯从咖啡碟中拿起来。

（6）喝咖啡与用点心

有时饮咖啡可以吃一些点心，但不要一手端着咖啡杯，一手拿着点心，吃一口喝一口地交替进行。饮咖啡时应当放下点心，吃点心时则放下咖啡杯。

三、饮酒礼仪

中国是文明古国，自西周时期起就把礼仪规范融入宴饮之中，一直延续了几千年，并且影响了现代人的饮酒礼仪。

（一）斟酒礼仪

主人须先给客人斟酒。斟酒时不可满杯，免得客人喝不了，也免得客人无法端杯。再斟酒应在对方干杯后，或杯中酒很少时。为长者斟酒不必太频繁。斟酒时切忌摇酒壶或酒瓶，切忌将酒壶口对着客人。客人在夹菜或吃菜时，不要为其斟酒。在侍者斟酒时，勿忘道谢，但不必拿起酒杯。在男主人亲自来斟酒时，则必须端起酒杯致谢。必要时还须起身站立，或欠身点头为礼。有时亦可向其回敬以“叩指礼”，即以右手拇指、食指、中指捏在一起，指尖向下，轻叩几下桌面。这种方法适用于中餐宴会上，它表示向对方致敬。主人为来宾所斟的酒应是本次宴会上最好的酒，理应当场启封。

斟酒时要注意以下几点：

（1）要面面俱到，一视同仁，切勿只为个别人斟酒。

（2）要注意顺序。可以依顺时针方向，从自己所坐之处开始；也可以先为尊长、嘉宾斟酒。

（3）斟酒需要适量。白酒与啤酒均可以斟满，而其他洋酒则无此讲究。除主人与侍者外，其他宾客一般不宜自行为他人斟酒。

（二）敬酒礼仪

敬酒亦称祝酒，是指在宴会上，由主人向来宾提议，提出某个事由而饮酒。在敬酒时，通常要讲一些祝愿、祝福的话。在正式的宴会上，主人与主宾还会郑重其事地发表一篇专门的祝酒词。因此，敬酒往往是酒宴中必不可少的一项程序。敬酒可以在饮酒的过程中随时进行，频频举杯祝酒可使现场氛围热烈而欢快。不过，致正式的祝酒词应在特定的时间进行，以不影响来宾用餐为首要考虑。通常致祝酒词最适合在宾主入席后、用餐前开始，有时也可以在吃过主菜之后、甜品上桌之前进行。

不管是致正式的祝酒词，还是在普通情况下祝酒，内容均应愈短愈好，千万不要连篇累牍，长篇大论，喋喋不休，让他人等候良久。在他人敬酒或致辞时，其他在场者应一律停止用餐或饮酒，坐在自己座位上，面向对方洗耳恭听，对对方的行为不要小声讥讽，或公开表示反感。另外，敬酒时还要注意一些礼节，如主人首先要向第一客人敬酒，然后依次向其他客人敬酒，或向集体敬酒。客人也要向第一主人回敬酒，再依次向其他主人回敬酒。晚辈应首先向最年长者敬酒，再依次向长者和同辈敬酒。向女士敬酒或女士向客人敬酒应举止得体，语言得当，不要失礼；不要在别人敬酒、夹菜、吃菜时敬酒。

（三）喝酒礼仪

要根据自己的酒量，饮到五分为最佳，饮酒要节制，以免失态。不提倡劝酒，充分尊重客人的意愿，让酒宴轻松适意。但不要采用将酒杯反扣在桌子上的方式拒绝饮酒。先酒后饭，不能酒未完而先吃饭。

干杯指的是在饮酒时，特别是在祝酒、敬酒时，以某种方式劝说他人饮酒，或是建议对方与自己同时饮酒。在干杯时，往往要喝干杯中之酒，故称干杯。有的时候，干杯者相互之间还要碰一下酒杯，所以又叫作碰杯。

干杯需要有人率先提议。提议干杯者，可以是致祝酒词的主人、主宾，也可以是其他任何在场饮酒之人。提议干杯时，应起身站立，右手端起酒杯，或者用右手拿起酒杯后再以左手托扶其杯底，面含笑意，目视他人，尤其是自己的祝福对象，然后口颂祝福之词，如祝对方身体健康、生活幸福、节日快乐、工作顺利、事业成功以及双方合作成功，等等。

在主人或他人提议干杯后，应当手持酒杯起身站立。即便滴酒不沾，也要拿起水杯以示敬意。在干杯时，应手举酒杯至双眼高度。口道“干杯”之后，将酒一饮而尽，或饮去一半，或适当的量。然后还须手持酒杯与提议干杯者对视一下，这一过程方告结束。过去在吃中餐时喝白酒，干杯必须一饮而尽，杯内不剩残酒，现在则不必如此。在吃西餐时，祝福干杯讲究只用香槟酒，而绝不可以用啤酒或其他葡萄酒代替。用香槟干杯时，应饮去一半杯中酒为宜，但也要量力而行。

吃中餐还有一个讲究，即主人来敬酒干杯后，应当回敬主人，再干一杯。回敬时，应右手持杯，左手托底，与对方一同将酒饮下。有时在干杯时，可稍为象征性地与对方碰一下酒杯。碰杯时不要用力过猛，不要非得听到响声不可。出于敬重之意，可使自己的酒杯较对方稍低。与对方相距较远时，可以以手中酒杯之底轻碰桌面，只是这一方式只适用于中式敬酒。

在西餐宴会上，人们只祝酒不劝酒，只敬酒而不真正碰杯。使用玻璃酒杯时，尤其不能彼此碰杯。在西式宴会上，越过身边之人而与相距较远者祝酒干杯，尤其是交叉干杯，也不允许。在喝酒时，中国人习惯举杯仰头痛饮，一口喝光。而在西方这恰恰是应避免的。在西方，最文明的方式是头保持平直，一口口啜饮。敬酒时，红酒白酒都不要一次性喝完，杯中总还是留一点酒。

不管是在哪一种场合饮酒，都要努力保持风度，做到“饮酒不醉为君子”。

（四）中餐酒菜的搭配

若无特殊规定，正式的中餐宴会通常要上白酒与葡萄酒这两种酒。因为饮食习惯方面的原因，中餐宴请中上桌的葡萄酒多半是红葡萄酒，而且一般都是甜红葡萄酒。选用红葡萄酒，是因为红色充满喜气。而选用甜红葡萄酒，则是因为不少人对口感不甜、微酸的干红葡萄酒不太认同。通常用餐者面前、餐桌桌面的正前方排列着三只大小不等的杯子，自左而右，依次是白酒杯、葡萄酒杯、水杯。具体来讲，在搭配菜肴方面，中餐所选的酒水讲究不多。正规的中餐宴会一般不上啤酒，在便餐、大排档中，它的身影更为多见。

（五）西餐酒菜的搭配

在正式的西餐宴会里，酒水是主角，它与菜肴的搭配十分严格。一般来讲，吃西餐时，每道不同的菜肴要配上不同的酒水，吃一道菜便要换上一种新的酒水。西餐宴会中所上的酒水一共可以分为餐前酒、佐餐酒、餐后酒等三种。它们各自又拥有许多具体种类。

1. 餐前酒

餐前酒，别名开胃酒。显而易见，它是在开始正式用餐前饮用，或在吃开胃菜时与之搭配的。一般情况下，人们喜欢在餐前饮用的酒水有鸡尾酒和香槟酒。

2. 佐餐酒

佐餐酒，又叫餐酒。毫无疑问，它是在正式用餐期间饮用的酒水。西餐里的佐餐酒均为葡萄酒，而且大多数是干葡萄酒或半干葡萄酒。在正餐或宴会上选择佐餐酒有一条重要的讲究，即“白酒配白肉，红酒配红肉”。这里所说的白肉即鱼肉、海鲜、鸡肉。吃它们时，须以白葡萄酒搭配。这里所说的红肉即牛肉、羊肉、猪肉。吃这类肉时，则应配以红葡萄酒。鉴于西餐菜肴里的白肉多为鱼肉，故这一说法有时又被改头换面地表述为：“吃鱼喝白酒，吃肉喝红酒”。其实二者的本意完全相同，不过，此处所说的白酒、红酒都是葡萄酒。

3. 餐后酒

餐后酒指的是在用餐之后用来帮助消化的酒水。最常见的餐后酒是利口酒，又叫香甜酒。最有名的餐后酒则是有“洋酒之王”美称的白兰地酒。

在一般情况下，饮不同的酒水要用不同的专用酒杯。每一位用餐者面前桌上右边餐刀的上方大都会横排放置着三四只酒水杯。取用时可依次由外侧向内侧进行，亦可参照女主人的选择。在这些酒杯中，香槟杯、红葡萄酒杯、白葡萄酒杯以及水杯往往必不可少。

第五章　公文礼仪

公文，一般是指公务文书，准确地说，就是处理其公务时所使用的书面文字材料。它的形式多以文字为主，然而又不仅限于文字。有时为了适应实际需要，图片、图表、录音、录像、软件、光盘、物证等，亦可被看作公文重要的组成部分。[①]

第一节　公文的作用与分类

一、公文的作用

公文作为处理公务所使用的书面文字材料，本身具有多种作用，具体如下：

1. 法规作用

有的公文本身就属于司法文书，有的则是法律、法令的具体化。它们都具强制的约束力，是个人或单位行为的准绳。

2. 指导作用

通过互行公文，上级机关可以传达领导意图，下级机关则可以执行、贯彻领导的意图。这就是公文所具有的指导作用的具体表现。

3. 教育作用

通过公文，可以进行自上而下的教育、动员、启示群众，以各种不同的适宜的方式晓谕事理、传达事项。

4. 知照作用

通过互行公文，可以相互沟通、互通信息、加强联系、掌握实情、更好地提高办事效率，并提高自己的领导水平。

5. 凭证作用

作为联系工作事项、开展公务活动的书面凭据，公文是其“立言”的真凭实据。因此，它起着公认的“立此存照”的作用。

---

① 金正昆．公务礼仪[M]．北京：北京联合出版公司，2013．

二、公文的分类

在拟行公文时，一定要遵守其法定的分类。不同种类的公文，在实践中不仅有着不同的适用范围与适用对象，而且往往发挥着不同的作用。具体分为以下几类：

1. 命令

命令适用于依照有关法律公布行政法规和规章、宣布施行重大强制性行政措施、嘉奖有关单位及人员。

2. 决定

决定适用于对重要事项或重大行动做出安排、奖惩有关单位及人员、变更或者撤销下级机关不适当的决定事项。

3. 公告

公告适用于向国内外宣布重要事项或者法定事项。

4. 通告

通告适用于公布各有关方面应当遵守或者周知的事项。

5. 通知

通知适用于批转下级机关的公文、转发上级机关和不相隶属机关的公文、传达要求下级机关办理和需要有关单位周知或者执行的事项、任免人员。

6. 通报

通报适用于表彰先进、批评错误、传达重要精神或者情况。

7. 议案

议案适用于各级人民政府按照法律程序向同级人民代表大会或人民代表大会常务委员会提请审议事项。

8. 报告

报告适用于向上级机关汇报工作、反映情况、答复上级机关的询问。

9. 请示

请示适用于向上级机关请求指示、批准。

10. 批复

批复适用于答复下级机关请示事项。

11. 意见

意见适用于对重要问题提出见解和处理办法。

12. 函

函适用于不相隶属机关之间相互商洽工作、询问和答复问题、请求批准和答复审批事项。

13. 会议纪要

会议纪要适用于记载、传达会议情况和议定事项。

三、相关规定

在撰制公文时，一定要执行有关的规定。在草拟公文时，不仅要在文字上要字斟句酌、反复推敲，而且在指导思想、公文格式与行文规则诸方面，也必须严格地遵守有关的规定，以免因为自己的疏忽大意，错误地传递了重要信息。

在具体行文时，反映的情况要真实、观点要明确、条理要清楚、层次要分明、文字要精练、书写要工整、标点要准确、篇幅要力求简短。

一般而言，公文的用词一定要准确、规范。在使用简称时，应首先标明全称，并加以说明。不写不规范的字，如繁体字、自造的简化字等，也不要使用不标准的标点符号。

在公文之中，若需要引用其他公文，一定要注明其发文时间、机关、标题文号。人名、地名、数字与其他引文亦应正确无误。在提及时间时，应写明具体的年月日。

在草拟公文时，必须严守法定的公文格式，不要另搞一套。

按照规定，正式公文一般应由标题、发文字号、签发人、秘密等级、紧急程度、主送机关、正文、附件、印章、发文时间、抄送机关、附注等若干部分组成。

1. 标题

公文的标题，应当准确简要地概括公文的主要内容，一般应注明发文机关和公文种类。除批转法规性文件外，通常不加书名号。

2. 发文字号

发文字号应当包括机关代字、年号与顺序号。由几个机关联合所发的公文一般只注明主办机关发文字号。

3. 签发人

所有公文均须加盖发文机关的公用印章。上报国务院的公文，按规定还应注明签发人。

4. 秘密等级

若确有必要，国家机关可以依法行秘密公文。秘密公文分为“绝密”“机密”“秘密”三个等级。在秘密公文上，必须标明具体的秘密等级。

此外，请示一般只写一个主送机关，如需同时送往其他机关，应采用抄报的形式。

公文若有附件，应在正文之后注明附件的名称与先后顺序。

发文机关一项，应采用机关全称或规范化简称。几个机关联合发文，应将主办机关排列在前。

会议所通过的文件，应于标题之下、正文之前注明会议名称和通过日期。

关于国家机关所行公文的用纸与文字的书写也有明确规定。公文纸一般应使用 16 开，并且在其左侧进行装订。某些特殊种类的公文，如“公告”“通告”用纸的大小，可根据实际需要确定。

在书写文字时，一般应横写。具体书写时，通常必须自上而下、自左至右行文。为使公文显得规范、正式和易于阅读，一般不手写，而应当用打印机打印。

第二节　条据礼仪

在日常生活中出于某种需要，我们往往会给别人留下或是要求别人给自己留下某种可以作为凭据的便条。这就是条据，俗称便条。

条据是平日接触比较多的一种应用文体。单从表面上来看，它绝无长篇大论，大都显得非常简单。尽管如此，它仍旧有着很高的礼仪要求，并且有着许多具体的规定。

总体说来，在条据上的寥寥数语之间，依然应当体现出写作者的自尊、自爱，并且还要表现出写作者对条据的接收者谦恭友好、不失敬意、不亢不卑的态度。

一、基本礼仪规范

按照用途与功能的不同，条据可以分为许多类。它们的具体格式与写作要求因此各有不同。不过从总体来看，各类条据在写作上均须遵循以下六条基本的礼仪规范：

1. 内容有所限制

条据在本质上可以被视为对书信的简化。在一般情况下，通过条据来表述、传达的内容均较为简单，而且一张条据原则上只适合说明一事。凡涉及秘密内容或是意欲表述、传达十分复杂的事理，通常都不采用条据。

2. 形式合乎规则

不同种类的条据在表现形式上有着不同的写作要求，对此一定要严格遵守。例如在写作不同的条据时，多以标题来标明其性质，如“收条”“借条”“欠条”等，否则就有可能不能正常地发挥作用。

3. 文字简洁明畅

书写条据的文字要简明，只要把事由、事案表达清楚了即可。同时，条据之中所用的文字还应当准确无误，不宜随便涂改或更改，以免引起误会，导致不必要的麻烦。例如在书写金额时，应采用大写汉字，像“壹”“叁”“伍”，等等，而不能用阿拉伯数字或“一”“三”“五”等汉字。

4. 用具整洁耐用

写条据用到的纸、笔也要符合一定的要求。用纸虽不必过于挑剔，但应当整洁、干净、耐折、耐存。污损、折皱、不平整、不易书写、不易保存的纸张不得采用。用笔则应采用钢笔或毛笔，并以黑色、蓝黑色墨水或墨汁书写。笔迹不易保存的铅笔、圆珠笔以及看上去有失庄重的彩色墨水通常不宜使用。

5. 对象有所选择

一般而论，条据皆应言简意赅，从形式到内容上都要力求简化，甚至可以将封文省去。这主要是因为它适用于关系密切的人之间，而且多用于平辈之间进行交往。一般而言，在与新交往或生人打交道时使用条据的情况并不多见。

6. 态度严肃认真

条据虽然多用于熟人之间，但却具有“空口无凭，立此为证”的凭据性特征。因此，在写作条据时，态度一定要严肃认真。通常要在条据上应写明年月日。在具名时，则应采用写作者亲笔所签的真实姓名。必要时，在亲笔签名之后，还应加盖私章或摁上手印，以此来表示自己对此加倍地负责任。

为了方便人们全面掌握条据礼仪，在介绍了条据写作基本礼仪之后，下文将针对具体不同种类的条据写作做更为详细的介绍。

二、条据的分类

根据具体用途与功能的不同，条据可以分为两大类：即凭据性条据与说明性条据。具体而言，它们各自又可分成许多不同的种类。

（一）凭据性条据

凭据性条据，通常指的是为证明某一事实或契约而出具的条据。它一般要求出具者在某一事实或契约发生之前写作完毕，并交由接收者作为一种信誉的保证和凭据加以保存。

乘务员在日常生活中有可能接触到的凭据性条据主要有借条、欠条、收条、领条、发条等几种。

1. 借条

借条亦称借据。它是借到个人或公家的现金、财物时所写下的条据。它属于一种非正式的契约。通常应在归还现金、财物之后将它收回或当场销毁。

书写向个人借钱、借物用的借条，一般可以只写一张，交由被借者保存。而向公家借钱、借物之用的借条，有时也被要求一式两份，由公家与借用者各自保存一份。

在借条上，可以写上“借条”这一名称，但在正文开头，仍需写明“借到”或“今借到”等字样。交代一下借了什么、借到多少即可。如向公家借用钱、物时，在借条上还应写明用途以及归还的期限，如图 5-1 所示：

借条

今暂借财务处人民币现金伍仟陆佰元整，作为接待美国大学校长访华代表团来我单位参观之用。待接待工作进行完毕后，即依照规定前来报销，多退少补。

此据

外事处　孙××（签章）

2009 年 1 月 6 日

图 5-1

2. 欠条

欠条，是借条的一种特殊的形式。假定借用了个人或公家的现金、财物，归还了其中的一部分，还有部分拖欠。那么，为拖欠的部分所写的条据就是欠条。

有些时候，借用了个人或公家的钱、财、物，在事后所补写的用作凭据的条据，亦可称为欠条。

在内容、格式、份数、处理方法等方面，欠条的做法与借条都极其相似，如图 5-2 所示：

欠条

因工作需要，于 2009 年 2 月 10 日借机关文娱室《中国现代民歌大全》卡拉 OK 伴奏光盘一套共贰拾盘。现已归还其中壹拾捌盘，尚需继续借用其中第陆盘、第贰拾盘，定于今年 3 月 10 日之前全部归还。

此据

陈×（盖章）

2009 年 2 月 23 日

图 5-2

3. 收条

收条，指的是收到其他个人或单位的现金、财物之后，专门写给对方的凭据。有时也叫作收据。

书写收条，可以只是一份，并将其交给付款者、付物者保存。有时，为了便于核实，亦可采用两联单或三联单的形式。其中的第一联，通常是存根。而第二联或第三联在加盖公章后，可交给付款、付物者，由其回本单位报销或作为证明。

归还现金、财物时，若被借者本人不在场，而由其他人出面代为收下转交时，按规矩应当请代收者出具一张收条。这种收条可以称为“代收条”。

如果归还现金、财物时，被借者本人在场，而被归还的现金、财物又是由被借者亲自收取的，那么一般不应再请被借者出具收条，而只要向其讨还借条，以示还清就行了。非要对方出具收条的话，则难免会有担心对方赖账之嫌，如图 5 3 所示：

收条

今收到设备处全体同志为四川省震灾捐献的救灾款共计人民币陆万叁仟叁佰伍拾柒元玖角整。

此据

卫×（盖章）

2008 年 5 月 20 日

图 5-3

4. 领条

领条，是指个人从机关、单位领取钱、财、物，或是一个机关、单位从另一个机关、单位领取钱、财、物时，领取者给负责发放者留下来保存的条据。

倘若代替他人领取钱、财、物，则应在书写领条时注明“代领”，并同时具体写明是何人替何人代领，如图 5-4 所示：

领条
今代替黄靖同志从市文教局领到下发给我单位的《全市文教系统国家乘务员年度考核暂行方案》两份。 此据 金合区文教局　唐×（盖章） 2008 年 6 月 3 日

图 5-4

5. 发条

发条是指机关、单位在发放钱、财、物时写给领取者的条据。

发条与发票有着一定的区别。发票，是指出售货物时写给购买者的单据。按照国家有关规定，我国境内所使用的发票不得自行制作，必须采用由国家统一印制、式样标准的通用发票。发条则允许自行制作和书写，如图 5-5 所示：

发条
兹发给郑璐璐同志，我市“优秀国家乘务员”奖金陆佰元整，以资鼓励。 此据 ××市人民政府（盖章） 2009 年 1 月 10 日

图 5-5

（二）说明性条据

说明性条据，通常是指用来传递信息、道明缘由的条据，是为了特意向人们说明、解释某一件事情，或是为了某事而发出的请求。因此，站在礼仪的角度上来看，说明性条据的礼仪性要高于凭据性条据。这主要表现为：说明性条据在写作上，要求表现得更为礼貌、谦恭、友好。

在一般情况下，乘务员经常要和说明性条据打交道。常见种类有：托事条、请假条、留言条、便函，等等。落款时一般都不必盖章或加摁手印。

1. 托事条

托事条，是指委托他人办理或照料某事时写的条据。它的主要作用是向他人提出请求，或是希望借此可以寻求到对方的帮助。

一般来说，托事条都是托人代交的。它不必以“托事条”的字样来专门说明自己的性质，但在其具体内容上，则要把所求何人、所托何事、有何具体要求以及自己是谁等写得一清二楚。

由于托事条是专门用来托人办事的，故在文字上一定要委婉、客气，既要简明扼要，又不可因此而失去必要的礼仪，如图 5-6 所示：

邹主任： 　　因撰写我单位远景规划，急需使用由中国大百科出版社出版的《中国大百科全书》之历史卷与地理卷，务请暂借一周，并即刻交予顾红同志带回我处。不胜感激。 　　此致， 敬礼！ 关×× 2008 年 6 月 6 日

图 5-6

2. 请假条

请假条，是指因病或因事不能按时上班或不能参加某项预定的活动，而请他人转交给有关负责人说明原因的条据。

请假条的格式，略似书信。在开始时，一般应写上“请假条”字样，然后在下一行应顶格写上对有关负责人的称呼。以下要另起一行，起头空上两格，扼要地说明告假的原因、告假的长短以及起止时间。在结束时，应礼貌地写上“请予批准”“恳请准假”等字样，并友好地祝颂对方。

因故不能亲自书写假条时，可请他人代写，并且加以说明，如图 5-7 所示：

请假条 尊敬的曹处长： 　　您好。我爱人王大军昨晚因跌跤致腿骨骨折，现已住进积水潭医院治疗。医嘱需专人看护，故此请事假两天，恳请批准。 　　此致 敬礼！ 覃×× 2009 年 2 月 25 日

图 5-7

3. 留言条

留言条，是因故未能在专程拜访时与他人见面，或是不能久候他人而先行离去时向对方加以说明，并且陈述某一事由的条据。

通常留言条可以由他人代为转交，也可以将其张贴在公共留言栏或其他适当之处，切勿将其乱放、乱贴。

在书写留言条时，不必冠以“留言条”的名称。而在具体内容上，则需要相对多用一些礼貌用语。若对方不熟悉自己，还须在写明自己的姓名之外，再加上自己所在单位的名称。如图 5-8 所示：

尊敬的章研究员：

您好！今日专程登门拜访，未能得见，甚憾！请您在方便之时打电话给我。我的办公室电话号码为：××××××××。

打扰了。再会！

××省科技厅　郃×

即日下午15时

图 5-8

4. 便函

便函，指的是内容简洁、形式简化，主要用以告知他人某一事件或是传递某一信息的条据。

严格来讲，便函乃是一种简单化的书信。与书信相比，它具有仅言一事、字数较少、多则不过百字、不一定非要使用封文等特点。

在格式上，便函往往比其他条据要更为正规。与书信的笺文一样，便函也由抬头、启词、正文、祝词、署名、日期、附言等基本内容所构成，只不过并不一定要将以上基本内容面面俱到地纳入每一封便函之内。对于这些内容，本着删繁就简的精神，可以有所包含，也可以有所省略，或是适度变换形式。

便函里，感情色彩不宜过分强烈，但是在正文的措辞中，礼貌语则是非用不可的。

一般而言，便函不宜篇幅过长。在通常情况下，其所言应为一事，其所用不过一纸，否则就不叫便函了。

第三节　函电礼仪

函电，通常是对书信与电报的合称。在人际交往中，函电是最常用的书面文字交际的形式之一。在日常往来中，对乘务员而言，函电是经常会用到的基本工具。

在公务往来与私人往来之中，对函电通常有着不同的要求。在公务往来中，函电作为公文的形式之一，应当依照有关规则和流程来办理。总的说来，它比较严谨、认真。而在私人往来中，函电则仅仅是人们联络与交往的一种载体。因此，它在大体上可以说是一种随意、自然、亲切的文字交流方式。

从写作礼仪的角度来看，尽管公务函电与私人函电有所不同，而就函电本身来说，书信与电报之间也存在着有目共睹的多重差异，但在函电的拟写、传递、接收、回复等一系列过程里，基本的礼仪规范还是大致相似的。[①]

一、内容完整

函电的内容一定要书写清楚，才能使之发挥应有的作用。否则，不但会延误大事，而且也是对函电接收者的不尊重。假定函电内容不够完整，词不达意，或是书写不够规范，字体

① 金正昆．公文礼仪[M]．北京：北京联合出版公司，2013．

潦草不堪，则必定会使对方理解费力，并为此耗费不必要的时间和精力。

在拟写函电的内容时，一定要努力使之完整无缺，既合乎函电的规范，又容易为接收者所理解。具体来讲，欲使函电内容完整全面，则函电的拟写必须合乎格式。函电只有书信和电报，在内容上都是有一定格式的。

（一）书信

书信的格式较为复杂，它又根据信笺与信封的不同而有所不同。

1. 笺文

写在信笺上的书信内容，通常称作笺文。笺文一般由抬头、启词、正文、祝词、署名、日期以及附言等几个主要部分组成，格式上有一定的要求。

（1）抬头

它是对收信人的称呼。按照常规，它应在信笺首行顶格书写，并且单独成行，以示对收信人的敬意。

（2）启词

它是在正文之前的开场白，其主要作用是客气寒暄，或是提示写信的原因。启词应当于抬头之下另行书写，并且单独成段。通常采用“你好”“您好”等较为简单的启词，可以单独成段，也可以不单独成段，而使之成为正文的第一句话。

（3）正文

它是书信的主体，是写信者对书信者所叙述的正事。在一封信中，可以只谈一事，亦可兼谈数事。为了使收信者阅读方便，正文可酌情分段。其第一段应紧接于启词之下书写，首句要空上两格，转行之后则不再空格。其他各段皆与此相似。

（4）祝词

用于笺文结尾，是向收信者表示祝愿、钦敬与勉慰的短语。书写此内容时要求较严。如果祝词内容较多，可使之单独成行，前面空两格书写。此外，也可以将其分为两部分，不在同一行书写。其法有二：一是将“祝”“此致”等词单独占一行，前面空两格书写，而将“好”“敬礼”等词另行顶格书写，以示突出；二是将“祝”“此致”等词紧接正文末尾书写，不必另成行，而将“好”“敬礼”等词另起一行顶格书写。此种格式比较节省信笺。

（5）署名

即写信者的签名。署名应在祝词之后另起一行，并书写于右下方。若有写信者亲友的附问或写信者对收信者亲友的致意，依例应另起一行书写，或直接写于署名之后。

（6）日期

指写信者写信的具体日期，一般应当写明某月某日，有时也可具体到年月日时。日期可写于署名之后，只空一格；也可以另起一行，于署名正下方书写。

（7）附言

它是对正文所做的补充。其特征是开头以“又”“另”引起，或是以“再启”“又及”宣告结束。它的正确位置应是在署名与日期之后另起一行，空两格书写，不必分段，也不必另用一张信笺。然而一定要注意，切勿在信笺的上下左右乱写附言，免得让人眼花缭乱、不能卒读。

2．封文

写在信封上的书信内容，叫作封文。国内信函、国际信函、交付邮寄的信函与托人转交的信函，其封文的具体内容是不同的，书写的格式也大不一样。不过，常见的封文都少不了收信者姓名、地址、邮政编码、寄信者姓名、地址、邮政编码等六项基本内容。

（1）交付邮寄的国内信封的写法

在交付邮寄的国内信封上，其排列的先后顺序为：收信者地址的邮政编码、收信者地址、收信者姓名，寄信者地址、寄信者姓名、寄信者地址的邮政编码。应当强调的是：收信者与寄信者的地址、邮政编码必须详尽准确，以便于寄达或退还。不写邮政编码，或将寄信者的地址写成“内详”，都不合适。

（2）交付邮寄的国际信封的写法

在交付邮寄的国际信封上，有关收信者的内容应写在信封正面的中央。而有关寄信者的内容，则应写在信封正面左上方或信封背面的上半部。排列的顺序均应为姓名、地址、邮政编码、国名。在书写地址时，也应当自小而大。这种写法，与国内信封的书写正好相反。

（3）托人转交的信封的写法

在托人转交的信封上，应于左上角视具体情况写上“专送”“呈交”“面交”“请交”等字样。在下一行，应写上收信者地址。如托带人知道收信者地址，则可以不写。再下一行应写明收信者姓名。写信者的姓名应写于其下。写信者的地址一般不必写。

（二）电报

电报的内容一般包括收报者姓名、地址、正文以及发报者姓名、地址、时间等几项。书写电报时，对格式的要求颇为严格。

目前，在邮局拍发的电报，其电文必须书写在统一格式的电报稿纸上。乘务员对此应当遵守。

在电报稿纸上，顶端的左、右两个小栏以及其下的第一栏是不需要发报者填写的。

接下来的各栏均应依次顶格填写。“加急或邮送业务”这一栏，如果不需要，可以不必填写。“收报地名”“收报人住址、姓名或电报挂号”“电报内容和署名”等栏目则务必填写清楚。

在电报稿纸的最后，“发报人签名”“住址”“电话”等各栏是供必要时联系用的，应当把它们详细地写好。

二、文字文雅

在草拟函电时，要有意识地、适当地尽可能采用文明优雅的语言，以便使自己良好的个人修养和以礼待人的友好态度能够恰到好处地展示出来。

相反，在书写函电时，若是文字显得过于粗俗、枯燥，不只对交往对象不恭，还会使个人形象受损。

要使函电的文字文明优雅，主要应使之高雅、礼貌，并适当地进行修辞，还应较多地采用同内容与对象相适宜的书面语言。换言之，就是要求能够适度地用一些雅语、谦语、敬语和礼貌语。

三、称呼

仅就函电行文之中的称呼而论，就足以说明适度地使用文明优雅的文字的重要性。

在书信笺文的抬头，称呼既是对收信者的称谓，也表明了寄信者与收信者之间的关系。在拟写书信的笺文抬头时，通常适用的称呼有下述几种：

1. 直接采用平常对收信者的惯常称呼

例如“大周”“老李”“小冯”等。虽然这种称谓显得亲切，但是不宜使用收信者不雅的绰号，如“小眼镜”“肥肥”“二狗”等，带讥讽、侮辱意味的绰号则更不可采用。

2. 以姓氏加上一般称谓词作为称呼

例如“何先生”“许阿姨”等。采用这种称呼方法显得比较自然。

3. 以人名加上亲属称谓词作为称呼

例如“志平兄”“娜娜姐”，等等。与上一种称呼方式相比，这种称呼方式显得寄信者与收信者双方的关系更为亲近。

4. 以姓氏加上职衔作为称呼

例如“谢部长”“齐县长”“高乡长”“朱医生”“杨律师”等。这类称呼多用来称呼关系一般之人，显得较为正式。

5. 直接以人名作为称呼

例如“天石”“紫薇”“大力”“燕燕”等。采用这种称呼，表明双方关系最为亲切。要是以小名作为称呼，则更说明双方关系非同寻常了。一般情况下，这种称呼方式只适用于长辈称呼晚辈或是同辈至交之间。应当强调的是，一般不宜直接以他人的全名作为称呼，容易显得双方关系过于疏远。

6. 以字号作为称呼

一些文人雅士多有自己的字号。有人有字，有人有号，有人字号兼有。在平辈之间，比较正规而讲究的话，宜称字号，而不宜称名。

在笺文抬头的称呼前后，可以适当地加上一些词语，以进一步表示写信者对收信者的尊重与友好。

在称呼之前，可以加上一些适当的形容词。例如“尊敬的”“敬爱的”“亲密的”“可爱的”等。

称呼之后则可以加上提称词。所谓提称词，是用以提高称谓，或请收信者查阅此信的。它多用于以书面语言写成的书信之中，在一般的书信中可以不用。使用提称词，应注意它与称谓的搭配关系。例如，对尊长应用“尊鉴”，对平辈应用“惠鉴”，对晚辈应用“青鉴”，对女性应用“淑鉴”，对夫妇应用“俪鉴”，对多人则应用“公鉴”，等等，切不可乱用。

四、敬语与谦语

在笺文正文之中，称呼收信者及其家人亲属时一般应当采用敬语。因为敬语被公认为是表示尊敬与礼貌之语。例如，称呼收信者应用“您”；称呼其尊长，宜冠以“尊”字，如“尊父”；称呼平辈与晚辈，宜冠以“贤”字，如“贤妹”；泛称其家人亲属时，则应冠以“令”字，如“令堂”“令郎”等。

在笺文正文称本人及家人、亲属，大都应采用意在自谦的谦语。称呼自己时，可采用“愚兄”“鄙人”等说法；谦称自己年龄大、辈分高的家人、亲属时，宜冠以“家”字，如“家父”；谦称自己年龄小、辈分低的家人、亲属时，宜冠以“舍”字，如“舍侄”；在谦称自己的子女及其配偶时，则宜冠以“小”字，如“小婿”；等等。

在书信的封文上，书写于收信者姓名之后的称呼貌似简单，甚至可有可无，但对它理解与运用得是否正确，却是与对邮递员或带信人尊重与否密切相关的。依照礼仪规范，一封书信不论是交寄还是请人带交，其封文上所书的收信者之后的称呼，都不是寄信者对收信者的称呼，而是对邮递员或带信人的称呼。因此，书写这一类的称呼时，应使其能为邮递员或带信人所接受。例如，可采用“小姐”“女士”“先生”或职衔作为称呼。而不可采用表示亲友、辈分关系的称呼，如“大爷”“大叔”“姐夫”“小弟”等，不加任何称呼也不够礼貌。

在电报的电文之中，涉及彼此称呼时，虽限于篇幅，不宜搞得过于烦琐，但依然应当合乎礼仪。一般而言，至少应当做到长幼有序。

根据这一主导思想，给同辈人拍电报，在电文中可以直呼其名，以自己的名字自称。给长辈拍电报，在电文中，应直接以“儿”“媳”“侄”“孙”等自称。在用于公务的电报中，通常可以以职衔来称呼收报者和发报者，发报者也可以自称姓名。在用于私人交往的电报正文里，对收报者的称呼往往可以省略。但在用于公务交往的电报正文里，对收报者的称呼则不可缺少。

在电文的正文之中，凡涉及双方单位的称呼时，亦应依照礼仪规范，尽可能地运用谦语和敬语。

五、雅语与礼貌语

在函电的正文之中，通常要多用雅语和礼貌语，而不应使自己因为用语不慎而失礼于人。

例如，在提及自己已经收到对方的来信时，可以说“惠函收到”“大札拜读”；在向对方表示请教时，可以说“乞赐指示”“盼赐清诲”；在向对方表示希望得到对方的复信时，可以说“恳赐钧复”“乞赐兰言”；采用这些雅语，既可以节约笔墨，又能够体现出自身的良好教养。

在函电往来中，有意识地采用礼貌用语，能够获得更好的实际效果。例如在拟写电文时，如欲委托亲朋好友代为办理某事，最好在请求之中加上“请”“望”“劳驾”“拜托”等表示谦恭的礼貌语，并尽可能地采用商量的语气。若是不用礼貌语，代之以“必须”“一定”“务必”“得”等命令语，或采用祈使句，肯定会使收报者觉得不太痛快。

必须注意的是，函电的文字应文明优雅，但以不搞形式主义为前提，更不能为了附庸风雅而舞文弄墨。

总的说来，函电的文字应当尽可能地简单明了。文明优雅与简单明了并不冲突，这一点在电文的写作中反映得最清楚。电文写作的主要特征就是文字高度精练，电文实际上是一种浓缩的书信。电文的各个“构件”都应当尽量简化，但也要有一定的条件，要参照交际的实际需要而定。通常它的简化应不至于礼仪不周，表达不充分或影响到交际效果。

六、回复及时

在一般情况下，不论给别人写信还是拍发电报，无不事出有因：或是为了传递信息，或是为了通报情况，或是为了联络感情，或是为了洽商事宜，或是为了寻求帮助……所以，每封函电发出之后，能否及时而无误地送达预定对象的手中是人们最为关心的问题。倘若预定对象收不到函电，那就根本不可能指望对方做出任何反应来了。

近年来，现代化通信事业有了迅猛的发展，各种各样更为便捷的通信方式不断涌现，即便在这一背景下，函电仍然大有市场，除了因为人们恪守传统习惯之外，还因为它具有令人信服的安全可靠性。就我国而言，在现阶段邮政部门寄发、拍发的函电，丢失、毁坏、误投、误送或是中途耽搁的情况并不多见。当然，出于其他种种原因如天灾、事故以及人为的因素等，人们所发出的函电因“半途而废”而误事的可能性也不是没有。对收到的函电，应注意以下两点：

1. 及时回复

发出的函电，尤其是出于急事而发出的函电，人们都希望它被早收到、早回复。对这一正常心理，既要了解，更要尊重。

鉴于此，每当收到他人函电后，应当不分对方是生人还是熟人、是人求于我还是我求于人、是大事还是小事，都要尽快回复对方。

依照礼仪规范，对自己收到或经办的函电，必须尽快处理，尽早回复。对于来信，原则上应在三天之内回复对方。对于来电，则宜当日回复。若自己所收到的函电情况特殊，例如挂号信件、特快专递或加急电报，那么必须在收到之后的一个小时以内予以回复，以免耽误大事。

收到他人函电后，回复对方的方式一般最好“照旧”，即以函复函，以电回电。若因故而改用其他方式，需要向对方道明缘故。为了不让对方担心，可以在收到函电后立即打电话告诉对方，随后再抽时间“照旧”回复对方。若是当时确实无法及时回复对方，亦可照此办理，但是别忘记同时向对方说声“对不起”。

因故迟复他人函电，应在回复时首先就此向对方道歉，并且实事求是地向对方说明原委，如生病、出差、误投、误送等，以求得对方的谅解。但是千万不要胡编滥造令人难以信服甚至产生反感的迟复“理由”。诸如“当时工作正忙，所以拖了几天”“事情太多，故而忘了”，等等。道理很简单：即使工作再忙，抽几分钟长话短说、回复函电的时间总归还是有的。若是尊重对方，就根本不应该把对方的来函或来电忘了。

某些时候，收到的函电回复起来可能有些不好处理，例如对方所提要求过高、或所托之事难办，等等。即使这样，也不可束之高阁，不搭理对方，更不能日后与对方见面时告之以“并未收到”。帮不了别人的忙，也应当尽早回复，既说明了自己的歉意与原因，又可使对方早作他计。

按照惯例，回复他人函电时，在正文里不只要告诉对方其所发函电已收到，对其发来函电的主要内容有问有答，而且还应当明确地告知对方收到的是其何时所发之函电，而我方又是何时收到它的。若双方之间函电往来频繁的话，更应当这么做。例如可在函电之中告诉对方：“您的10月18日来信，我在25日接到了”或“今日电悉”，等等。

2. 妥善保存

除了应当及时回复他人的函电之外，还必须对自己收到的函电进行妥善的保存。

按照常规，未经允许或批准，公务函电与私人函电均不得进行公开传阅或公开发表。涉及党和国家秘密的函电，更是应当严格地加以管理，不宜随意在口头上进行扩散或在书面上予以引用。

对于没有保存价值的函电，可以定期销毁。销毁公务函电时，应根据有关规定，经过鉴别和主管领导人批准，并且进行登记。还要有专人在场监督，保证不丢失、不漏销。在销毁私人函电时，也应当销毁得完全、彻底，不留任何“残余”。

不要将函电随便当作垃圾倒掉或是当废纸卖掉。也不要随便挪作他用，比如说包裹东西、给孩子玩耍。

此外，在寄、发函电时，勿忘严于律己，并且在收信者、收报者之外，还应当为邮政职工着想，尊重他们的劳动。例如在写私人书信时，不要使用公用的信笺与信封。在书写封文与电文时，字迹要容易辨认。在信封上贴邮票时，应将其端端正正地贴在信封右上角；如有多枚，则应将其一并贴在信封背后，不要乱贴。

下　篇

空乘服务礼仪

第六章　服务礼仪的基本理论

服务礼仪是指礼仪在服务行业的具体运用。一般而言，服务礼仪主要泛指服务人员在自己的工作岗位上应严格遵守的行为规范。所谓行为，是指人们受自己思想意志的支配而表现在外的活动。所谓规范，则是指标准的、正确的做法。由此可见，行为规范是指人们在特定场合开展活动时标准的、正确的做法。而服务礼仪的实际内涵则是指服务人员在自己的工作岗位上向服务对象提供服务时的标准的、正确的做法。

目前，在服务行业内普及、推广服务礼仪具有多方面的重要意义。其一，有助于提高服务人员的个人素质；其二，有助于更好地对服务对象表示尊重；其三，有助于进一步提高服务水平与服务质量；其四，有助于塑造并维护服务单位的整体形象；其五，有利于服务单位创造出更大的经济效益和社会效益。总而言之，在当前我国加速推行社会主义市场经济的条件下，在服务行业普及、推广服务礼仪是势在必行、刻不容缓的。

显而易见，服务礼仪是一门实用性极强的礼仪学科。同礼仪的其他门类相比，服务礼仪具有明显的规范性和更强的操作性。具体来讲，服务礼仪主要以服务人员的仪容规范、仪态规范、服饰规范、语言规范和岗位规范为基本内容。在普及、推广服务礼仪的过程中，强调服务礼仪的规范性、可操作性是完全必要的。因为服务人员只有明确了服务过程中正确做法与不正确做法的区别，才能够更好地为服务对象服务。

与此同时，服务人员也必须学习并掌握一些服务礼仪的基本理论。服务礼仪的基本理论指的主要是运用服务礼仪的一般规律，它是对服务礼仪及其运用过程的高度概括与抽象。服务人员一旦学习并掌握了服务礼仪的基本理论，就能更好地领会和运用服务礼仪，并且在实践中融会贯通。[①]

① 金正昆．服务礼仪[M]．北京：北京联合出版公司，2013．

第一节　职业道德

服务行业的工作，从本质上来讲，是一种直接为消费者所服务的、极其重要、极其广泛的经济活动。我国是社会主义国家，社会主义物质文明和精神文明的建设有赖于全体社会成员的共同努力。全体服务人员都树立良好的职业道德风尚，不仅有助于社会主义物质文明的建设，也符合社会主义精神文明建设的基本要求。

任何一名服务人员，如果在工作岗位上不讲职业道德，除了不能胜任其本职工作之外，还会产生一系列的连锁反应，有损社会风气。作为“窗口行业”，服务行业与社会接触面最广，与人民群众的生活联系最紧密。服务人员的日常工作，从某种意义上来讲，直接体现着一个国家的人民的精神面貌和道德水准。

职业道德指的是从事某一具体职业的人在其工作岗位之上所须遵循的与其职业活动紧密联系的行为准则。任何一种相对完善的市场经济秩序，主要都是由经济伦理的第一层次——职业道德和经济信用所构成的。二者皆为行为准则，为人们的经济交往提供了一定的规范。各职业所固有的社会性质和社会地位就决定了每一种职业在道德上都会有独特的要求。例如经商要有商德，行医要有医德，执教要有师德，从艺要有艺德，等等。因此，完全可以将职业道德称为一种高度社会化的角色道德、一种软性的行为规范。

一般而论，每一种职业都包括和体现着自己的社会地位与社会关系的三大要素——责、权、利。所谓“责”，是指各种社会职业都必须承担一定的社会责任，如遵守职业规则、承担社会义务、与其他职业进行有序的合作，等等。所谓“权”，是指各种社会职业都享有一定的职权，即拥有一定的社会权力，如使用或支配某些社会资源、通过职务报酬获取社会财富，等等。这些职权是社会公共权力的一部分，在如何承担和行使职业权力这个问题上，体现了人们的社会公德。所谓“利”，则是指各种社会职业实践都体现着一定的利益关系。尤其是那些以公众为服务对象的行业，如服务行业通常都是国家利益、公众利益、行业利益和个人利益的集结点。如何正确处理它们之间的关系，既是职业的“责”“权”之所在，也是职业道德的内在内容。

服务行业的职业道德的核心思想，是要为社会服务，为人民服务，对服务对象负责，让对方对我方的服务质量称心满意，并且通过全体服务人员的一言一行，传达出本单位对于服务对象的体贴、关心与敬意，反映出本单位积极进取、为社会作贡献的精神面貌。

服务行业的职业道德的具体内容主要包括对服务人员在思想品质、服务态度、经营风格、工作作风、职业修养等五个方面的规范化要求。它们都是用以调节服务人员在工作中的各种人际关系的行为准则。只有掌握了服务行业的职业道德的核心思想，才能够加深对其具体内容的理解；只有掌握了服务行业的职业道德的具体内容，才能够加深对其核心思想的理解，此二者之间实际上是相辅相成的。

一、思想品质

服务人员要做好本职工作，在思想品质方面，必须对自己有一定的、规范化的要求。在我国，对服务人员在思想品质方面的规范化要求主要涉及下述三个方面。

（一）热爱祖国

作为公民，服务人员必须首先热爱自己的祖国。也就是说，在行动上，必须贯彻爱国主义的思想。

爱国主义的基本要求，就是每一个公民都要自觉自愿地在思想上、行动上热爱祖国，热爱人民，热爱本民族的优秀文化遗产，热爱本民族的优良历史传统，坚决维护祖国的统一、独立、主权和民族尊严。

（二）热爱社会主义

我国目前实行的是社会主义制度。因此，作为中华人民共和国公民，服务人员热爱祖国与热爱社会主义制度应是完全一致的，维护民族利益与尊严和维护社会主义利益与尊严也是完全一致的。

（三）热爱本职工作

服务人员要树立良好的职业道德，首先必须树立起热爱本职工作的思想。热爱本职工作具体体现为爱岗敬业、忠于职守。这是职业道德有别于其他道德的主要特征。

服务人员要做到爱岗敬业，就要努力做到热爱自己所从事的具体职业，热爱自己所在的具体工作岗位；维护本职业的利益，担负本岗位的责任；在工作上认真负责，在技术上精益求精，力求掌握最好的职业技能；勤勤恳恳，踏踏实实，始终如一，不计名利，认真做好本职工作。必须时刻牢记：做好本职工作，就是自己对单位、对社会以及对国家所作的最大贡献。

服务人员要做到忠于职守，就要充分认识到自己所从事的具体职业对国家、对社会、对他人所应履行的义务，真正树立起高度的职业责任感，积极发扬职业献身精神。市场经济最重要的道德基础就是责任感，它源于每个人都要对自己行为负责的道德感。离开了建立于道德感之上的责任感，任何职业都将失去它的社会价值。

二、服务态度

服务人员要做好本职工作，在服务态度上，必须对自己有一定的要求。在我国，对服务人员在服务态度上的总体要求是：热情服务，礼待宾客，以质见长。

所谓服务态度，主要是指服务人员对服务工作的看法以及在为服务对象服务时的具体表现。一名服务人员的服务态度端正与否，直接影响到他为服务对象所提供的服务的好坏。

服务人员必须认识到，自己所从事的服务工作是整个社会分工的重要组成部分之一。从根本上说，服务工作处于生产领域与消费领域的中间环节。只有通过服务人员辛勤努力的工作，人民群众日益增长的物质文化生活的需要才能最终得以满足，社会主义的生产目的才能最终得以实现。所以说，服务人员的工作是重要的工作，服务人员的岗位是光荣的岗位，服务人员的职业是高尚的职业。

服务人员正确的服务态度具体体现在为服务对象服务时的表现中。

（一）热情服务

服务行业的根本宗旨就是要全心全意为人民服务。

从严格的意义上讲，服务人员为服务对象所提供的服务，既包括了物质方面的内容，同时也包含了令对方获得一定的精神满足的内容。当社会生产力愈加发达，全社会的文明程度愈加提高时，服务对象对于自己在服务过程中能否获得精神上的满足就愈加重视。

要想在服务过程中从精神上满足服务对象，服务人员就要热情为对方服务。所谓热情服务，就是要求服务人员在为服务对象服务时，以“情”见长，以“情”动人。在为对方服务的具体过程中，要积极、主动、耐心、细致、周到，并且充满温馨。最重要的是，这一切都必须出自真心，而绝对不是虚情假意。

（二）礼待宾客

礼待宾客，就是要求服务人员在接待服务对象时，要注意以礼待人，要向对方提供礼貌服务。

礼貌，就其本意而论，乃是一种为人处事的道德规范。它的主要含义是在待人接物方面应当表现得谦虚恭谨，处处对交往对象不失尊重友善之意。因此，这要求服务人员在自己的工作岗位上做到礼貌服务，实际上就是要求服务人员要从内心真正认识到服务对象至上，并且在服务过程中运用规范得体的言语、动作、神态，表现出对对方的尊重与友善。

服务人员要真正做到礼待宾客，就必须努力做到尊重宾客、关心宾客、热爱宾客。要对所有的服务对象一视同仁，采取完全平等的态度，绝不可厚此薄彼。要做到对待熟人与生人一个样，对待大人与小孩一个样，对待异性与同性一个样，对待地位高的人与地位低的人一个样，对待本地人与外地人一个样，对待外国人与中国人一个样，对待消费多的人与消费少的人一个样。

在礼貌服务的诸多要求之中，最关键的一点就是要真正尊重服务对象，因为礼仪的本质就在于尊人和敬人。只要服务对象感受到了服务人员的尊重，礼貌服务的目的就达到了。反之，做不到对对方的尊重，就没有礼貌服务可言。一言以蔽之，礼貌服务，从本质上来讲，就是为服务对象服务的具体过程中，服务人员要认真遵守并运用服务礼仪。

（三）以质见长

以质见长，就是要求服务人员在为服务对象服务的过程中要对质量问题倍加关注，要努力使自己的服务以质取胜。

服务工作必须不断地提高质量，这既是其本身的一种内在要求，也是服务行业竞争日趋激烈的一种客观要求。要提高服务质量，通常需要从如下两个方面抓起。

一方面，要在自己的服务范围之内，确保服务项目齐全、经营具有特色、物资储备充足、技术精益求精、符合社会需求、供应充分及时、服务周到细致等，这些都是提高服务质量必不可少的物质基础。

另一方面，提高服务质量还须使服务内容现代化、系列化、规范化。服务内容的现代化、系列化、规范化具体表现为服务应有正常服务、专项服务、多功能服务与现代技术服务之分。正常服务，指的是在常规情况所进行的服务；专项服务，指的是满足服务对象的特殊需求的服务；多功能服务，指的是在进行正常服务的同时，提供相关的连带服务，以满足服务对象的多种需要；现代技术服务，则是指随着服务行业技术设备的不断改进，相应提升服务的科技含量。

三、工作作风

服务人员要做好本职工作，在工作作风方面，必须对自己有一定的规范化的要求。总的来讲，服务人员在工作作风上必须时时刻刻对自己高标准、严要求。

工作作风一般是指人们在工作上所表现出来的态度与行为。顾名思义，服务人员的工作作风指的就是服务人员在工作岗位上所表现出来的态度与行为。它不仅体现着服务人员的思想品质，而且还影响到服务人员的服务质量与个人形象。

服务人员在工作作风上对自己时时刻刻高标准、严要求，主要体现在清正廉洁和一心奉公两个具体方面。它们都是社会主义服务行业的职业道德的本质要求。

（一）清正廉洁

清正廉洁是服务人员所应具备的品质之一。服务人员几乎每天都与人、财、物打交道，人是指服务对象，财是指货款，物是指商品或服务。在处理与人、财、物之间的相互关系时，做不到清正廉洁是十分危险的。

所谓清正廉洁，对服务人员而言，就是其在工作岗位上恪守本分，严守一切规章制度，在财物方面为人清白，绝不损公肥私，绝不贪污受贿。要力求“手过万金，一尘不染”。

清正廉洁是服务行业职业道德的主要内容，也是服务工作自身性质对服务人员所提出的要求。服务人员要做到清正廉洁，尤其需要注意以下四点：

1. 不贪污受贿

贪污受贿指的是利用自己职务上、工作上的便利，非法地取得财物，或是接受他人用来买通自己的财物。显而易见，贪污受贿是一种违法乱纪的行为。

2. 不走私贩私

走私是指违反国家海关的规定，逃避海关的合法检查，非法地运输货物进出国境。贩私，则是指违法销售走私之物。

3. 不假公济私

假公济私一般指的是利用自己的职务之便、工作之便，以办理公事的名义，取得自己的私人利益。

4. 不乱送人情

服务人员不但自己不可以随意挪用国家、集体的财物，也不可以利用职务之便替自己拉关系、送人情。

（二）一心奉公

所谓一心奉公，主要是要求服务人员在自己的工作岗位上全心全意维护国家、集体与本单位的整体利益。要做到一心奉公，服务人员必须做到下列四点：

1. 坚持整体利益至上

在思想、行动上，服务人员始终都要将国家、集体与本单位的整体利益置于首位，而把个人利益永远放在第二位，让个人利益从属于整体利益。

2. 保护公共财物安全

对于国家、集体、本单位的公共财产，要自觉地加以爱护和保护，永远不应使之受到人为的侵占、挪用，或是因自然原因而受到损害。

3. 认真杜绝非法经营

凡一切由国家法律、法规所明文禁止的服务项目，服务单位与服务人员均不得以任何形式经营或者变相经营。

4. 积极反对损公肥私

对于一切贪污受贿、侵吞公有资产、损害本单位合法利益的行为，服务人员都要与其进行积极的、坚决的、不留任何情面的斗争。

四、职业修养

服务人员要做好本职工作，在职业修养方面必须对自己有一定的要求。

职业修养通常指的是某一行业的从业人员在自己的工作岗位上通过经年累月的锻炼，在思想上、业务上达到的一定的水准，以及由此养成的待人处事的基本态度。对于广大服务人员而言，自己的职业修养往往会直接影响到自身的服务质量与工作态度。

在日常生活里，一个人的修养往往体现于其所作所为上，而这些细节通常又真切地展示出其个人素质的高低。因此，服务人员必须与一切不拘小节的行为划清界限，通过个人修养的提高来展现自己良好的个人素质。

具体来讲，服务人员要在职业修养方面不断提高，主要应当从下述两方面入手。

1. 树立崇高理想

作为社会主义服务行业中的光荣一兵，服务人员应自觉地树立起崇高的理想和正确的人生观。

人生观指的是对人生的看法。服务人员所应树立的正确的人生观是：既要充分认识到服务工作的重要意义，又要甘做社会的螺丝钉。遇事要以大局为重，以国家、集体和人民的利益为重。要明确人生的真正目的不在于索取，而在于奉献。

2. 努力钻研业务

服务人员要真正做好本职工作，还必须有为人民服务的过硬本领。这就要求服务人员努力学习各项与其所从事职业相关的业务知识，不断地调整和充实自己，不断地提高自己的服务水平。一般而言，服务人员要努力钻研业务，必须做到理论与实践并重。一方面，服务人员要积极学习各种与自己所从事的具体工作直接相关的专业理论，用科学的理论武装自己，开阔自己的视野。另一方面，服务人员还应当不断提高自己的服务技能，真正做到理论联系实际，理论指导实践，理论服务于实践。

与此同时，面对时代的迅速发展与行业竞争的日趋激烈，服务人员在业务学习的过程中要敢于发现新情况，研究新问题。也就是说，服务人员的业务学习要注意与形势的需要相适应。尤其值得一提的是，服务人员在学习、提高自己的服务技能时，要注意增加科技含量与知识含量。只有真正做到了这一点，服务人员的服务水平才能好上加好，永不落伍。

五、乘务员应具备的品质与作风

（1）热爱乘务工作，具有良好的工作态度和高度的责任心。在服务中做到：主动、热情、周到、有礼貌。工作作风应该是：诚实严谨、认真负责、一丝不苟、任劳任怨。

（2）遵守国家法令法规和民航及所属公司的条例及规章，严守国家和公司机密。

（3）关心公司、团结协作、谦虚谨慎、平等待人，树立社会主义精神文明的新风尚。

（4）爱护公共财物，廉洁奉公、公私分明，管理好机上供应物品，不贪占公司财物。

（5）努力钻研业务，丰富社会知识，研究旅客心理，探索旅客需求，不断提高服务技能，提高处理突发事件的能力，以适应民航事业和航空公司发展和搞好乘务工作的需要。

第二节 角色定位

角色定位是服务礼仪的基本理论之一。角色定位理论，主要是要求服务人员在为服务对象提供服务之前，必须准确地意识到在当时特定的情况之下，彼此双方各自扮演何种角色。只有准确地确定了双方各自所扮演的特定角色，服务人员为服务对象所提供的服务才能够符合要求和处理到位。①

具体而言，角色定位理论是由以下几个要点构成的。这些观点相辅相成、互为表里、不可分割、缺一不可。

（一）确定角色

角色定位理论认为，每一个人在日常生活中都扮演着一定的角色。而在不同的场合，人们往往需要扮演不同的角色。

在日常生活中，人们受社会分工所制约，往往会处在某一特定的位置之上，为社会的正常运转发挥一定的作用，这就是人们所扮演的社会角色。例如工人、农民、军人、学生、教师、歌星等等，这些都属于不同的社会角色。由于工作环境、职业习惯、专业知识、社会地位等多方面的原因，不同的社会角色，在性情与志趣方面，经常会有不同的表现。

除此之外，人们在不同的场合往往还扮演着不同的角色。所谓社会角色、生活角色或者性格角色，实际上不过是在不同的场合，或者依据不同的标准，对人们所进行的一种角色定位。

定位一般是指将人或者事物放在一定的位置之上，并据此做出相应的评价。定位相对来讲是比较稳定的。由此可见，角色定位，实际上就是社会舆论对于处于某一特定位置的人的

① 金正昆．服务礼仪[M]．北京：北京联合出版公司，2013．

常规要求、限制和看法。服务人员在工作岗位上最需要为自己进行的角色定位，主要是确定自己的社会角色。

（二）设计形象

角色定位理论认为，任何一个人要想在社会上取得成功，都应首先对自己进行正确的角色定位。然后再按照社会舆论对自己所扮演的角色的常规要求、限制和看法，对自己进行适当的形象设计。对广大服务人员而言，为自己进行形象设计，实质上就是要将本人的角色定位具体化、明确化、形象化。

服务人员在为自己进行形象设计时，必须清楚地知道自己应当被定位为服务他人的角色。即自己在工作岗位上所要扮演的角色，是要为人民服务，为社会服务，为社会主义现代化建设服务。

根据当代的产业划分理论，服务行业归属于社会的第三产业。严格地讲，服务通常是指不以实物形式，而以劳务形式为他人提供某种可以满足对方的一定需求的具有特定效用的工作。服务的终极成果并不表现为有形的使用价值，而是以无形的效用形式体现的。

在现代社会，社会的现代化程度愈高，服务行业愈发达。服务人员必须意识到，自己所从事的工作是既重要又光荣的。其原因主要基于以下四个方面：

（1）服务行业的发达与否，直接制约着一个国家的现代化程度。离开了发达的服务行业，任何一个国家要想真正实现现代化都是难以想象的。

（2）服务水平的高低，通常直观地显示着社会的文明程度。社会的文明程度提高了，可以立即体现在服务人员的服务水平上。服务人员的服务水平提高了，反过来又会进一步推动全社会的文明程度的提高。

（3）服务质量的好坏往往影响到人民群众的生活质量。服务人员为人民群众所提供的各项服务，其实是一种物质与精神的高度统一。要真正提高人民群众的生活质量，就必须从物质与精神两个方面同时满足其实际需要。

（4）服务人员的活动实际上是一种文化行为。服务人员自觉地做好本职工作，不仅可以方便和满足他人，而且可以陶冶与感动他人。

总而言之，服务是一门艺术。在为自己进行角色定位时，服务人员有必要端正认识，充分认识到这一点，任何妄自菲薄、自轻自贱、歧视本职工作的想法与做法都是不正确的。

将自己正确定位为“服务他人”的角色之后，服务人员在为自己进行形象设计时就必须以朴素、大方、端庄、美观为第一要旨。在工作岗位上，服务人员的一切所作所为，包括仪容、仪态、服饰、语言乃至待人接物，等等，均不得与之背道而驰。

（三）特色服务

角色定位理论认为，服务人员如果打算做好本职工作，那么在为服务对象服务之前，就有必要首先对对方进行准确的角色定位，然后再以此为依据，向对方提供他所扮演的那一类角色所需要的特色服务。

所谓特色服务，是指有别于常规服务的、具有某种特殊需要的服务。如国航西南芙蓉乘务组的优质特色服务、川航祥凤乘务组的旗袍装等。

特色服务之所以能取得成功，关键就在于服务人员能够了解人们的特殊需求，并给予适当的满足。换言之，成功的特色服务一定是建立于准确的角色定位基础之上的。

在实际工作中，即使为服务对象进行常规服务，服务人员也有必要首先对对方进行一定程度的角色定位。只有这样去做，彼此之间才容易互相沟通，服务对象的实际需求才容易得到满足，服务人员的辛勤劳动才更有效率。

具体来说，服务人员在对服务对象进行角色定位时，除了需要动用自己的经验、阅历、教养与判断，更重要的是要基于自己对对方的性别、年龄、气质、教养、仪容、仪态、服饰、语言等方面所进行的综合观察。服务人员只有对服务对象进行了准确的角色定位，才有可能在为对方服务时真正做到“投其所好”。

（四）不断调整

角色定位理论认为，在服务过程中，服务人员对自己与服务对象所进行的角色定位往往并非一成不变，而是有所变化、有所调整的。但万变不离其宗的是自己所处的“服务他人”的基本位置。

人们的认识是一个不断发展、不断变化的过程。人们对任何事物的认识通常都是由浅入深、由此及彼、由表及里的。因此，服务人员在服务过程中对自己与服务对象所进行的角色定位绝对不可一蹴而就。恰恰相反，这是一个双向互动的过程，即需要根据交往对象的变化与事态的发展互相进行相应的变化和调整。角色定位的稳定性一般只能是相对的。

就飞机上的座位来说，初次坐飞机的人大多希望坐靠近窗口的位置，以便欣赏窗外景色；商旅乘客以及多次乘坐飞行的人相对而言更喜欢靠近过道的座位。同时这两类人对服务质量的要求也有所不同，多次坐飞机的人会对乘务员对他的关注度及尊重程度要求略高。显然，标准化的服务流程很难满足不同乘客的不同需求。

第三节　双向沟通

双向沟通理论是服务礼仪的重要理论支柱之一。它的中心内容是主张以相互交流、相互理解作为服务人员与服务对象之间进行合作的基本前提。双向沟通理论认定，离开了服务人员与服务对象彼此之间的相互交流、相互理解，服务人员要向服务对象提供令人满意称心的良好服务通常是很困难的。

具体而言，双向沟通理论由以下四个基本观点组成：

（一）理解服务对象

双向沟通理论特别强调，人是需要理解的，而服务者是必须理解人的。在服务岗位上，只有正确地理解服务对象，服务人员才谈得上能够以自己的优质服务去充分地满足对方的实际需要。

对广大服务人员而言，理解服务对象主要就是将服务对象的实际情况与实际需要尽可能地掌握清楚。

例如，当一对成年男女一同到餐馆用餐时，其实际情况与实际需要的不同往往决定了他们在消费上有着不同的要求。如果他们是一对恋人，他们所寻求的可能会是一顿充满浪漫气氛的烛光晚餐；如果他们是一对已结婚多年的恩爱夫妻，他们所要求的或许只是一顿经济实惠的便餐；如果他们是一对因工作才相识的生意上的合作伙伴，他们则大概需要一顿既有档次又收费合理的便宴。餐馆的服务人员在向对方介绍菜肴时，倘若不分具体情况，恐怕既难于满足对方的实际需要，又不一定能令对方满意。

服务人员应当了解，人们的实际需要是存在一定的规律的。具体来说，人们的实际需要大体上可以分为以下两种基本类型：

一类可以称为人类的正常需要。这是人人皆有且相对稳定不变的基本需要。生存、安全、衣食、工作、社交、尊重、自我实现等都属于人类正常需要的范畴。

另一类则可称为人类的特殊需要。比如强调个人的能力、展现自身的实力等，这是属于人类在某种特殊的情况之下所产生的需要。例如，在选购商品时，有人爱买名牌，他们需要借此来抬高自己的社会地位；有人却专注于寻找便宜的商品，他们需要的则是节省开支。

（二）加强相互理解

双向沟通理论明确强调，在人际交往中，要实现对交往对象的真正理解，就必须将这种理解完全建立于相互理解的基础之上。在一般情况下，交往双方之间的相互理解往往是成功交往的基本前提。

在服务过程中，服务人员有必要认识到，仅靠自己对服务对象的单方面理解通常是远远不够的。任何形式的成功服务都有赖于服务人员与服务对象在服务过程中的相互理解。

相互理解，亦即双向沟通。有时，人们也将其简称为沟通。在任何形式的人际交往中，包括服务人员与服务对象在服务过程中的人际交往在内，假如没有交往双方的相互理解，就很难使双方的交往融洽而成功。有些时候，交往双方之间甚至还会由于缺乏沟通而导致误会、产生矛盾甚至导致麻烦。

例如按照西装销售的国际惯例，当顾客决定购买一套西装并且为之付款之后，商店的店员在为对方包装之前，必须将西装上衣左袖袖口上的商标先行拆掉。如果袖口同时还有一块纯羊毛标志的话，店员亦应同时将其拆去。之所以要这么做，主要是因为西装的商标只是表明该西装是何种品牌，纯羊毛标志则是为了向顾客说明该西装的面料为何物，二者并不是表明西装档次的标志。西装的规范穿着要求在穿着西装时，应将西装商标与纯羊毛的标志拆去。但令人遗憾的是，西装商标与纯羊毛标志在销售之际应由店员一并代为顾客拆除的这一惯例，在国内却有不少顾客并不知晓，而一些店员也不大这么去做。久而久之，极个别人会穿着带有商标与纯羊毛标志的西装出现在公共场合中，并以此作为显示自身着装高档的标志之一。销售西装的店员在面对这类顾客时，倘若不说明原因就为对方先行拆掉了西装商标与纯羊毛标志，恐怕就会造成误会。究其根源，主要就在于双方在对西装商标与纯羊毛标志的具体看法上尚未达成一致。

再如，依照西餐的用餐礼仪，就餐者如果对自己所品尝的某一道菜肴并不欣赏，或是不打算再吃了的话，出于礼貌，一般不应在餐桌上当众言明此事。他所要做的，只是将自己所使用的餐刀与餐叉，刀右、叉左、刀刃向内、叉面向上并排摆放在盛放菜肴的餐盘之上即可。

这一做法在世界各国都是一种约定俗成的西餐“用语”。它的含义是告知侍者：“此菜我不想再用了，请收去。”然而，国内的许多人，由于平时接触真正的西餐的机会不是很多，所以大都不了解这一点。他们在享用西餐时，因为要同身边的人交谈，随手便将刀叉并排摆放在餐盘之上。他们这样做，主要是因为他们觉得交谈之时手里依然刀叉在握，甚至将其挥来舞去，不甚雅观，他们并不知道此举意味着提醒侍者收去此菜。实际上，他们或许很喜欢品尝此菜，只不过是不了解吃西餐的礼仪规范而已。此时此刻，侍者要是一言不发地将他们面前的那道菜肴撤掉的话，往往会使他们目瞪口呆，大惑不解。这种情况一旦发生，通常会让双方都很不愉快。其主要原因，也在于双方未能做到相互理解。

（三）建立沟通渠道

双向沟通理论主张，要想在人际交往中真正使交往双方实现相互理解，主要有赖于建立一种约定俗成的、相对稳定的、有助于交往双方相互理解的沟通渠道。这种沟通渠道可被视为人际交往中交往双方实现相互理解的一种捷径。

众所周知，友人所以能够谈到一起去，乃是他们彼此之间拥有共同语言所致。在生意场上，一桩买卖之所以能够成交、一项协议之所以能够达成，主要在于有关各方在某种程度上达成了共识。其实，人际交往中要使交往双方的相互理解能够真正实现，令交往双方拥有“共同语言”，并且在某种程度上“达成共识”乃是不可或缺的先决条件。前面提到的沟通渠道指的实际上就是交往双方所拥有的“共同语言”和在某种程度上“达成的共识”。

沟通渠道是真正实现沟通的前提。没有沟通渠道，在人际交往中就难有沟通可言。因此，在双向沟通理论之中，沟通渠道的建立乃是关键之所在。既然沟通是双向的，那么沟通渠道也必须是双向的。换言之，单向认可的渠道是不可谓之沟通渠道的，只有双向的沟通渠道才能使人际交往之中的沟通真正做到畅通无阻。通常我们认为，沟通渠道的建立实际上需要满足以下两个基本的条件：

其一，沟通渠道应当是约定俗成的。所谓沟通渠道的约定俗成，是指在人际交往中，某种沟通渠道往往是在一定的地域或者行业之内，由人们经过长期的社会实践逐步认定、逐步习惯并日相沿成习的。

例如在星级宾馆里，服务人员通常会每天在客房里摆放鲜花。这种做法本身就是一种约定俗成的沟通渠道，意在向客人表示宾馆一方的敬重之意。在商店里，每一名有经验的店员都会知道，将带尖的锐器，诸如刀、剪、剑、针之类递与顾客的时候，不宜将带尖的一端直指对方，而只能将其朝向自己，或者横着递给对方，否则即为失礼。这也是向顾客表示善意的一种沟通渠道。在餐厅里，当侍者为一对夫妻或恋人上菜时，按照规矩，应当先为女宾上菜，然后方可为男宾上菜。这一先后顺序，是侍者表示自己尊重女性的一种沟通渠道。

应当说明的是，任何一种约定俗成的沟通渠道都具有明显的地域性或行业性特征。在一定的范围内约定俗成的沟通渠道，到了另外一个范围里则可能完全失效。这就是人们平常所言的“十里不同风，百里不同俗”。在人际交往中，尤其是服务人员在为服务对象服务之时，假如不了解此点，而处处以相同方式待之，往往会难以实现沟通，甚至造成不良后果。

例如近年来，国内的婚纱摄影业有了长足的发展。不少年轻人在结婚之际拍上一套西式的婚纱照是必不可少的。在这股风气的推动下，一些早已成婚多年的中老年夫妇也争先恐后地加入拍摄婚纱照的行列之中，以期借此弥补过去没有婚纱照的缺憾。拍婚纱照时，除了白色婚纱之外，也有一些人会选择那些象征着喜庆的彩色婚纱，像红色、粉色、紫色的婚纱。但是她们或许不知，在西方，婚纱的色彩通常直接与其穿着者成婚的次数相关。女性只有在初次结婚时，才会穿着白色婚纱。而穿着诸如红色、粉色、紫色等系列的婚纱则往往表明自己并不是初次婚。

其二，沟通渠道还应当是相对稳定的。唯其如此，才容易使人们对其予以认可和接受。假如沟通渠道一变再变，前后不一，不仅会成为沟通的一种障碍，而且也自然而然地会遭到人们的排斥。

当然，沟通渠道绝非一成不变。它的稳定性，只是相对而言的。随着社会的进步、人际交往的进一步发展变化，沟通渠道实际上也在不断地充实、完善以及更新。

（四）重视沟通技巧

双向沟通理论认为，一般而言，交际礼仪实际上就是人们在人际交往中确保双向沟通得以实现的、约定俗成的、相对稳定的基本沟通渠道。就服务行业而言，服务礼仪其实完全可以被理解为服务人员与服务对象在服务过程之中实现双向沟通的一种常规渠道。简言之，服务礼仪就是一种沟通技巧。

将服务礼仪定位为服务人员与服务对象在服务过程之中实现双向沟通的一种最重要的沟通技巧具有如下双重意义：

其一，可以提高人们对服务礼仪重要性的认识。服务礼仪规定，在一般情况下，服务人员在为服务对象提供常规服务时，应当面含微笑。这一做法意在表明前者对后者的友善之意。若无特殊原因，服务人员在服务过程中如不遵守“微笑服务”这一规定，甚至面无表情、不苟言笑，即便他的服务质量再好，也难让服务对象感到愉快。

其二，可以端正人们对服务礼仪实用性的认识。当前服务行业内对服务礼仪的实用性问题主要存在两种错误认识。一是认为它只是一种思想品德方面的要求，并无操作性可言；二是认为它虽然具有可操作性，但仅仅只是一种形式，可以使用，也可以不使用。站在沟通技巧这一角度来看待服务礼仪的实用性问题，这两种认识显然都是无法立足的。

第四节　白金法则

在服务工作中，广大服务人员亟待解决的一个重要理念问题，是我方人员应该如何摆正自己和服务对象的位置，并如何端正自己对待对方的态度。

对广大服务人员而言，解决这一问题的捷径就是要认真领会、努力遵守国际社会中服务行业里所通行的白金法则。

白金法则是美国著名学者亚历山德拉、奥康纳等人于 20 世纪 80 年代末提出的。它的基本内容是：在人际交往中，尤其是在服务岗位上，若要获取成功，就必须做到交往对象需要什么，则应当在合法的条件下，努力去满足对方什么。在国际社会尤其是在服务行业里，白金法则早已被人们普遍视为交际通则和“服务基本定律”。

就本质而言，白金法则的要点有二：第一，在人际交往中必须自觉地知法、懂法、守法，必须行为合法。第二，交往的成功有赖于凡事以对方为中心。

就具体而论，白金法则对我国广大服务人员的主要启迪有二：其一是必须摆正自己的位置；其二则是必须端正自己的态度。

一、摆正位置

在日常生活与工作中，每一个人都拥有自己所处的具体位置。了解自己所应占据的位置，不但可以适得其所，而且还可以提高自己的生活与工作的质量。反之，则往往会劳而无功，甚至还会因此为他人所诟病。

具体而言，各类工作都要求广大服务人员摆正位置，主要是要其明确下述两点。

（一）服务于人

服务人员必须明确地意识到，不论自己具体从事何种工作，其本质都是服务他人的。进而言之，服务人员的工作性质就是为服务对象服务、为社会服务。服务的本质要求是，处处以服务对象为中心，时时有求必应、事事不厌其烦。广大服务人员想要做好服务工作，需要主要从以下两个具体方面着手。

1. 强调人际交往中的互动

过去，中国人生活于传统的农业社会之中。农业社会的一大特点是，生活自给自足，交往以自我为中心。受传统观念的束缚，不少服务人员在人际交往中大都不太在乎自身行为的实际效果，即不善于进行互动。

实际上，人际交往的具体效果如果不佳，交往本身往往就变得毫无意义了。可以设想一下，假使夸奖别人时用词不当、方式不好、表达不佳，那么此种夸奖还会有何价值？

2. 坚持以交往对象为中心

换言之，就是不允许凡事我行我素、以自我为中心。在人际交往中，尤其是在具有鲜明的服务他人性质的服务岗位上，如果不能够坚持做到凡事以交往对象为中心，是无法做好本职工作的。

在服务岗位上，要求广大服务人员凡事以交往对象为中心，实际上就是进一步要求其明确自己的具体位置，就是要求其更好地、全心全意地做好自己的服务工作。

（二）换位思考

在日常性的具体工作中，每一名服务人员都必须充分地认识到，自己所面对的广大服务对象不仅男女有别、长幼有别、性格有别、教养有别、民族有别、宗教有别、职业有别、地位有别，不单单内外有别、中外有别、外外有别，而且人人有别、事事有别、时时有别、处处有别。因此，服务人员要提高自己的服务质量，就一定要善于换位思考。

既然人与人之间多有不同，那么做好服务工作的基本要求是以对方为中心，每一名服务人员在具体工作中都必须积极而主动地换位思考。换位思考的主要要求是与他人打交道时，尤其是服务对方时，必须主动而热情地接触对方，必须善于观察对方、了解对方、体谅对方。

二、端正态度

广大服务人员在其实际工作与生活中，要想真正地摆正自己与交往对象的位置，首先必须认真解决一个重要问题，即端正自己的态度。

在人际交往中，心态通常决定一切。一个人有什么样的态度，就会有什么样的生活与工作。服务人员的个人心态如果调整得不好，在日常生活与工作中如果不能真正地端正自己的态度，上面所要求的“以交往对象为中心”根本就无从谈起。

具体而言，要求广大服务人员端正态度，主要需要其关注如下三点：

（一）接受他人

服务人员在工作之中，尤其是与服务对象接触时，首先必须在内心真心实意地接纳对方，使“以交往对象为中心”的理念得以真正实施。

所谓接受他人，就心态而言，主要是要求服务人员在接触服务对象时，尤其是在服务对方时，不要站在对方的对立面，不要有意无意地挑剔对方、捉弄对方、难为对方、排斥对方。简言之，就是要容纳对方、善待对方，而不是排斥对方。

在服务工作中，服务人员必须明确以下两点：

1. 意在尊重

在服务岗位上，接受对方意在表示我方对服务对象的高度尊重。服务礼仪强调“尊重为本”。在服务岗位上，尊重服务对象是服务礼仪对服务人员提出的基本要求。就操作层面而言，在服务岗位上，要求服务人员尊重服务对象，实际上就是要求其尊重对方的一切合乎情理的选择，而不允许对其越俎代庖，横加干涉。由此可知，接受对方，本是服务礼仪自身的应有之义。

2. 宽以待人

在服务过程里，接受对方并非表示服务人员需要完全认同自己的服务对象。在实际生活中，由于双方在社会地位、职业训练、文化素养、生活习惯、民族特征等方面多有差异，其世界观、人生观、价值观乃至思维方式、行事规则等必然多有不同，因此二者的所作所为往往相去甚远。必须肯定的是，在服务岗位上，要求服务人员接受服务对象，并非要求服务人员对对方的一切要求来者不拒，百分之百地予以认同。当对方的所作所为有违法律道德、有辱国格人格、有损我方利益、有害单位形象时，服务人员人员仍须对其据理力争，针锋相对，毫不退让。

（二）善待自我

善待自我的基本要求是告诫每一名服务人员，在生活与工作中要尊重自己，爱护自己。生活经验告诉人们，一个人如果不尊重自己，就不可能赢得他人真正的尊重。同样的道理，每一名服务人员假如不懂得爱护自己，就不可能更好地为国家、为社会、为单位、为服务对象工作，就会辜负国家、社会和本单位对自己的殷切期望。

在日常的服务工作中，每一名服务人员均应具有健康的心态，即善待自己，善待别人。

二者实际上互为因果，往往缺一不可。一方面，服务人员只有善待自己，才能够更好地善待别人；另一方面，服务人员善待别人，其实就是善待自己。

（三）“和而不同”

2002 年 10 月，时任中国国家主席江泽民在美国发表演说，提出了“和而不同”的外交思想。他明确指出，在外事工作中，只有坚持“和而不同”的外交思想，才能真正地端正态度，做好外交工作。

“和而不同”外交思想的基本观点是，必须维护世界的多样性，必须尊重世界上客观存在的一切差别，必须承认世界各国相互依存。与此同时，还应当坚持每一个国家在其国际交往中求同存异，并倡导世界各国维护和平、共同发展。

在外交实践中，行之有效的“和而不同”的思想对广大服务人员做好其服务工作实际上具有十分重要的参考价值。在服务工作中要具体贯彻“和而不同”的思想，主要需要广大服务人员做到以下两点：

1. 尊重多样性

必须承认世界是多样的。世界的多样性本质在于各国文明的多样性。只有尊重世界的多样性，各个国家、各个民族、各种文明才能和谐相处，相互学习，相互借鉴，相得益彰。理解了这一点，服务人员就更容易理解别人、尊重别人。

2. 承认相互依存

今日世界不仅是一个多样性的世界，而且还是一个相互依存的世界。世界是丰富多彩的，各种文明和社会制度应该而且可以长期共存，在竞争和比较中取长补短、在求同存异中共同发展。如果服务人员不接受、不容忍服务对象，不但其本职工作难以做好，而且其本人的工作与生活也会失去意义。

第五节　三 A 法则

国内有一位知名的礼仪专家在谈及服务礼仪的主旨时，曾经讲过这样一段话：“当一名服务人员在自己的工作岗位上为顾客提供服务时，能够非常规范地运用服务礼仪，固然最好。即使做不到这一点，比如说，他不知道到底应当怎样做，或者他已经做错了，只要他能让对方感受到自己不是刻意而为，并且能够表现得对对方不失敬重之意，对方一般便不会对他进行非难。”

这位礼仪专家还曾举过一个实例。他说，在国内的不同省份，宴会上的座位排列顺序并无统一之规。在有的地方，讲究请主宾坐在主人的右侧；在有的地方，讲究请主宾坐在主人左侧；在有的地方，讲究请主宾坐在主人对面；在有的地方，则还讲究请主宾居中而坐等。倘若主宾所在的省份与主人所在的省份在宴会座次的具体排列上大相径庭，而主宾又不了解这一点的话，万一主人请主宾就座的位置在后者看来并非上座，搞不好无形之中就会失礼于主宾。

其实，此时此刻主人在为主宾让座时，只要多讲上一句话，上述难题就会迎刃而解了。这时，他应该告知对方："您现在所坐的这个座位，在我们这里可是上座呀。"这样一来，便会使对方充分感受到主人的敬重之意。即便他原先也曾因为宾主双方对宴会座次的理解不同而心生疑惑，甚至不满，但当他听到主人的以上表述之后，肯定就不会不满了。在绝大多数情况下，他还会为此而感到愉快。

理解了服务礼仪的核心要点在于恰到好处地向服务对象表达自己的尊敬之意，这将对广大服务人员改进服务作风、端正服务意识、提高服务质量大有益处。

根据服务礼仪的规范，服务人员要想向服务对象表达自己的尊敬之意时，必须善于抓住如下三个重点环节，即接受对方、重视对方和赞美对方。由于在英文里，"接受""重视""赞美"这三个词汇都以"A"字母打头，所以它们又被称作"三A法则"。

在服务礼仪中，"三A法则"主要是有关服务人员向服务对象表达敬重之意的一般规律的。它告诫全体服务人员，要想向服务对象表达自己的敬意，并且能够让对方真正地接受自己的敬意，关键是要在向对方提供服务之时，以自己的实际行动去接受对方、重视对方、赞美对方。[①]

一、接受服务对象

"三A法则"要求服务人员亲和友善地接受服务对象。

接受服务对象，主要体现为服务人员对对方热情相迎，来者不拒。不仅不应该怠慢服务对象、冷落服务对象、排斥服务对象、挑剔服务对象、为难服务对象，而且还应当积极、热情、主动地接近对方，淡化彼此双方之间的戒备、抵触和对立的情绪，恰到好处地向对方表示亲近和友好之意，将对方当作自己人来看待。

当"短缺经济"一去不返，买方市场出现之后，消费者选择的余地已经愈来愈大。在此情形之下，从广义上讲，消费者所要购买的往往不只是某一种商品，他们同时也在购买服务，即对服务质量越来越表示关注。有时，服务人员的服务质量的好坏甚至成了消费者做出购物决定的决定性因素。

服务质量通常泛指服务人员服务工作的好坏与服务水平的高低。具体而言，服务质量主要由服务态度与服务技能两大要素构成。在一般情况之下，消费者对服务态度的重视程度，往往会高于对服务技能的重视程度。在普通消费者看来，服务人员若能服务态度与服务技能俱佳则最好。如果他的服务态度很好，但服务技能稍逊一筹，尚且情有可原。但若假设他的服务技能尚可，但服务态度恶劣，则往往是不能被接受的。后一种情况一旦出现，有时甚至会使消费者恼羞成怒，以偏概全，从而忽视了服务人员在服务技能方面的表现。

接受服务对象实际上是服务态度是否端正的问题。在服务岗位上尊重消费者，其实就意味着必须尊重对方的选择。若要真正将消费者视为"上帝"和"衣食父母"。诚心诚意地意识到消费者至上的话，自然而然就应当认可对方、容纳对方、接近对方。这样才能真正地提高自己的服务质量。

在工作岗位上，服务人员对服务对象的接受，不但是思想方法问题，而且还应当在自己

---

① 金正昆．服务礼仪[M]．北京：北京联合出版公司，2013．

的实际行动上得到贯彻体现。同服务对象交谈时，服务人员一般不应当直接与之争辩抬杠，即使见解与对方截然相反，也要尽可能地采用委婉的语气进行表达。更不要任意指出服务对象的种种不足之处，特别是不应该明言对方生理上、衣着上的某些缺陷。否则就等于是宣告自己不接受对方。

二、重视服务对象

“三 A 法则”要求服务人员实心实意地重视服务对象。

重视服务对象是服务人员对于服务对象表示敬重之意的具体化。它主要表现为认真对待服务对象，并且主动关心服务对象。总而言之，要通过为消费者提供的服务，使对方真切地感受到自己备受服务人员关注和看重，证明自己在服务人员眼中是非常重要的。

服务人员在工作岗位上要真正做到重视服务对象，首先应当做到目中有人、招之即来、有求必应、有问必答，想对方之所想，急对方之所急，认真满足对方的要求，努力为其提供良好的服务。

与此同时，服务人员对于下列三条，重视服务对象的具体方法，也应认真地学习和运用。

1. 牢记服务对象的姓名

牢记交往对象的姓名这件事情本身，直接意味着自己对对方重视有加。一般而言，服务人员对自己直接服务或接触过的以下四类人员的姓名，尤其需要牢记不忘。

一是非常非常重要的客人（英文缩写为 VVIP）。他们是指国宾或本国的国家领导人。

二是非常重要的客人（英文缩写为 VIP）。他们通常是指重要的外宾、政府高级官员和社会各界知名人士。

三是重要的客人（英文缩写为 IP）。一般包括与本服务单位关系密切的其他单位的负责者、决策者，以及政界、商界、军界、学术界和新闻界人士。

四是特殊的客人（英文缩写为 SP）。主要指的是经常前来消费、曾经有过投诉或有特殊要求、需要特别关照的客人。

服务人员要牢记服务对象的姓名，还有两个问题必须注意。一方面，千万不要记错了服务对象的姓名。将服务对象的姓名张冠李戴，无疑会使双方都感到尴尬；另一方面，绝对不要读错了服务对象的姓名。一旦将服务对象的姓名读错了，不但会失敬于对方，而且还让自己十分难堪。所以，在有必要称呼服务对象而又拿不准对方姓名的正确读音时，宁肯采用其他称呼方法变通一下，也绝不要乱叫对方的姓名。

应当强调的是，在着重关照以上四类人员的同时，对普通的客人（英文缩写为 CP）也不允许稍有怠慢，对客人要做到一视同仁。

2. 善用服务对象的尊称

对交往对象表示尊敬的一种常规做法，就是要对其采用尊称。服务人员在为服务对象提供各类具体服务时对其采用尊称早已约定俗成。

服务人员在以尊称称呼自己的服务对象时，首先必须准确地对对方进行角色定位，力求使对对方所使用的尊称可以为其所接受。例如以“师傅”去称呼一位政府官员，以“老板”去称呼一位大学教授，以“小姐”去称呼一位两鬓如霜的家庭妇女，以“老先生”去称呼一位上了年纪的外籍男子等，都会弄巧成拙。

3. 倾听服务对象的要求

当服务对象提出某些具体要求时，服务人员的最得体的做法是对其认真倾听，并尽量满足。从某种意义上讲，耐心倾听服务对象的要求，本身就会使对方在一定程度上感到满足。

所谓倾听，一般是指在他人阐述见解时专心致志地听取。由此可知，倾听就是对被倾听者最大的重视。“少说多听”不但是常人须知的处世之道，而且也是服务人员必须掌握的服务技巧。当服务对象提出要求或意见时，服务人员耐心倾听除了可以表示对对方的重视之外，这也是服务行业对服务人员提出的一项基本要求。因为唯有耐心地、不厌其烦地倾听服务对象的要求或意见，才能充分理解对方的所思所想，才能更好地为对方服务。在倾听他人意见时，任何三心二意都会让服务对象不快。

服务人员在倾听服务对象的要求或意见时，切忌弄虚作假，敷衍了事。一般来讲，当服务对象阐明己见时，服务人员理当暂停其他工作，目视对方，并以眼神、笑容或点头来表示自己正在洗耳恭听。如有必要，服务人员还可以主动与对方交流。

例如，某日国内一家航空公司的客机上来了一位外籍客人，他在头等舱里刚一落座，就开始对乘务员的服务进行抱怨。他的表现马上就被乘务长注意到了。乘务长走近对方，先是倾听了对方对于配餐、报刊的种种不满，紧接着诚心诚意地请教对方：“先生，您见多识广，国外著名航空公司的班机，您肯定坐过不少。请教一下，您认为我们在各个方面还存在着哪些不足？我们一定会努力改正。”大家都知道，在交谈之中向他人认真请教问题，既表示了对对方谈话的耐心倾听，又往往表示对对方的尊重。在回答完乘务长的这个问题之后，那位外籍客人渐趋平静。此所谓“你敬我一尺，我敬你一丈”。既然乘务长对他如此尊重，无论如何他都不好再“寻衅滋事”了。

三、赞美服务对象

“三 A 法则”要求服务人员恰到好处地赞美服务对象。

赞美服务对象，实质上就是对对方的接受与重视，也是对对方的肯定。从某种意义上说，赞美他人实质上就是在赞美自己，在赞美自己的虚心、开明、宽厚与容人。一个人在获得他人中肯的赞美之时，内心的愉悦程度常常是任何物质享受均难以比拟的。

赞美服务对象，具体而言主要是要求服务人员在向服务对象提供具体服务的过程中，要善于发现对方所长，并且及时地、恰到好处地对其表示欣赏、肯定、称赞与钦佩。这种做法的最大好处是可以争取服务对象的合作，使服务人员与服务对象彼此和睦而友善地相处。

有些时候，即使服务人员需要婉转地批评服务对象，或者是否定对方的见解，适当地辅以对对方的赞美之词，收效就要好得多。因此有人早就明言：“进行七分批评，也要加上三分赞美。”

服务人员在赞美服务对象时要注意以下三点：

1. 适可而止

虽说赞美可被视为服务过程中一种有效的人际关系润滑剂，但是服务人员在具体运用时必须有所控制。若是服务人员对服务对象所讲的每一句话都是赞美之词，使赞美充斥于整个服务过程之中，就会使赞美本身贬值，无法产生任何实际意义。服务人员对服务对象的赞美，不可以一点儿没有，也不可以多到泛滥。点到为止、适可而止是服务人员赞美服务对象时必须认真把握的。

2. 实事求是

服务人员必须明确，赞美与吹捧是有区别的。真正的赞美是建立在实事求是的基础上的，是对他人所长的一种实事求是的肯定与认同。所谓吹捧，则是指无中生有或夸大其词地对别人进行恭维和奉承，有明显的讨好他人之意。

显而易见，服务人员对服务对象的赞美假如背离了实事求是这一原则，从根本上就背离了服务行业“诚实无欺”的宗旨。发展到了极端，就是哄人、骗人，因此绝对不可取。

3. 恰如其分

服务人员对服务对象的赞美要想被对方接受，就一定要了解对方的情况，赞美对方确有所长之处。例如赞美一位皮肤的确保养的不错的女士时，说她“深谙护肤之道”，一定会让她非常高兴。可要是用这句话去赞美一位皮肤黯然失色的女士，自然就不那么妥当了。

尤其要注意，切勿自以为是地用他人不爱听的话语去对其进行赞美。例如，赞美一位学者口才好，可以说他“妙语连珠”，“十分幽默”，但要是说他“真能侃”或“讲话跟说相声一样”，没准在对方听起来就如同讽刺一般了。

第六节　首轮效应

首轮效应，有时亦称首因效应。它所具体讨论的，主要是一个人或一个单位留给他人的客观印象是如何形成的问题。换而言之，它是一种有关个人形象、单位形象的成因及其塑造的理论。有鉴于此，服务行业及其全体从业人员理应对其给予高度的关注。

从总体上讲，首轮效应理论的核心点是人们在日常生活中初次接触某人、某物、某事时所产生的即刻印象，通常会在对该人、该物、该事的认知方面发挥明显的、甚至是举足轻重的作用。就人际交往而言，这种认知往往直接制约着交往双方的关系。

从具体上讲，首轮效应理论又是由如下三个主要的理论观点所组成的一个整体。

一、第一印象

在人际交往中，或者是在平时跟某一事物的接触过程中，人们对交往对象或所接触的事物所产生的印象，特别是在双方初次交往或者初次接触时所产生的对于该人、该事物的第一印象，通常至关重要。第一印象的好坏不但会直接左右人们对交往对象或者所接触的事物的评价，而且还会在很大程度上决定人际交往中双边关系的好坏或者人们对于某一事物的接受程度。

一言以蔽之，首轮效应理论的第一个观点是，人们的第一印象至关重要，第一印象甚至往往会决定一切。这一观点是首轮效应理论中最重要的观点。所以，有人据此将首轮效应称为第一印象效应，并进而将首轮效应理论直接叫作“第一印象决定论”。

所谓第一印象，实际上往往与人们的第一眼印象完全可以画上等号。也就是说，人们平日对于某人、某物、某事所产生的第一印象，大都是在看到或听到对方之后的一刹那之间形成的。心理学实验证明，人们在接触某人、某物、某事时，大都少不了会对对方产生第一眼印象。而这种瞬间形成的第一眼印象，通常只需要大约 30 秒钟左右的时间。对不少人来说，他们对于某人、某物、某事的第一印象的形成，甚至只需要 3 秒钟左右的时间。在他们那里，第一印象与第一眼印象的的确确是完全一致的。

首轮效应理论的这一观点对整个服务行业的重要启示至少有两条。一方面，一家服务单位在创建之初，必须注意认真策划好自己的“初次亮相”，以求使社会公众对自己的良好形象先入为主，萌生好感，并且予以认同。另一方面，服务行业的全体从业人员在面对顾客之时，均应力求使对方对自己产生较好的第一印象。唯其如此，双方才会和睦相处，摩擦才难以产生，顾客才会对服务人员所提供的各项服务感到舒心满意，而不至于处处对服务人员进行刁难，甚至吹毛求疵。

二、心理定式

在一般情况下，人们对某人、某物、某事所产生的第一印象大致上都是非理性的。从某种程度上来讲，人们对某人、某物、某事所产生的第一印象，主要基于对方在双方相逢之初的具体表现以及自己根据以往的生活经验对其所进行的即刻判断。就人们对某人、某物、某事所进行的即刻判断而论，它往往出自一种相当迅速的反应和一种纯粹的个人感觉，并不一定要循规蹈矩地进行多么复杂的理性思维或逻辑推论。

事实上，人们多多少少都有过这样的经验，自己对某人、某物、某事的看法和评价，主要是在与对方初次接触时所产生的一种感觉。对对方的看法、评价，不论是好是坏，往往与其他方面的情况，例如对方既往的表现、外界对对方已有的看法与评价、对方当时所进行的自我介绍等并不存在直接的因果关系。这种“跟着感觉走”的第一印象，其实未必百分之百全面、客观、正确，但是它在人际交往中的客观存在与实际作用，却是服务行业必须承认并需给予充分重视的。

第一印象的非理性特征还表现在，人们对某人、某物、某事所产生的第一印象，一旦形成以后，通常都是难以逆转的。简言之，第一印象形成之后，往往会使人们产生某种心理定式。

从总体上来看，形成于人们与某人、某物、某事接触之初的第一印象对于彼此之间的交往或认同发挥着一定的指导作用或影响。虽然从本质上说，第一印象仅仅是一种较为初步的了解和判断，但是实际上它却起着使人际交往继续或停止的作用以及使人们对某物、某事接受或排斥、否定的重要作用。

在日常生活里，人们对某人、某物、某事的第一印象经常会作用于其对待对方的交际态度。人们对某人、某物、某事的第一印象假若比较好的话，那么这对在此后与之交往、接触中所感知到的某些负面的因素往往便不会太介意和计较，有时甚至还会完全将其忽略。也就是说，即使后来对对方的了解与认识同第一印象间存在着一定的距离，人们通常也会自觉或不自觉地服从于自己的第一印象。

例如，当一个人认可了某一品牌之后，往往就会主动替它说好话。一旦有人对其进行非议，也会不以为然，甚至不会影响自己对本品牌的总体印象。

如果一个人不喜欢另外一个人，且对他的第一印象欠佳的话，不管那个人后来的实际表现如何，他人对其所做的评价如何，恐怕一时半会儿都难以具有说服力。

实践表明，人们的第一印象基本上是比较准确可靠的。第一印象形成之后，要想再去改变它，通常不仅非常有难度，而且搞不好还会弄巧成拙，适得其反。所以，服务行业的全体从业人员都必须意识到留给外界一个良好的第一印象的重要性。相对来说，这比不佳的第一印象形成后再去想方设法采取补救性措施肯定要容易得多。

三、制约因素

首轮效应理论认为，人们对某人、某物、某事所形成的第一印象，主要来自彼此交往、接触之初所获取的某些重要信息，以及据此对对方的基本特征所做出的即刻判断。在这里，那些在与某人、某物、某事交往或接触之初所获取的某些重要信息，即为第一印象的主要制约因素。

从根本上来讲，既然第一印象的形成主要取决于某些制约因素，那么，想要在日常生活中给他人留下良好的第一印象，就主要依赖于了解那些发挥关键作用的制约因素，并相应地采取一切可能的、有效的措施，促使那些制约因素发挥积极作用。

具体而言，在日常生活之中，一个人或一种事物在留给他人的第一印象之中所发挥制约作用的主要因素通常是各不相同的，主要体现在以下几个方面：

（一）个人方面

对于一个人来讲，直接影响外界对他的第一印象的制约因素主要有以下五点：

1. 仪容

指人的相貌与外观。一个人如果仪容整洁，神采奕奕，相貌端正，往往便会给人以好感。但是，如果不讲卫生、精神不佳的话，便难以为他人所欣赏。

2. 仪态

包括人们的举止与表情。它犹如人们的一种“身体语言”，同样可以向外界传递一个人的思想、情感与态度。在许多情况下，人们的“身体语言”所传递的信息，较之于口头语言与书面语言，通常会更为真实和准确。

3. 服饰

在现实生活里，一个人的服饰，不仅仅是其遮羞、御寒、防暑之物，更重要的是，它可以体现出一个人的个人修养、生活阅历和审美品位。

4. 语言

在人际交往中，语言是一种最重要的交际工具。语言除了可以传递信息之外，也可向交往对象表达出自己对其的尊重。所以对一个成年人来讲，重要的不是会不会说话，而是如何才能把话说好。

5. 应酬

不论是在工作中，还是在私人交往时，人们都免不了要接触其他人，并且与对方进行一定程度的交际应酬。应酬时的态度、表现往往会留给交往对象极其深刻的印象。

（二）事物方面

对于一种事物来讲，直接影响到外界对它的第一印象的制约因素，主要表现在以下几个方面：

1. 观感

观感具体指人们在接触某一事物时对其外观所产生的直观的感受。它包括该事物的形态、体积、大小、色彩、质地、质量等。这些观感通常对人们对该事物第一印象的形成作用很大。

2. 氛围

一般指的是在某种特定的环境中给人以某种强烈感觉的现场景象、特殊情调或精神表现。某一事物所处的具体氛围，往往会直接左右人们对它第一印象的好坏。

3. 传播

这里具体指的是与某一事物直接或间接相关的信息的广泛散布与广泛交流。就传播渠道而言，常见的有三种具体形式，即大众传播、群体传播与个体传播。对常人来讲，有关某一事物的各种形式的传播，特别是在其接触该事物之前所接受的与其有关的各种形式的传播，常常会先入为主地直接或间接地影响到人们对它的整体看法与评价。

4. 人员

在现实生活里，人们在接触某一事物的同时，往往遇到一些与该事物存在着某种关系的人物，他们或者是生产商，或者是推销商，或者是管理员，或者是解说员。这些有关人员的表现，尤其是他们在涉及该事物时的所作所为，与外人对该事物第一印象的形成不无关系。

尽管人们对一个人或一种事物所产生的第一印象的制约因素不尽相同，而且它们实际上往往各自发挥着不同的作用，但是，若想使人对自己或某一事物产生良好的第一印象，就必须分别从以上几个方面着手。否则，就很有可能使自己的努力南辕北辙，劳而无功。

从根本上说，首轮效应理论实质上是一种有关形象塑造的理论。在人际交往中，强调第一印象是十分重要的，其目的就在于要塑造好形象，维护好形象。

服务行业的全体从业人员都必须明确，不论是自己的个人形象，还是本单位的企业形象，都是自己为顾客所提供的服务的有机组成部分之一。形象是一种服务，个人形象、企业形象被塑造好了，不仅会令顾客感受到应有的尊重，而且还会使之在享受服务时感到赏心悦目、轻松舒畅。形象是一种宣传，在服务行业里，个人形象、企业形象被塑造好了，就会在广大消费者中产生好口碑，并且广为传播，进而为自己吸引来更多的消费者。形象是一种品牌，在市场经济的条件之下，拥有一种乃至数种知名品牌，往往会为自己带来巨大的好处，任何一家具有市场意识的服务企业都必须充分认识到，它所销售的不仅仅是商品或服务，而是自身的形象，在任何一个服务单位里，如果全体员工的个人形象与整个企业的形象真正为社会所认同，久而久之，就会形成一种同样难能可贵的“形象品牌”。形象是一种效益，就形象塑造而论，投入与产出肯定是成正比的，一家服务单位的员工形象与企业形象被塑造好了，自然能使其获得一定的社会效益与经济效益。

服务行业的从业人员在学习首轮效应理论时，最重要的是要注意两个问题：一是真正认识到在人际交往中留给他人良好的第一印象的重要性；二是要充分注意到在人际交往中，如想留给他人良好的第一印象，需要从哪些具体的细节问题上入手。

第七节　亲和效应

在人们的日常交往和认知过程之中，每个人都具有一定的心理定式。社会心理学家发现，心理定式在人际交往和认知过程中是普遍存在的。

心理定势在有些情况下也被叫作“心向”，是指一个人在一定的时间内所形成的一种具有一定倾向性的心理趋势。即一个人在其过去已有经验的影响下，心理上通常会处于一种准备的状态，从而对其认识问题、解决问题带有一定的倾向性与专注性。

一般来说，在人际交往和认知过程中，人们的心理定式大体上可以分为肯定与否定两种形式。肯定式的心理定式主要表现为对交往对象产生好感和积极意义上的评价；否定式的心理定式则主要表现为对交往对象产生反感和消极意义上的评价。

人们在人际交往和认知过程中，往往存在一种倾向，即对自己较为亲近的对象会更加乐于接近。人际交往与认知过程中较为亲近的对象，俗称“自己人”。所谓“自己人”，大体上是指那些与自己存在某些共同之处的人。这种共同之处，可以是血缘、姻缘、地缘、学缘、业缘关系，可以是志向、兴趣、爱好、利益，也可以是彼此共处于同一团体或同一组织。在现实生活里，人们往往更喜欢把与那些与自己志向相同、利益一致，或者同属于某一团体、组织的人视为“自己人”。

在其他条件大致相同的条件下，“自己人”之间的交往效果一般会更为明显，其相互之间的影响通常也会更大。

交往对象属于“自己人”的这一认识本身，大都会让人们形成肯定式的心理定式，从而对对方表现得更为亲近和友好，并且在此特定的情境之中，更加容易发现和确认对方值得自己肯定和引起自己好感的事实。所有这一切，反过来又会进一步巩固并深化自己对对方原来已有的积极性评价。在这一心理定式的作用下，“自己人”之间的相互交往与认知必然会在其深度、广度、动机、效果上都超过“非自己人”的交往与认知。由此可见，人们在与“自己人”的交往、认知之中，肯定式的心理定式发挥着一定的作用。

上述情况给服务人员最重要的启迪是，为了更好地、恰如其分地向服务对象提供良好的服务，为了使自己的热情服务获得服务对象的正面评价，服务人员有必要在服务过程之中积极创造条件，努力形成双方的共同点，从而使双方都处于“自己人”的情境之中。

所谓亲和效应，就是对以上情况所进行的一种概括。它的主要含义是，人们在交际应酬中，往往会因为彼此之间存在着某些共同之处或近似之处，从而感到相互之间更加容易接近。而这种感觉，通常又会使交往对象之间萌生亲切之感，并且更加体谅对方。交往对象由接近而亲密、由亲密而进一步接近的这种相互作用，被人们称为亲和力。①

---

① 金正昆．服务礼仪[M]．北京：北京联合出版公司，2013．

亲和效应理论是服务礼仪的基础理论之一。对于广大服务人员而言，要学习和掌握这一理论，主要是要理解以下三点：

（一）近似性

亲和效应是以交往对象之间存在着某些共同之处或近似之处为基础的。离开了这一基础，交往对象便往往难以因感觉亲近而相互认同。相反，交往对象之间的共同之处或近似之处越多，双方便更加易于感觉亲近，并相互认同。

例如，生活在同一地理区域内的人，在语言、饮食、服饰、性情乃至职业方面大都有着许多相近点。

从理论上来讲，人与人之间一定的相近点，会给交际关系的建立提供极大的方便，并且会给双方之间的正常交往带来积极的作用。

在日常生活里，交际双方一定的相近点所带来的促进人际交往的积极作用，主要来自人们交际情感的有规律的变化。在一般情况下，人们大都喜欢同那些与自己情趣、志向等相近的人相处。有时，人们还往往会有意无意地夸大交往对象与自己的相似之处，借以增强自己对对方的信任感和安全感。反之，人们往往不喜欢与那些与自己情趣、志向等相反的人相处。有时，人们甚至会夸大交往对象与自己的相反之处，借以表示自己对对方的信任危机与不安全感。主要原因是在自己信任的人或是自己产生好感的人面前，人们往往更容易放松自己，并且愿意与对方主动接近，甚至进行更加深入的交往或合作。

（二）间隔性

亲和效应是在人际交往的过程中逐渐形成的，而不是产生于人际交往的起始阶段。所以，有专家指出，亲和效应实际上是在首轮效应产生之后，人们对交往对象所形成的一种更加深入的印象。

亲和效应主要以交往对象之间存在着某些共同之处或近似之处为基础，而这种交往对象之间存在着的某些共同之处或近似之处，若无一定时间的接触、了解，是难以发现或感觉到的。换句话说，人们在与他人初次交往时，在双方见面之初那一刹那的时间里，是不大可能发现、感觉到彼此双方之间的共同之处或近似之处的。发现、感觉到彼此双方之间的共同之处或近似之处是需要一段时间的。亲和效应的这一特征被称为间隔性。

在这段时间里，人们会与自己的交往对象保持接触，并且对对方的各种具体情况不断了解，逐步形成了较为全面的了解。总之，亲和效应是人们在与自己的交往对象经过了一段时间的交往之后才有可能出现的。由于双方在不断深入接触的过程中获取信息，故而做出的判断更为全面，较为准确。

由于种种原因，在人际交往中，人们对交往对象所产生的初始印象难免会存在某些片面、偏颇之处，况且这一印象通常还有待深化或加强，所以相对于首轮效应，亲和效应有时会更为全面，并且往往更加令人信服。

但是，亲和效应与首轮效应实际上是同一个问题的两个不同方面，并非是截然对立的。必须承认的是，人们在人际交往之中，不单首轮效应是重要的，而且亲和效应同样也是重要的。在一般情况下，首轮效应多见于初交者之间，它往往先入为主，甚至使人对交往对象产生持久的印象，因此它是人际交往的重要基础。而产生于人际交往过程之中并且持续发挥作用的亲和效应，则主要在熟识者之间的持续交往中发挥作用，它不但可以补充人们对交往对象的第一印象，有时还会对其有所修改。了解到亲和效应与首轮效应之间的这种辩证关系，就必须在人际交往中将二者同等对待，不可偏废。

（三）亲和力

亲和效应在人际交往的过程中逐渐形成之后，往往会在交往对象之间产生一种无形的凝聚力和向心力。这种交往对象因亲和效应而产生的凝聚力和向心力通常具有重大的作用。它既可以促使交往对象进一步地相互理解、相互接受，而且还可以促使交往对象相互支持、相互帮助，并且还有可能同甘共苦、风雨同舟。这种重大的作用，就是人们平常所提及的亲和力。

服务行业、服务人员与服务对象，尤其是对常来常往的服务对象形成亲和力，需要注意以下几点：

其一，待人如己。在正常情况下，人们通常都会优先考虑自己的处境。爱护自己，保护自己，善待自己，这是人类的一种共性。在服务岗位上，服务人员要使服务对象真正地感受到自己在服务工作中所表现出来的亲和力，就必须要做到待人如己。也就是说，服务人员在接待服务对象、为其提供服务时，要像对待自己一样，而不是将其视为与自己毫不相干的人。

其二，出自真心。服务人员在为服务对象服务时，还必须注意，自己对对方的友善之意要出自真心实意。切勿以假乱真，假情假意，利用对方对自己的信任去欺骗、愚弄对方。

其三，不图回报。尽管从经营的角度来说，服务行业是注重投入与产出比例的，但是这只是就总体而言。具体到服务人员的每一项日常行为，比如待人如己、亲密无间等，就不能够立即要求回报。事实上，出自真心的热情服务是难以计价、不可用金钱来衡量的。否则，它自身便失去了存在的价值。

第八节　末轮效应

在为人处世方面，中国有一句人人皆知的至理名言："善始善终。"服务人员在为服务对象提供服务的过程中，同样有必要关注这一问题。

令人感到遗憾的是，目前国内的一些服务行业和个别服务人员在服务的善始善终问题上，往往会出现一些疏漏，甚至因小失大。当服务对象光临时，他们大都会表现出热情。不仅会主动向前问候对方，对对方频频施礼，还会笑容可掬、声音柔美地介绍对方感兴趣的服务项目。有时他们甚至会为此不厌其烦，再三向对方推荐介绍，直至打动对方为止。假定他们的"热情服务"有所回报，服务对象在其"游说"之下愿意进行消费，那么自然是皆大欢喜，没有什么问题。若是服务对象对服务人员所推荐介绍的服务内容并无兴趣，尤其是在他们煞费苦心地推介之后出现了这种情况，一些服务人员可能就会勃然变色，甚至恼羞成怒，恶语相加。此类有始无终的问题在服务行业与服务人员中之所以存在，除去个别特殊的原因，从本质上讲，主要在于有关方面和有关人员尚未掌握末轮效应理论。

末轮效应理论是服务礼仪的一种重要的基础理论。在这里，"末轮"一词，是相对于首轮效应理论之中的“首轮”一词而言的。末轮效应理论的主要内容是，在人际交往之中，人们所留给交往对象的最后的印象通常也是非常重要的。在许多情况下，它往往是一个单位或某一个人所留给交往对象的整体印象的重要组成部分。有时，它甚至直接决定着该单位或个人的整体形象是否完美，以及完美的整体形象能否继续维持。

末轮效应理论的核心思想是人们在塑造单位或个人的整体形象时必须有始有终、善始善终、始终如一。该理论对有始有终、善始善终、始终如一之中的“终”字尤为强调。它认为，一个单位或个人在有意识地塑造自己良好的整体形象时，假定有始无终，便有可能前功尽弃，徒劳无益。所以，它特别主张在人际交往的最后环节，争取给自己的交往对象最后留下一个尽可能完美的印象。

由于此次交往的“最后印象”距离下一次交往最近，而且直接影响到有关交往对象在下一次交往之中的心理感受，所以有人又将末轮效应理论称为近因效应理论。这种称呼主要是为了取其最后印象亦为最近印象之意。

必须承认，在人们相互认知与彼此交往的整个过程之中，第一印象至关重要，最后印象也同样发挥着关键的作用。因此，首轮效应理论与末轮效应理论并不是对立的、矛盾的，实际上它们只不过讨论的是同一个过程之中的两个不同侧面而已。二者同等重要，绝对不宜扬此抑彼，偏废其一。

根据人际交往的一般规律，人在与其他人或其他事物的初次接触、交往中对第一印象比较重视。而当人们与其他人或其他事物进行过一段接触、交往之后，则对最后印象尤为看重。所以，服务行业与服务人员都要特别注意，在为服务对象服务的整个过程之中，如欲给对方留下完美的印象，不仅要给对方留下良好的第一印象，而且也要给对方留下良好的印象。二者缺一，便很难有完美的印象可言。

在服务过程之中，得体而周全地运用末轮效应的理论对服务行业有三个益处：

其一，有助于服务单位与服务人员始终如一地在服务对象面前维护自己的完美形象。

其二，有助于服务单位与服务人员为服务对象热情服务的善意能够真正地获得对方的认可，并且为对方愉快地接受。

其三，有助于服务单位与服务人员在服务过程中克服短期行为与短见思想，从而赢得服务对象的信任，并因此逐渐提高本单位的社会效益与经济效益。

根据服务行业目前的具体情况，服务行业与服务人员在掌握并运用末轮效应理论时，应注意以下三点：

（一）抓好最后环节

应当用心抓好服务过程的最后环节。在服务工作的一系列环节里，既然服务人员及其所提供的服务留给服务对象的最后印象在整个服务工作中举足轻重，那么服务单位与服务人员无疑都有必要从各自的角度出发，抓好整个服务过程中最后的环节。也就是说，最后印象往往来自服务过程的最后环节，要想给服务对象留下完美的最后印象，就不能够对服务过程的最后环节有丝毫的松懈或者忽略。

1. 服务单位

对服务单位而言，要抓好服务过程的最后环节，主要应该从自己的“硬件”方面着手，对处于服务过程最后环节的设备、设施以及其他有可能被服务对象接触或使用的用具、物品等，力求完善。

例如应当注意计量用具与包装用品。如果服务对象所购的商品缺斤短两，或者因为服务单位向对方所提供的包装用品质量恶劣，致使被包装物损坏，服务对象必定会因此而怨声载道。

2. 服务人员

对服务人员而言，要抓好服务过程的最后环节，主要是要使自己始终如一地在服务对象面前保持“全心全意为人民服务”的高度热情。

在整个服务过程中，服务人员对服务对象要全程热情。如果缺少了笑脸相送这重要的一环，无论存在何种客观原因，都不会让服务对象感到舒心，而只会让对方认定服务单位为其所提供的所谓“热情服务”是分量不足、偷工减料的。

特别需要服务人员注意的是，在最后环节，为全体服务对象所提供的热情服务应当是一视同仁的。如亲疏有别地对待服务对象的做法，会在无形中给对方留下非常不好的印象。

（二）做好后续服务

应当着力为服务对象做好后续服务。所谓后续服务，又叫售后服务，这里特指服务人员为服务对象所提供的直接服务结束之后，服务单位和服务人员有责任与义务，主动或应邀为服务对象提供的连带性、补充性服务。从本质上讲，服务单位和服务人员为服务对象提供必要的后续服务，既是其完善服务的一项重要内容，也是其打造市场竞争力的一项主要措施。在广大服务对象看来，后续服务完善与否，往往与他们对某一服务单位或某一服务人员的最后印象直接相关的。

依照常规，服务行业可为服务对象提供的后续服务主要包括以下几点：

1. 允许退货

在指定期限内，假定服务对象对本人预订或已购买的商品、服务不甚合意，一般可以退货。若所退之物完好无损，应予以全额退款。

2. 准予更换

倘若服务对象对自己预订或购买的商品、服务要求更换，而且对方的要求合情合理，则应当为其积极提供方便。

3. 咨询指导

咨询指导泛指服务单位利用一切行之有效的形式，就其所经营的服务内容，答复服务对象与此有关的疑问，或是向服务对象提供相关技术指导。

4. 接待投诉

一旦服务对象对服务人员的服务或是服务单位的服务产生不满而登门来访时，应对其虚心接待，并且对批评指责做到“有则改之，无则加勉”。

5. 服务热线

为了更好地服务社会，当条件成熟时，服务单位可开通直接与服务单位与服务对象进行沟通的热线电话，以求更为广泛地为社会和人民排忧解难。服务热线的电话号码应当正确无误地向全社会公布，其线路也要确保畅通无阻。

（三）着眼两个效益

在服务工作中，倡导服务人员热情为服务对象服务从根本上是着眼于服务单位社会效益与经济效益双丰收。在强调热情服务、推广热情服务的同时，完全不讲任何经济效益不但毫无必要，而且是不现实的。

但是，承认服务人员在为服务对象热情服务时不可完全不讲经济效益，并不是要服务人员唯利是图，无利不为。

服务人员必须明确，在自己的工作岗位上所面对的都是自己的服务对象。不论对方是否消费，自己都有义务自始至终为对方热情服务。自己的热情服务不应当同对方的消费行为作“等价交换”。

服务人员还须了解，自己所接待的服务对象也有一定的分别。就其消费与否，可将其分为下列四类：一是非消费者，即不可能消费的人；二是潜在消费者，即尚未有消费意图，但有可能消费的人；三是知晓消费者，即有消费意图，并且准备消费的人；四是行动消费者。即正在进行消费的人。对于这四类服务对象，服务人员在服务过程中既要同样热情，又要区别相待。

接待行动消费者时，应当细致周到。接待知晓消费者时，应当循循善诱。接待潜在消费者时，应当积极争取。接待非消费者时，则应当宣传感化。实际上，除了“行动消费者”外，其他三类消费者皆为未消费者。若服务人员一时意气用事，怠慢对方，使对方产生不佳的最后印象，则有可能降低对方转变为行动消费者的可能性。

第九节　零度干扰

相当长一段时间以来，我国的服务行业一直普遍沿袭服务人员收取了多少钱，或者支付了服务对象多少现金，一定要当场大声报出来的现象。这一做法的初衷是为了做到货款两清，避免在收支过程中出现偏差。实事求是地说，它更多是从服务行业和服务人员自身利益出发的，在实际操作中虽然方便了服务人员，却往往给服务对象平添不少的麻烦。人们在餐馆里设宴请客时，看重的主要是餐馆的档次、就餐的环境以及设宴待客这一形式本身。一般而言，对于菜肴的具体价格是不会太计较的。根据交际礼仪的常规做法，主人自然不会将宴请的实际费用对客人以实相告，客人们肯定也不会就此向主人贸然相询。

又比如一些年老体弱的人，每逢去银行取款时，尤其是支取数额较大的款项时，经常会三思而后行。他们与银行产生“隔阂”的原因在于，每当银行的工作人员将他们所要支取的现金递交给他们时，总是要例行公事般地大声询问一句：“你要取多少钱？”在答复之后，他们所要支取的现金方能到手。此时此刻，这些年老体弱者最大的担心，是工作人员的高声验证会使自己暴露财富，并因此被不法分子盯上。

凡此种种，站在服务礼仪的角度进行分析，皆可称为干扰服务对象。所谓干扰服务对象，在此主要是指，由于服务人员在服务过程之中的某些表现有意无意地扰乱了服务对象对于服务的享受，败坏了服务对象的心情，甚至因此而使服务难以正常而顺利地进行。从整体上来讲，干扰服务对象不但会挫伤对方消费的积极性，也会使服务人员的热情服务因此大打折扣。可见，要真正地提高服务质量，就必须从根本上杜绝干扰服务对象的问题。服务人员只有学习并掌握了零度干扰理论，才能真正提高自己的认识，并且在服务实践中与种种干扰服务对象的所作所为绝缘。

零度干扰理论也称作零干扰理论。它是服务礼仪的一项重要的支柱型理论。它的基本主张是服务行业与服务人员在向服务对象提供具体服务的一系列过程中，必须主动采取一切行之有效的措施，将对方所受到的一切有形或无形的干扰积极减少到所能够达到的极限，也就是要力争达到干扰为零的程度。

零度干扰理论的主旨，就是要求服务人员在服务过程中为服务对象创造一个宽松、舒畅、安全、自由、随意的环境，使对方在享受服务的过程中，尽可能地保持良好的心情，在消费时获得精神上的享受。

实践已经证明，一个社会的文明程度越高，其社会成员对于服务领域内的干扰现象便越是难以容忍。一位服务对象的文化程度越高，在其享受服务的整个过程中便越是不希望受到任何形式的干扰。

总体而言，零度干扰理论的核心，就是要使服务对象在服务过程中所受到的干扰愈少愈好。服务行业与服务人员要贯彻落实好这个理论，应注意以下三个方面：

一、创造无干扰环境

必须承认，任何一个服务场所的周边环境，或多或少地都会对服务对象构成一定的影响。在某种程度上，服务场所的周边环境实际上也是整体服务的有机要素之一。

为服务对象创造无干扰的周边环境，主要需要服务行业与服务人员注意以下几点：

（一）讲究卫生

环境卫生通常最为服务对象所看重，并且在其眼中直接与服务单位的档次、服务水平的高低相挂钩。服务对象在享受服务的过程中，如感觉到周边环境不够卫生，则必定会在内心产生抵触情绪。

注意周边环境的卫生，主要是要做到在服务单位的辖区之内，特别是在为服务对象提供服务的现场无异物、无异味。

（二）重视陈设

一家服务单位的陈设与装潢，颇有专门的讲究。它既要文明、美观，又要安全、实用。更加重要的是，它应当充分发挥吸引与方便服务对象的功能，而不应当适得其反。

例如，如果一家服务单位的房门动辄磕碰人，电梯动辄夹挤人，柜台时不时地碰人或是令人被迫绕行，地面积水或是光滑到使人经常跌跤，恐怕就会使备受干扰的服务对象望而却步了。

（三）限制噪声

从总体上看，人们大都喜欢安静的环境。在人们对服务进行选择或者享受服务的过程中，为了专心致志地挑选商品或体验，尤其希望环境安静。因此，服务行业与服务人员在为服务对象服务时，一定要将周边的噪声降到最低点。

所谓噪声一般是指在正常的环境下不应当存在的嘈杂、刺耳的有碍听觉的声响。对服务对象来讲，下列不合时宜的声响皆在有可能对其形成干扰的噪声之列：一是反复播放的广告；二是服务人员进行推销时的大声喊喝；三是服务人员私自进行的聊天；四是服务人员行动所造成的声响；五是服务过程中不应产生的物体碰撞之声；六是尖锐刺耳或过度无聊的背景音乐。

（四）注意光线与色调

在服务现场，光线的明暗与背景色彩对服务对象的消费心理都会造成一定程度的影响。

在一般情况下，光照不应当过强或过暗。假如自然光源难以符合要求，可采用人造光源进行辅助。选用人造光源，不应以之直接照射服务对象，不宜采用彩灯或闪烁的灯光。令服务对象视觉舒适，并且增强服务项目的可视性，很值得服务单位重视。

若无特殊原因，服务现场的背景色彩应以令人赏心悦目的某些单色、浅色为主，如乳白、淡蓝、浅绿，等等，都是可予优先考虑的色彩。尽量不要以杂色、艳色作为背景色的主色调。特别是轻易不要选择令人血压升高、心情烦躁的红色、黄色、橙色，或者令人恐惧颓废的黑色、灰色作为服务现场的主要背景色。

二、保持适度的距离

有不少消费者或多或少有过这样的经历：当自己高高兴兴地走进一家服务单位，准备对其服务内容进行了解、选择或是享受时，却被围上前的服务人员大大地挫伤了积极性。有些时候，那些对服务对象亦步亦趋、紧紧尾随不放的服务人员，往往会使服务对象产生反感，当即“临阵脱逃”而去。

这就表明，服务人员在自己的工作岗位上与服务对象间应保持一定的人际距离，绝对不可掉以轻心。

人际距离一般是指交往对象之间在空间上所形成的间隔，亦即交往对象之间距离的远近。在不同的场合和不同的情况下，交往对象之间的人际距离通常会有不同的要求。心理学实验证明，人际距离必须适度。人际距离过大，容易使人产生疏远之感。人际距离过小，则又会使人感到压抑、不适或是被冒犯。总之，人际距离过大或过小均为不当，它们都是有碍正常的人际交往的。

对服务人员来说，自己在工作岗位上需要与服务对象保持这样几种常规的人际距离：

（一）服务距离

服务距离，是服务人员与服务对象之间所保持的一种最常规的距离。它主要适用于服务人员应服务对象的请求，为对方直接提供服务时。在一般情况下，服务距离在 0.5 至 1.5 米为宜。至于服务人员与服务对象之间究竟是要相距近一些还是远一些，则应视服务的具体情况而定。

（二）展示距离

展示距离其实是服务距离中的一种较为特殊的情况。即服务人员需要在服务对象面前进行操作示范，以便使后者对服务项目有更直观、更充分、更细致的了解。进行展示时，服务人员既要使服务对象看清自己的操作示范，又要防止对方对自己的操作示范造成妨碍或是遭到误伤。因此，展示距离以 1 至 3 米为宜。

（三）引导距离

所谓引导距离，一般指的是服务人员在为服务对象带路时彼此之间的距离。根据惯例，在引导时，服务人员行进在服务对象左前方 1.5 米左右是最为适当的。此时，服务人员与服务对象之间相距过远或过近都是不适合的。

（四）待命距离

待命距离指服务人员在服务对象尚未召唤自己、要求自己为之提供服务时，需与对方自觉保持的距离。在正常情况下，它应当是在 3 米之外。只要服务对象视线所及，可以看到自己即可。服务人员主动与服务对象保持这种距离的目的，在于不影响后者对于服务项目的浏览、斟酌或选择。

（五）信任距离

所谓信任距离，指的是服务人员为了表示自己对服务对象的信任，同时也是为了使对方更自在地对服务项目进行浏览、斟酌、选择或体验而采用的一种距离。即离开对方而去，从对方的视线中消失。采取此种距离时，必须力戒两点：一是不要躲在附近，似乎是在暗中监视服务对象；二是不要去而不返，令服务对象在需要服务人员帮助时而找不到任何人。

除此五种距离之外，服务人员还应了解一下自己在工作岗位上的禁忌距离。禁忌距离在此主要是指服务人员在工作岗位上与服务对象之间应当避免的距离。这种距离的特点是双方身体相距过近，甚至有可能直接发生接触，即小于 0.5 米。这种距离多见于关系极为亲密者之间。若无特殊理由，服务人员不能主动采用。

三、热情服务无干扰

在工作岗位上，服务人员需要为服务对象提供热情的服务，本来这是不言而喻的，每一位服务人员对此必定都十分清楚。然而从更高一层来讲，服务人员还务必明白，对于真正为服务对象所接受的热情服务，必须把握好分寸。总体而言，真正受到服务对象欢迎的服务人员的热情服务，应该既热烈、周到、体贴、友善，又能够为服务对象提供一定的自由度，不至于使对方在享受服务的过程中受到服务人员的无意的影响。这便是向服务对象提供无干扰热情服务的本来含义。

从根本上来讲，要求服务人员在服务中不干扰服务对象，实际上就是要求服务人员在服务过程之中要谨记热情有度。

所谓热情有度，主要是指服务人员在为服务对象热情服务时，务必要把握好热情的分寸。热情总比冷漠好，主动服务总比被动服务好，这自不待言。然而什么事情都有一个度。有道是“添一分则多，减一分则少”，服务不够热情，通常会怠慢服务对象；服务热情得过了头，就会妨碍服务对象。此处所说的热情的具体分寸，即为热情有度中的“度”。热情有度中的“度”在服务过程中，主要指的是服务人员在向服务对象提供服务时，既要积极、主动，也不要因此而干扰对方。

在日常工作中，服务人员的服务不够热情与热情过度都是有害的。在目前普遍提倡服务行业热情服务的大背景之下，应当防止矫枉过正，出现热情过度的情形。热情过度实际上是一种人际交往中“热情越位”的具体表现，它不仅不合乎人之常情，而且还会使人产生一定的心理压力，甚至还会让服务对象误以为对方有逼迫、哄骗之意。

在一般情况下，服务人员要向服务对象提供无干扰的热情服务，特别注意以下三个具体问题。

（一）应注意的语言

按照惯例，服务人员在自己的工作岗位上时，除了以常规礼貌用语如“您好”“早安”“欢迎光临”“再见”等向服务对象主动致以友善的问候之外，一般不宜再说更多话语。否则就会产生负面影响，对对方形成一定的干扰。

服务人员尤其需要在语言上避免出现下列差错。

1. 不适当的征询

动辄询问服务对象：“您需要什么？”假如对方在语言、表情、动作上均无此种要求时，服务人员其实是不应该主动进行询问的。因为对方或许只是进行一般性的浏览，或许还在举棋不定，服务人员上前这么一打扰，反而会打断对方的思路，很有可能会适得其反，将对方“驱赶”走。

2. 不适当的邀请

主动邀请服务对象“进来看一看”。当一位客人在一家店铺门口驻足时，想不想进去看一看完全是其个人自由。此刻对其主动相邀，亦会扰乱对方的思绪，对对方是不够尊重的。

3. 不适当的推介

上前推荐介绍服务内容，请服务对象“试一试”“用一用”“尝一尝”。服务对象真正感兴趣的内容，自然不会轻易错过。反之，他若是对此不感兴趣，服务人员还主动上前推荐介绍的话，则有“强迫服务”之嫌。实际上，服务内容新不新，价格公道与否，服务对象对此完全是心明眼亮的。服务人员就此所言甚多，实在毫无必要。

（二）应注意的表情

在人际交往中，表情通常亦被人们视为一种信息传播与交流的载体。服务人员在为服务对象服务时，有必要对自己的表情进行适当的调控，以便更为准确、适度地向对方表现自己的热情友好之意。以下表情应注意避免：

1. 不合适的眼神

在服务过程之中，服务人员要注意自己的眼神。当服务对象在自己面前出现时，下述五种眼神皆因有可能骚扰他人而在禁止之列：一是盯着对方，似乎担心对方进行偷窃；二是打量对方，似乎对对方满怀好奇之心；三是斜视对方，似乎是在对对方挑剔不止或是瞧不起对方；四是窥探对方，似乎是在疑神疑鬼或者少见多怪；五是扫视对方，即对他人的某些部位反复注视，此举极易引起服务对象的反感，尤其是对方为异性时。

2. 不合适的笑容

在服务过程之中，服务人员还要注意自己的笑容，笑也必须笑得得体。只有在服务人员迎送客人或者为对方直接服务时，适当的微笑才是可以被接受的。服务人员躲在服务对象身后暗自发笑、几名服务人员在一起说说笑笑、服务人员在服务对象出丑露怯时不住地偷笑、服务人员在一起议论并笑话服务对象、服务人员当众莫名其妙地狂笑不止等，均为有碍服务对象的不合时宜之举。

（三）应注意的举止

服务人员在为服务对象提供服务时，要切记对自己的举止有所克制。下列四种有可能干扰对方的举止理当严禁。

（1）不卫生的举止。

（2）不文明的举止。

（3）不敬人的举止。

（4）不负责的举止。

第七章　空乘仪容规范

空中乘务人员的仪容仪貌，从微观上讲是个人形象的体现，是自尊自爱的体现，代表着个人的精神面貌和给人的第一印象；从宏观上讲是航空公司形象的标志，是公司文明服务水平和管理水平的体现。从客观上讲，仪容仪貌反映了一代公民的精神风貌和修养。

第一节　发型规范

一、女乘务员标准发型

（一）盘发

空乘人员经过修饰、高高盘起的长发会呈现出职业、端庄、优雅的一面，服务行业基本要求盘发。因头发全部束起，所以唯一可以帮助改善脸型的就是刘海了。以标准面部五官的黄金比例的“三庭五眼”为参考，前额过高或过低都可用刘海遮挡，根据整体的脸型来选择不同的斜刘海样式。面部五官比例较标准的，就可选择将刘海全部向后梳起，露出额头；头顶推高做出蓬松感，尽可展现优雅的东方女性气质。

盘发基本要求：干净、无碎发。

刘海基本要求：无碎发，不遮挡眼眉，最低处高于眉峰 1 厘米。

发髻的高矮要求：不低过后发髻线，不高过头顶平行线，具体参照各公司要求。

发髻的大小要求：与头型协调，不宜过大或小。如发量太少，还可在发髻内加入适量的黑色填充物。

（二）短发

1. 露耳式

比较中性的发式，头顶的发丝较长，直发或烫卷皆可；也可作不对称式。这是现代职场女性多选的一种发型。适合小圆脸、瓜子脸或鹅蛋脸。反之，脸颊两边宽，则不适合露耳的发型。

2. 齐耳式

发尾齐耳垂，有发尾整齐的传统妹妹头就是中心在脑袋枕骨部位的比较厚重的一种短发，也称为蘑菇头。此类发型适合多种脸型（梨型脸除外）是遮挡修饰脸型极好的选择。搭配齐刘海、斜刘海可呈现出甜美可爱的感觉；或是中分、偏分呈现出简洁大气的气质。

二、男乘务员标准发型

1. 圆头式

特点是两侧和后面头发较短，但和顶部自然衔接呈圆形，又称圆顶头或小圆头。头顶最长处为一寸，适合头发较硬、具有硬汉风格的男士，头发短而整齐。总之，圆头式看起来非常整齐、精神。也是俗称的“板寸”“圆寸”。

2. 平圆式

特点是吸取平头和圆头两者的特点综合而成，顶部呈平圆形。

第二节　妆容规范

化妆，无论在中国传统文化中还是西方礼仪规范里都是重要的礼仪呈现。日常淡雅的妆容是最基本的礼仪，也是对他人的尊重。化妆不是为了改变自己，真实而自然的妆容让人更有神采，更能突显独特的气质。尤其是职业女性在工作中有端庄优雅的妆容尤为重要。所以，学会职业妆是服务人员必备的技能。

一、乘务职业妆

在工作的状态下，乘务人员的妆容应比生活妆略浓一些，但不是为了打造光彩夺目的效果，所以仍应显得成熟、稳重。

粉底应选择一款覆遮力强又不会有厚重感的，颜色以比自己的肤色亮一到两度为佳。

眼妆部分可作为重点，先用浅色眼影提亮，再画眼线，之后再用深色眼影小面积晕染后三分之一处。眼影色彩的纯度不宜过高，以大地色系为宜，应呈现一种自然的美感。

眉形的描画也是整个妆容的关键部分，颜色不要太浓。如眉形本来就不错，那就用眉粉淡淡地描过即可。眉峰处自然柔和，太挑或太生硬都会给人距离感。

描画腮红是应从笑肌斜向上提，给人以成熟、稳重的感觉。

唇部一定要画口红，颜色选择与制服搭配，最后再涂一层薄薄的唇彩，这是为整个妆容画上完美的句号。

（一）化妆的正确顺序

标准的程序可以让我们的妆面更服帖，不易晕妆。清洁完面部之后也不要忘了用眉钳修整出干净的眉形。

化妆的标准程序如下：

（1）洁面；

（2）化妆水；

（3）精华；

（4）眼霜；
（5）面霜；
（6）防晒、隔离霜；
（7）润唇膏；
（8）粉底；
（9）眼部定妆；
（10）眼影；
（11）眼线；
（12）睫毛膏；
（13）画眉；
（14）遮瑕、提亮；
（15）口红。

（二）皮肤护理

皮肤是妆容的基础，想要画出自然清新的妆容，自然需要好的肌肤，所以皮肤的保养和护理也是尤为重要的。不管是什么样的肤质，皮肤的清洁、补水和防晒是保养的关键。

为了更好地保护自己的皮肤，正确选用适合的护肤品是关键。了解自己皮肤的性质十分重要。从医学美容的角度，皮肤分为六种类型：

1. 油性皮肤

特点是皮肤粗糙暗沉泛油光，两颊以及局部毛孔较大，与橘子表面纹理相似。油脂分泌旺盛，尤其是T区分泌油脂旺盛，可见明显油光；皮肤纹理粗糙，皮肤抵抗外界脏污能力差；易受细菌感染，油脂容易堵塞毛孔，黑头粉刺较多，容易生长痤疮；彩妆附着较为困难，皮肤分泌油脂影响彩妆的持久效果；正因为油性皮肤的自身油性封闭，皮肤不易老化，面部出现皱纹的时间较晚。

鉴定关键：观察T区油光状态和T区毛孔状态，并于洁面无护肤一小时后观察油光是否旺盛。

产品系列推荐：严重油性皮肤可选皂基洁面，护肤尽量选择清爽型啫喱状乳液和面霜，定期做好毛孔清洁例如清洁面膜，清洁后做好补水工作，维持水油平衡。

2. 中性皮肤

皮肤状态良好且稳定，肤质平滑，细腻有光泽，毛孔较小且细腻，油脂分泌适中，肤色红润、光滑、肤色均匀，且富有弹性。对外界刺激承受能力较好，皮肤衰老过程缓慢，皱纹生长较少，多出现于青春期少女的皮肤状态。皮肤随季节自我调理机能较好，冬季微干燥，夏季油性适中，皮肤状态随年龄增长变化较小。

鉴定关键：皮肤水油状态平衡，肤色均匀瑕疵较少，皮肤弹性较好，红润有光泽。洁面一小时后，皮肤自我分泌合理的水油来维持平衡状态。

产品系列推荐：氨基酸温和型洁面乳，做好基础保湿补水，定期补充脸部水油和基础抗衰老。

3. 干性皮肤

肤质平滑细腻，角质层较薄，毛孔较少，皮肤油脂分泌均匀偏少，皮肤不泛油光且肤色均匀。皮肤干燥，易紧绷，外观细腻美观且均匀，不易生痤疮。过分干燥的皮肤会向敏感性皮肤转化，皮肤容易上妆，持久能力强。干性皮肤抵抗能力较差，易受外界影响造成不适，如太阳暴晒、皮肤外界环境的冷热交替等都会给干性皮肤带来不适感或刺痛灼烧感。皮肤易老化，眼纹、法令纹易生长。

鉴定关键：皮肤干燥紧绷无光泽，界面一小时后皮肤分泌油脂较少却仍有紧绷不适感，皮肤易干燥起皮，容易引起干燥性刺痛。

产品系列推荐：滋润型洁面，氨基酸温和洁面，护肤系列产品应选择温和滋润型，夏季应选择滋润型防晒，保护皮肤屏障，补水面膜，护肤油应常备。

4. 混合性皮肤

同时存在油性状态和干性状态的皮肤。一般在 T 区为油性状态，毛孔粗大，油脂分泌旺盛，易发生痤疮等细菌感染，而 U 区呈现出中干性皮肤的特征。

鉴定关键：肤色不均，皮肤状态不稳定，水油分区不平衡，易受外界环境影响。

产品系列推荐：定期做好 T 区清洁，使用清洁面膜吸附毛孔脏污，U 区做好滋润护肤，夏季应使用清爽型防晒。

5. 敏感性皮肤

皮肤角质层很薄，皮肤状态不稳定，皮脂分泌较少，较干燥，皮肤泛红且瘙痒，对外界刺激反应敏感，对温度变化敏感，出现红肿灼热。对太阳晒、蚊虫叮咬、抚摸较为敏感，引起原因有多种，例如使用含有激素的化妆品护肤品，长期皮肤干燥，使用酒精含量高的护肤品，化妆品等。

鉴定关键：皮肤红、肿、痒，皮肤时好时坏，状态不稳定，冷热交替则皮肤红肿明显，晒后红肿状态突出。

产品系列推荐：温和型氨基酸洁面。如皮肤状态为干型敏感，应使用乳状温和洁面，使用含有角鲨烷、神经酰胺、寡肽等修复成分的产品，增厚皮肤角质层，一年四季都要做好防晒，选择无酒精的护肤产品，选择敏感肌专用品牌护肤，选择有效的护肤修复精华，并简化护肤步骤，切记不可过度清洁去角质，减少面膜使用频率。

6. 问题性皮肤

皮肤有黄褐斑，红肿不稳定，痤疮较多且皮肤敏感、草莓鼻等状态不稳定的皮肤为问题性皮肤。

鉴定关键：有上述关键词之一即可称为问题性皮肤。

（三）护肤品的选择

（1）建议在确定肤质后有针对性地挑选相应的护肤品，并先试用一周为佳。

（2）任何肤质都应注意防晒，长期的日晒会导致晒斑出现或增加。

（3） 任何肤质都应注意补水，油性皮肤、皮肤泛油，缺水也是原因之一。

（四）日常生活妆

妆容特点：做好防晒和保湿的底妆，粉底要以轻薄为宜，眼妆要自然清新。

1. 眉毛

眉毛是整个妆面的重点，也是凸显个性的重点。建议颜色不要太深，眉形的选择也应该适合自己的脸型，自然的大拱眉适合多种脸型，而直线眉更适合下颚较窄的鹅蛋脸和瓜子脸。

2. 眼影

眼影不宜画得太浓，最好选用柔和的大地色系。应突出睫毛的描画，如睫毛浓密，眼线画与不画均可。眼线不宜过长、过挑。

3. 腮红

腮红颜色应和口红同一色系，可以让妆面看起来更统一，腮红晕染面积不宜太大、太深。

4. 唇妆

它也是妆面的点睛之笔，生活妆的口红颜色不宜太深，轮廓自然柔和。这也是可以将脸色衬托得更好看、更健康的方法之一。

5. 发型

头发要干净，色彩适宜，造型适合出行的场合。

（五）社交妆容

社交妆也称晚装或宴会妆。由于晚间社交活动一般都在灯光下进行，所以妆容可以较浓一些。如果妆色清淡，就很难呈现立体的效果。因此，晚妆的眉眼唇的色彩可重一些。眼影色彩尽可能丰富漂亮，眉毛、眼形、唇形也可做些适当的修正，使人更显得光彩迷人。

1. 眉妆

可加强眉的色调，提高眉峰，增强面部立体感。

2. 眼妆

在日妆的眼影基础上扫上深色眼影。日妆眼影已使用深色，这里加重眼线的描画，不会弄花眼妆。在手法上，加深眼影应从眼部后三分之一处开始，用扩散的方法晕染开，晕染小烟熏眼妆的效果。

3. 腮红

腮红加深，改为较深的红色，这样可以增加脸部的立体感，迎合整体妆容的时尚基调。

4. 唇妆

改用颜色较深的口红，突出唇部线条，更具时尚感。

5. 发型

可将盘起的头发散开一部分，后脑的头发向上自然挽起固定，耳朵处的头发仍然垂下，切记不要忘了在包里带上粉饼、口红和喷雾水，注意定时补水补妆。

第三节　服装规范

关于日常穿着服装的选择，不能完全根据个人的喜好或他人的愿望，而是将时间、地点、场合的“TPO 原则”作为选择的标准。“TPO 原则”是有关服装礼仪的基本原则之一。“TPO 原则”即着装要考虑到时间“time”，地点“place”，场合“occasion”。其中 T、P、O 三个字母分别是英文时间、地点、场合三个单词的缩写。

一、职业装

职业装也称正装，是应职场的需要而特别定制的服装。一般公司会结合行业特征、企业文化选择服装的色彩、面料、款式进行搭配，最终选择能展现公司形象的职业服装。

穿着职业服装能增强员工的责任感、自豪感和职业使命感。着装得体不仅是对服务对象的尊重，也是敬业、乐业的具体表现。规范穿着职业服装的要求是整齐、清洁、挺括、大方。

（一）整齐

正装必须合身，袖长至手腕，裤长至脚面，裙长过膝盖；衬衫的领围以插入一指大小为宜，裤裙的腰围以插入一掌为宜。不能挽袖，不能卷裤，不能漏扣，不能掉扣；领带、领结、丝巾与衬衫领口要吻合，不系歪；如有工号牌或标志牌，要佩戴在左胸正上方。如有配帽子与手套，在室外也要按要求整齐佩戴。

（二）清洁

衣服、裤子或裙装无污垢、无油渍、无异味，领口与袖口处尤其要保持干净、挺括。

衣服、裤子或裙装不起皱，穿前要烫平，穿后要挂好，做到上衣平整、裤线笔挺。

（三）大方

款式简练、高雅，线条自然流畅，便于接待。

二、休闲装

休闲装是日常生活中所穿着的服装，俗称便装。它是人们在无拘无束、自由自在的休闲生活中穿着的服装，将自己的个性展示于人前。休闲服装一般可以分为：牛仔休闲、前卫休闲、运动休闲、浪漫休闲、古典休闲、民俗休闲和乡村休闲等。总之，凡有别于严谨、庄重的服装，都可称为休闲装。

（一）牛仔休闲装

牛仔装是美国西部的工人装，是 20 世纪的奇迹，已经成为今天世界上第一流行装，而且追求洗旧感、二手感，牛仔服搭配纯棉材质 T 恤已是休闲装中的主力之一。

（二）前卫休闲装

运用新型质地的面料，风格偏向未来型，材料选用闪光面料、透明材质加以铆钉等，是对未来穿着的想象。

（三）运动休闲装

具有明显的功能作用，色彩纯度高，给人以充满活力的感觉。它以良好的舒适度、功能性和运动感占据当今时尚潮流的前列。

（四）浪漫休闲装

凭借柔和的线条、变化丰富的浅淡色调、宽松、超大的形象，营造出一种清新的氛围和浪漫的格调。

（五）古典休闲装

提取古典服装元素，强调面料的质地和精良的剪裁，展示典雅端庄的感觉。

（六）民俗休闲装

巧妙地运用民俗图案，选用蜡染、扎染、泼染、刺绣等工艺呈现，使服装具有浓郁的民俗风情。

（七）乡村休闲装

自然、自在的着装风格，服饰裁剪随意、舒适、宽松。用手感粗犷而自然的材料如麻、棉、皮革等制作服装，是人们返朴归真、崇尚自然的真情表达。

（八）商务休闲装

既可摆脱平日标准、规范的职业装，又可以用于日常工作的需要，一般配合 POLO 衫、开衫、休闲款西裤、休闲皮鞋等。

三、礼服

礼服是正式宴会场合的着装，是参加晚宴、婚礼、祭礼等郑重或隆重仪式时所穿的服饰。当然也可穿着和自己民族、职业相符的军礼服、民族礼服等。礼服主要根据穿着时间、场合的不同，划分为晨礼服、晚礼服、婚礼服、鸡尾酒会服等种类。

女士礼服比男士礼服的风格造型、色彩装饰、面料配饰都更为丰富多彩，也是晚宴的亮点。女士礼服以日间修身的套装、夜晚露肩的裙装为主，晚礼服使用闪光点缀布料，同样着重装饰品的配搭。

（一）晨礼服

晨礼服也称为常礼服。女士常礼服一般为上衣与裙子质料、颜色相同的套装裙，一般以长袖为多。像外观端庄、郑重的套装均可作为晨礼服，也可以是单件连衣裙，还可戴帽子和手套，一定要携带一只小巧的手包或挎包。晨礼服主要在白天穿，适用于参加在白天举行的庆典、茶会和婚礼等。通常有优雅、端庄和含蓄的特点，多采用毛、棉、麻、丝绸或有丝绸感的面料。

男士穿着正式的西装搭配领带，如平驳领、圆角下摆的单排扣西装，枪驳领圆角下摆的单排扣西装，方角下摆的双排扣西装。

（二）小礼服

女士小礼服以小裙装为基本款式，具有轻巧、舒适、自在的特点。小礼服的长度一般在膝盖上下 5 厘米，但也会因不同时期的服装潮流和本土习俗而变化，是适合众多礼仪场合的服装。小礼服采用高档的衣料以及贴身的剪裁设计，展现女性的曲线美。

（三）大礼服

女士以大开领、充分露肩、无袖的落地长裙为特点。正式的大礼服裙长应坠地，多以绸缎、蕾丝等为面料，搭配成套的宝石、珍珠饰品，有光泽的华丽手包，如配搭手套则应到肘关节以上。

男士大礼服或称燕尾服，是最能够修饰身材的礼服种类，特色是前短后长，前身长度于腰际，后摆拉长，可变现出修长的双腿，并有收缩腰身的效果。燕尾服是正式礼服的一种，在晚间 6 点以后穿着。燕尾款式的礼服除了要配上马甲，也可以搭配胸针和领巾，以增加正式感。

四、女士内外衣搭配

选择内衣除了适合自己的身型以外，还应注意在不同的场合搭配适当的外衣。如果能结合外衣的设计、质料和穿着场合，就能体现穿衣者的品位和修养。

（一）搭配制服、正装

由于穿着正装多为工作环境，因此内衣的选择更为重要，选择裸色、光面、无痕、带有泡沫的内衣为佳，也可选择背心式无痕内衣；纯棉的无痕平角裤或全束身衣。特别是配搭白色衬衣更要注意选择内衣的颜色，以不凸显女性特点为宜。

（二）搭配贴身裙装

选择光面材质，无蕾丝、绣花；色彩与外衣相近，选择同色系的配衬可使内衣与外衣相得益彰，有浑然一体的感觉。

（三）搭配旗袍

旗袍较贴身型、突出线条，因而内衣的选择更不可忽视。一定选择光面、无花纹的文胸和无痕内裤。

（四）搭配 T 恤与牛仔裤

穿着 T 恤或针织衣物时，身体的线条会特别明显，因此营造自然的胸部线条尤其重要。最好选择光面的内衣和无痕内裤。

（五）搭配运动装

为配合运动时幅度较大的动作，运动服装讲究的是舒适与活动性，可直接选择无钢圈运动内衣。

五、首饰

首饰原指男女戴在头上的装饰品，现专指人们的头饰、耳环以及项链、戒指、手镯等。那么我们为什么要佩戴首饰呢?

（一）佩戴首饰的作用

（1）具有装饰美化作用：用金银、珍珠、翡翠或人工合成材料制作的耳钉、耳环、耳坠、项链、手链、胸针、手镯、戒指等，可美化个人的形象。

（2）具有功能性的作用：除装饰外，还有实用性，如女士的丝巾扣、发簪，男性的领带夹和袖扣等。

（3）具有表现个性的作用：选购和佩戴的首饰能反映出一个人的气质和风度。通过这些首饰，可以判断出一个人的兴趣、爱好、文化素质、职业、年龄和经济状况等。

（4）具有纪念意义：包括各种诞生石首饰、订婚戒指、结婚戒指和玉雕龙凤情侣花件等。

（二）佩戴戒指的意义

戒指是一种戴在手指上的饰品。材料可以是金属、宝石、塑料、木或骨质等。有史以来，戒指被认为是爱情的信物。按西方的传统习惯来说，左手显示的是上帝赐给你的运气，它是与心相连的，所以通常戒指是戴在左手的。在古罗马，戒指也作为印章，是权力的象征。

戴在左手中指一般是表示恋爱中；无名指表示订婚或已婚；小指则表示独身或不婚族等。还有，大的装饰性戒指，无论你佩戴在哪根手指都只具备装饰的意义。

（三）女乘务员首饰要求

每只手只允许佩戴一枚设计简洁的金、银或宝石戒指，宝石不宜过大，不超过 1 克拉。也不能佩戴手链及夸张的项链、耳环。具体细节根据各公司要求的不同而稍有差异。

（四）男乘务员首饰要求

允许佩戴戒指宽度不超过 4 毫米的金、银或钻石细戒指一枚，颈部可佩戴一条纯金或银的不超过 3 毫米的项链，不能有坠饰，不能佩戴耳钉、手链等。

（五）首饰保养方法

首饰保养的共性法则：轻拿轻放，减少碰撞与摩擦，经常检查，定期保养，防止宝石脱落。

第四节　手表

手表又称腕表，即佩戴在手腕上的用以计时的工具。在正规的社交场合，手表往往被视同首饰，对于平时只有戒指一种首饰可戴的男士来说，手表更是备受重视。在当今社会，手表、皮带和皮鞋已然成为男性品位的象征。

与首饰相同，在社交场合，人们所戴的手表往往是地位和身份的象征。因此在人际交往中，人们所戴的手表尤其是男士所戴的手表，大都引人瞩目。

乘务人员手表佩戴要求：在穿着制服时，必须佩戴走时准确的三针手表。手表的设计以简单为宜，须体现乘务员的成熟气质。表盘宽度女乘务员不得超过 2 厘米；男乘务员不得超过 4 厘米。表带以金属的金银色为宜，不得佩戴形态夸张的手表。

第五节　女式皮包

包是我们生活中的必备品，除了具有存放随身物品的功能，也能体现一个人的生活品位及身份、地位和个性等。一个精致的人会懂得让它成为点睛之笔。与服装、饰品一样，包也需要搭配。

一、包与服装的搭配

（一）职业装搭配

面料最好是真皮的，以牛皮和羊皮为最佳，单肩包、肘挎包和手提式都可以，包上的装饰风格以简洁、干净为佳，色彩以黑色为百搭。

（二）休闲装搭配

没有太多的讲究，面料、款式、色彩上的选择很多，可充分地展现自己的个性。重点是配合服装的色彩与风格。

（三）晚装搭配

与晚装搭配最佳的是手拿包。手拿包的款式有很多，如串珠、蟒蛇皮、鲜艳色彩、提花布面以及丝或缎面的都会为晚装起到点睛作用。

二、包与服装的色彩搭配技巧

（一）同色系搭配法

包与衣服呈同色系深浅的搭配方式，可以营造出和谐统一的感觉。例如蓝色套装裙搭配深蓝色手包和深蓝色单鞋。

（二）对比色搭配法

包与衣服的色彩可以选择强烈的对比色，这将会是一个非常亮眼的搭配方式。例如白色套装搭配黑色腰带和黑色皮包、黑色高跟鞋。

（三）多色系搭配法

包的颜色可选择多色服装中的一个颜色，例如米黄色底、浅驼色、绿色、黑色、深棕色印花套装可配搭深棕色包和深棕色高跟鞋。

三、皮包的日常保养

（1）使用新包前先在表面上打一层蜡以助于防尘。皮包角是最易损伤的部位，可以在此处涂上无色指甲油，以防止皮包擦伤。

（2）不用的包要塞上一些纸以防止变形，使其经久耐用。不建议每天使用同一个包，用过一天后可让它休息一两天。

（3）皮包接触汗水或受强烈阳光照射后易变色。真皮包要经常擦油、打蜡，还应避免使用鞋油，以防伤害皮包。

（4）避免沾水和湿气。

（5）真皮皮包不用时，最好置于棉布袋中保存，不要放入塑料袋里，因为塑料袋内空气不流通，会使皮革因过干而受损。

（6）不能在强光下照射，以防油脂被烤干，导致皮革硬化脆裂。

（7）如果碰到雨水，应及时抹干或放在通风处晾干，以防发霉。

（8）当真皮包发霉后，用柔软的擦布擦干，再打上碧丽珠等护理剂。

（9）皮包附件金属的保养，应在使用后以干布擦拭。如遇微氧化，可试以面粉或牙膏轻轻擦金属物件即可。

（10）漆面皮革一般只需用软布料擦拭即可。

第六节　皮鞋

"永远不要相信一个穿着破皮鞋和不擦皮鞋的人。"这是华尔街的一句俗语，在这个讲究品位细节的时代，一个不注重外表细节的人，不会是一个成功者！

一、男士正装皮鞋的搭配

精致的男士懂得，绅士风度始于足下。穿鞋的艺术是不求有功、但求无过，鞋子应该与全身的服饰浑然一体，而不是让人家第一眼就看到你的鞋。要想体现正装穿着，穿系带的牛津皮鞋是再基本不过的了。牛津皮鞋是英国牛津大学的学生反对穿靴子而发明的皮鞋，是低

于脚踝的系带正装皮鞋。（如图 7-1）

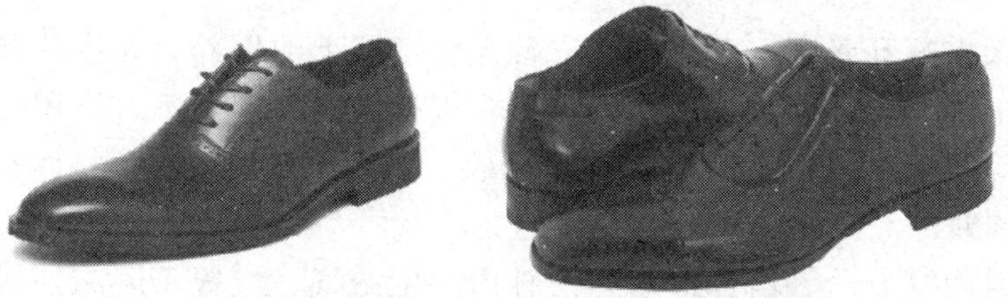

图 7-1

皮鞋的颜色应比衣服更暗一些。浅色的皮鞋或袜子会把他人的视线吸引到脚部，如果这是你的目的，也可这样选择。深海蓝色或灰色套装搭配棕色或黑色皮鞋，棕色调的套装配棕色皮鞋。较难搭配颜色的套装最好穿深棕色皮鞋，这样就不会出错了。搭配制服如无特殊规定，一般选择黑色皮鞋，不可选择漆皮皮鞋。

裤长为裤脚刚好盖住鞋面最适宜。皮鞋跟为 3 厘米最为适宜。系好鞋带，鞋带的剩余部分不宜太长。

二、女士正装皮鞋的搭配

搭配正装一定选择鞋面简洁的，不要有太多装饰，注意选择鞋头的形状，根据东方人的脚型选择。建议选择以方偏圆形鞋头为佳。穿平底鞋与高跟鞋走路的感觉是完全不一样的。一旦穿上高跟鞋，身体的重心就从脚跟过渡到前脚掌，感觉也会不由自主地挺拔起来。鞋跟的高度以 5 ~ 7 厘米为宜，最高不超过 12 厘米。最好选择一双内外全真皮的鞋，羊皮为最佳。这样会给脚提供足够的呼吸空间，穿着舒适，也很有质感。

皮鞋颜色可以和套装同一色系，或比服装深一点。如果搭配深色正装，不管是裙装还是裤子，一双黑色高跟皮鞋是绝对不会出错的。搭配浅色短裙套装，一双裸色皮鞋也是百搭的，可以延伸腿部的线条。

三、空乘制服皮鞋的选择

一般航空公司会统一配搭制服鞋，国内航空公司一般选择方头、粗跟皮鞋（如图 7-2 所示）。鞋跟高度在 5 厘米左右，还会配搭一双平底的工作鞋在机舱内使用。国外部分航空公司也会选用尖头高跟皮鞋，色彩会和制服搭配。

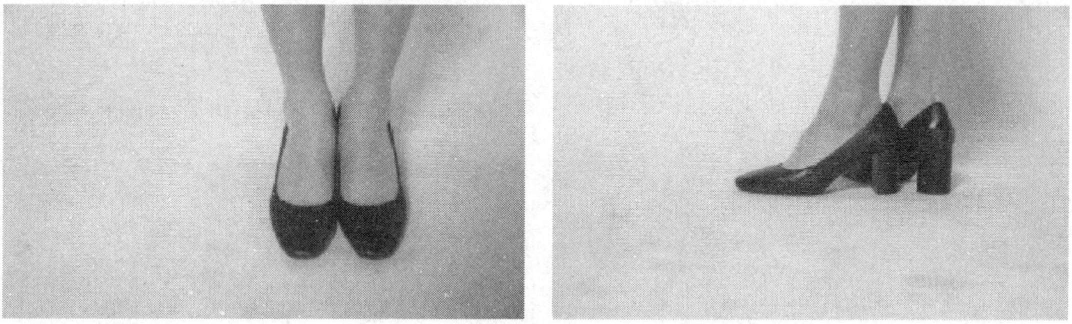

图 7-2

四、皮鞋的保养

（1）不要每天重复穿着同一双皮鞋，皮鞋需要定期上油保养，先用软布或专用擦鞋布擦掉鞋上的尘垢。上油时应轻而均匀地用力，不要损伤鞋面，鞋面不宜堆积鞋油；上油后，不要马上擦拭，需等 5~10 分钟，让皮面充分吸收、滋润，然后轻轻擦拭抛光，皮鞋就会光亮如新了。上油的同时加一滴醋，皮鞋会越擦越亮。

（2）皮鞋长时间穿着后，脚部汗水易使鞋内产生湿气，应置于阴凉处，吹吹风以防止滋生细菌。必要时可放在有阳光而无直射的地方晾 30 分钟左右，这样杀菌效果比较好。

（3）注意穿着的场地。穿着皮鞋时尽量避免在不平的路上行走。特别是真皮底皮鞋，一定绕开水坑、石子路等路段。这些路面对鞋子损害很大，会缩短皮鞋的使用寿命。

（4）储藏皮鞋要注意存放地点。要避免放置在靠近酸、碱、油等物质的地方，防止表层被化学物质侵蚀，影响美观及使用寿命。长时间不穿的皮鞋应先将适量而柔软的纸团填充于鞋内，也可以用鞋撑，以避免皮鞋变形；再装入鞋袋放置在鞋盒内，放在阴凉干燥通风处保存，可再放入防潮剂，避免在潮湿环境下皮鞋发霉和出现皱纹。

第八章　空乘礼仪规范

第一节　日常礼仪规范

一、站姿

站姿是静态造型的动作，优美、典雅的站姿是塑造人的不同质感美、动态美的起点和基础，能衬托一个人美好的气质和风度。

（一）标准站姿

（1）身体舒展直立，重心线穿过脊柱落在两腿中间，足弓稍偏前处并尽量上提。

（2）精神饱满，面带微笑，双目平视，目光柔和有神，自然亲切。

（3）脖子伸直，头向上顶，下颚略回收。

（4）挺胸收腹，略为收臀。

（5）双肩后张下沉，两臂于裤缝两侧自然下垂，手指自然弯曲，或双手轻松自然地在体前交叉相握。

（6）两腿肌肉收紧直立，膝部放松。女性站立时，脚跟相靠，脚尖分开约 45 度，呈“V”字形；男性站立时，双脚可略为分开，但不能超过肩宽。

（7）站累时，一只脚可向后撤半步，身体重心移至后脚，但上体必须保持正直。

根据以上标准站姿的要求，男性的标准站姿是：身体立直，挺胸抬头、下颌微收、双目平视、两膝并严、脚跟靠紧，脚掌分开呈“V”字形。挺髋立腰、吸腹收臀、双手置于身体两侧自然下垂；或者是两腿分开，两脚平行，双腿分开的距离不能超过肩宽，双手在身后交叉，右手搭在左手上，贴在臀部。

女性的标准站姿是：双脚成“V”字形，并且膝和脚后跟尽量靠拢，或一只脚略向前，一只脚略向后，前脚的脚后跟稍稍向后脚的脚内侧靠拢，后腿的膝盖向前腿靠拢。

（二）站姿分类

1. 正规站姿

正确的礼仪站姿应是抬头、目视前方、挺胸立腰、肩平、双臂自然下垂、收腹、双腿并拢直立、脚尖分呈“V”字形、身体重心放到两脚中间；也可两脚分开，比肩略窄，将双手合起，放在腹前或背后。

2. 男士背手站姿

即双手在身后交叉，右手放在左手外面，贴在两臀中间。两脚可分开也可并列，分开时，不得超过肩宽，脚尖展开，两脚夹角成 60 度，挺胸立腰，收颔收腹，双目平视。这种站姿优美中略带威严，但易产生距离感，所以一般用于门卫和保卫人员。如果两脚改为并立，则突出了尊重的意味。

3. 女士叉手站姿

即两手在腹前交叉，右手搭在左手上直立。这种站姿，男性可以两脚分开，距离不超过 20 厘米。女性可以用小丁字步，即一脚稍微向前，脚跟靠在另一脚内侧。除保持正确的站姿外，男性两脚分开，比肩略窄，将双手合起放于腹前；女性双腿并拢，脚尖分呈“V”字形，双手合起放于腹前。这种站姿端正中略有自由，郑重中略有放松。在站立中身体重心还可以在两脚间转换，以减轻疲劳，这是一种常用的接待站姿。

4. 男士背垂手站姿

即一手背在后面，贴在臀部；另一手自然下垂，手指自然弯曲，中指对准裤缝，两脚可以并拢也可以分开，也可以成小丁字步。男性多用这种站姿，显得大方、自然、洒脱。

（三）错误站姿

正确的站姿，可以让身体各个关节受力均匀，不会让某些特定的关节承担大部分的重量。然而不良的站姿则会影响到体内的血液循环，可能会压迫内脏，导致消化不良。不管在形体上，还是在外貌上，不良的站姿都会对人体产生消极的影响。

1. 弯腰驼背

在站立时，一个人如果弯腰驼背，除去其腰部弯曲、背部弓起之外，通常还会同时伴有颈部弯缩、胸部凹陷、腹部凸出、臀部撅起等一些其他的不良体态。这种姿态显得一个人缺乏锻炼、无精打采，甚至让人认为健康状况不佳。

2. 手位不当

在站立时，必须注意以正确的手位去配合站姿。若手位不当，则会破坏站姿的整体效果。站立时手位不当主要表现在：一是双手抱在脑后；二是用手托着下巴：三是双手抱在胸前；四是把肘部支在某处；五是双手叉腰；六是将手插在衣服或裤子口袋里。

3. 脚位不当

在正常情况下，“V”字步、“丁”字步或平行步均可采用，但要避免“人”字步和“蹬踩式”。“人”字步也就是“内八字”步；“蹬踩式”指的是在一只脚站在地上的同时，把另一只脚踩在鞋帮上，或是踏在其他物体上。

4. 半坐半立

在正式场合，必须注意坐立有别。该站的时候就要站，该坐的时候就要坐。在站立之际，绝不可以为了贪图舒服而擅自采用半坐半立之姿。当一个人半坐半立时，不但样子不好看，而且还会显得过分、随便。

5. 身体歪斜

站立时身体不能歪歪斜斜。若身躯明显地歪斜，如头偏、肩斜、腿曲、身歪，或是膝部不直，不但直接破坏了人体的线条美，而且还会使自己显得颓废消沉、萎靡不振。

（四）站姿训练方法

正确的站姿能通过学习和训练而获得。通过理论学习后，我们还要在生活中加以训练。利用每天空闲的时间练习 20 分钟左右，效果将会非常明显。

1. 贴墙直立（九点靠墙法）

背着墙站直，全身背部紧贴墙壁，然后后脑勺、肩、腰、臀部及脚后跟与墙壁间的距离尽可能减少，让你的头、肩、臀、腿之间纵向成直线。

2. 头顶书本

也就是把书放在头顶上行走，不要让它掉下来。那么你会很自然地挺直脖子，收紧下巴，挺胸挺腰。

要拥有优美的站姿，就必须养成良好的习惯，长期坚持。站姿优美，身体才会得到舒展，且有助于健康；若看起来有精神、有气质，那么别人能感觉到你的自重和对别人的尊重，并容易引起别人的注意力和好感，有利于社交时给人留下美好的第一印象。

二、坐姿

（一）标准坐姿

（1）入座要轻而稳，女士着裙装要先轻拢裙摆，而后入座。

（2）面带笑容，双目平视，嘴唇微闭，微收下颌。

（3）双肩平正放松，两臂自然弯曲放在膝上，也可放在椅子或沙发扶手上。

（4）立腰、挺胸、上体自然挺直。

（5）双膝自然并拢，双腿正放或侧放。

（6）至少坐满椅子的 2/3，脊背轻靠椅背。

（7）起立时，右脚向后收半步而后起立。

（8）谈话时，可以侧坐，此时上体与腿同时转向一侧。

（二）坐姿分类

1. 正襟危坐

上身与大腿、大腿与小腿、小腿与地面，都应当成直角。双膝双脚完全并拢。这种坐姿是最基本的坐姿，适用于最正规的场合。

2. 前伸后屈

大腿并紧之后，向前伸出一条腿，并将另一条腿屈后，两脚脚掌着地，双脚前后要保持在同一条直线上。这种坐姿是适用于女性的一种优美的坐姿。

3. 垂腿开膝

上身与大腿、大腿与小腿都成直角，小腿垂直于地面。双膝分开，但不能超过肩宽。这种坐姿较为正规，多为男士所使用。

4. 大腿叠放

两条腿的大腿部分叠放在一起，叠放之后位于下方的一条腿垂直于地面，脚掌着地。位于上方的另一条腿的小腿则向内收，同时脚尖向下。这种坐姿多适用男士在非正式场合采用。

5. 双腿叠放

将双腿完全地一上一下交叠在一起，交叠后的两腿之间没有任何缝隙，犹如一条直线。双腿斜放于左或右一侧，斜放后的腿部与地面呈 45 度角，叠放在上的脚尖垂向地面。这种坐姿适合于穿短裙子的女士采用。

6. 双腿斜放

双膝先并拢，然后双脚向左或向右斜放，力求使斜放后的腿部与地面呈 45 度角。这种坐姿适用于穿裙子的女士在较低处就座使用。

7. 双脚内收

两大腿首先并拢，双膝略打开，两条小腿分开后向内侧屈回。在一般场合采用，男女都比较适合。

8. 双脚交叉

双膝先要并拢，然后双脚在踝部交叉。交叉后的双脚可以内收，也可以斜放，但不宜向前方远远直伸出去。这种坐姿适用于各种场合，男女都可选用。

（三）坐姿训练方法

面对镜子，按坐姿基本要领，着重脚、腿、腹、胸、头、手部位的训练，体会不同坐姿，纠正不良习惯，尤其注意起坐、落座练习。每次训练 20 分钟（应坚持每天一次）。

训练时可以配上优美的音乐，放松心情，减轻单调、疲劳之感。女性穿半高跟鞋进行训练，以强化训练效果。利用器械训练，增强腰部、肩部力量和灵活性，进行舒肩展背动作练习。

三、走姿

走姿是人体所呈现出的一种动态，是站姿的延续。走姿是展现人类动态美的重要形式，正确的走姿能走出风度、走出优雅、走出美来，更能显示出一个人的活力与魅力。

（一）标准走姿

正确的走姿应当身体直立、收腹直腰、两眼平视前方，双臂放松在身体两侧自然摆动，脚尖微向外或向正前方伸出，跨步均匀，两脚之间相距约一只脚到一只半脚，步伐稳健，步履自然，要有节奏感。起步时，身体微向前倾，身体重心落于前脚掌，行走中身体的重心要随着移动的脚步不断向前过渡，而不要让重心停留在后脚，并注意在前脚着地和后脚离地时伸直膝部。步幅的大小应根据身高、着装与场合的不同而有所调整。

（二）走姿分类

1. *男士走姿*

走路时要将双腿并拢，身体挺直，双手自然放下，下巴微向内收，眼睛平视，双手自然垂于身体两侧，随脚步微微前后摆动。双脚尽量走在同一条直线上，脚尖应对正前方，切莫呈内八字或外八字，步伐大小以自己脚部长度为准，速度不快不慢，尽量不要低头看地面。正确的走路姿态会给人一种充满自信的印象，同时也给人一种专业并值得信赖的感觉，让人赞赏。因此走路时应该抬头、挺胸、精神饱满，不宜将手插入裤袋中。走路时，腰部应稍用力，收小腹，臀部收紧，背脊要挺直，抬头挺胸，切勿垂头丧气。气要平，脚步要从容和缓，要尽量避免短而急的步伐，鞋跟不要发出太大声响。上下楼梯时，应将整只脚踏在楼梯上，如果阶梯窄小，则应侧身而行。上下楼梯时，身体要挺直，目视前方，不要低头看楼梯，以免与人相撞。此外，弯腰驼背或肩膀高低不一的姿势都是不可取的。走路时如果遇到熟人，点头微笑招呼即可，若要停下步伐交谈，注意不要影响他人的行进。如果有熟人在你背后打招呼，千万不要紧急转身，以免紧随身后的人应变不及。

2. *女士走姿*

上半身不要过于晃动，应自然而又匀速地向前迈进。这样的走路姿态不急不缓，给人如沐春风的感觉，可谓仪态万千。女士走路时，手部应在身体两侧自然摇摆，幅度不宜过大。如果手上持有物品，如手提包等，应将大包挎在手臂上，小包拎在手上，背包则背在肩膀上。走路时，身体不可左右晃动，以免妨碍他人行动。女性在走路时不宜左顾右盼，经过玻璃窗或镜子前，不可停下梳头或补妆，还要注意不要三五成群、左推右挤、一路谈笑。这样不但碍他人行路顺畅，而且看起来也不雅观。在行进过程中，如果有物品遗落地上，不要马上弯腰拾起。正确的姿势是，首先绕到遗落物品的旁边，蹲下身体，然后单手将物品捡起来，这样可以避免正面领口暴露或裙摆打开等不雅观的情况出现。一些女性穿高跟鞋走路时，鞋底经常发出踢踏声，这种声音在任何场合都是不文雅的，容易干扰他人。特别是在正式的场合，以及人较多的地方，尤其注意不要在走路时发出太大的声响。

（三）走姿训练方法

（1）在地面上画一条直线，行走时手部掐腰，上身正直，双脚内侧踩在线上，行走时按要求走出相应的步位与步幅。可以纠正行走时摆胯、送臀、扭腰以及“八字步态”、步幅过大或过小的毛病。训练时配上行进音乐，音乐节奏为每分钟 60 拍。

（2）头部顶书本行走，进行整体平衡练习。重点纠正行走时低头看脚、摇头晃脑、东张西望、脖颈不正、弯腰弓背的毛病。

（3）进行原地摆臂训练。站立，两脚不动，原地晃动双臂，前后自然摆动，手腕进行配合，掌心要朝内，以肩带臂，以臂带腕，以腕带手，纠正双臂横摆、同向摆动、单臂摆动、双臂摆幅不等的现象。

（4）对镜子行走，进行面部表情等的整体协调性训练。

（5）训练时可以配上优美的音乐，放松心情，减轻单调、疲劳之感。女性穿半高跟鞋进行训练，以强化训练效果。

四、蹲姿

蹲姿是人在处于静态时的一种特殊体位。蹲姿要领：下蹲时一脚在前，一脚在后，两腿向下蹲，前脚全着地，小腿基本垂直于地面，后脚脚跟提起，脚尖着地。女性应靠紧双腿，男性则可适度将其分开。臀部向下，基本上以后腿支撑身体。

（一）标准蹲姿

（1）下蹲拾物时，应自然、得体、大方，不要遮遮掩掩。

（2）下蹲时，两腿合力支撑身体，避免滑倒。

（3）下蹲时，应使头、胸、膝关节在一个角度上，使蹲姿优美。

（4）女士无论采用哪种蹲姿，都要将腿靠紧，臀部向下。

（二）蹲姿分类

1. 交叉式蹲姿

在实际生活中常常会用到蹲姿，如集体合影前排需要蹲下时，女士可采用交叉式蹲姿，下蹲时右脚在前，左脚在后，右小腿垂直于地面，全脚着地。左膝由后面伸向右侧，左脚跟抬起，脚掌着地。两腿靠紧，合力支撑身体。臀部向下，上身稍前倾。

2. 高低式蹲姿

下蹲时右脚在前，左脚稍后，两腿靠紧向下蹲。右脚全脚着地，小腿基本垂直于地面，左脚脚跟提起，脚掌着地。左膝低于右膝，左膝内侧靠于右小腿内侧，形成右膝高左膝低的姿态，臀部向下，基本上以左腿支撑身体。

（三）蹲姿禁忌

（1）弯腰捡拾物品时，两腿叉开、臀部向后撅起是不雅观的姿态。两腿展开平衡下蹲，姿态也不优雅。

（2）蹲时注意内衣“不可以露，不可以透”①。

五、手势

手势是指人类用语言中枢建立起来的一套用手掌和手指位置、形状表达意图的特定语言系统。

① 王茂跃．社交礼仪[M]．北京：高等教育出版社，2014．

（一）手势礼仪

1. 大小适度

在社交场合，应注意手势的幅度。手势的上界一般不应超过对方的视线，下界不低于自己的胸区，左右摆的范围不要太宽，应在胸前或右方进行。一般场合，手势动作幅度不宜过大，次数不宜过多，不宜重复。

2. 自然亲切

与人交往时，多用柔和曲线的手势，少用生硬的直线条手势，以求拉近心理距离。

3. 避免不良手势

与人交谈时，讲到自己时不要用手指自己的鼻尖，而应用手掌按在胸口上。谈到别人时，不可用手指别人，更忌讳在背后对人指点这样不礼貌的手势。避免抓头发、玩饰物、掏鼻孔、剔牙齿、抬腕看表、高兴时挽袖子等粗鲁的手势动作，避免交谈时指手画脚、手势动作过多过大。

（二）手势分类

1. 礼仪手势——递物

双手为宜，不方便双手并用时，也要采用右手，以左手通常视为无礼；将有文字的物品递交他人时，须使之正面面对对方；将带尖、带刃或其他易伤人的物品递与他人时，切勿以刀尖、刀刃直指对方。

2. 礼仪手势——展示

一是将物品举至高于双眼之处，这适合在被人围观时采用；二是将物品举至上不过眼部、下不过胸部的区域，这适用于让他人看清展示之物的情况。

3. 礼仪手势——指引

（1）横摆式：即手臂向外侧横向摆动，指尖指向被引导或指示的方向。

（2）适用于指示方向时。

① 直臂式：手臂向外侧横向摆动，指尖指向前方，手臂抬至肩高，适用于指示物品所在；

② 曲臂式：手臂弯曲，由体侧向体前摆动，手臂高度在胸以下，适用于请人进门时；

③ 斜臂式：手臂由上向下斜伸摆动，适用于请人入座时。

4. 礼仪手势——引路

（1）在走廊引路时

应走在客人左前方的两三步处。引路人走在走廊的左侧，让客人走在路中央。与客人步伐保持一致，偶尔后望，确认客人已跟上。引路时要注意客人，适当地做些介绍。

（2）在楼梯间引路时

上时客先，下时客后，保证安全让客人走在正方向（右侧），引路人走在左侧。途中注意引导提醒拐弯，有楼梯台阶的地方应使用手势，并提醒客人“这边请”或“注意楼梯”“有台阶，请注意”等。

5. 礼仪手势——开门

（1）向外开门时

先敲门，打开门后把住门把手，站在门旁，对客人说“请进”并施礼。进入房间后，用右手将门轻轻关上，请客人入座，安静退出。此时可用“请稍候“等语言。

（2）向内开门时

敲门后，自己先进入房间。侧身，把住门把手，对客人说“请进”并施礼。轻轻关上门后，请客人入座，安静退出。

6. 礼仪手势——乘梯[①]

（1）电梯没有其他人时，要在客人之前进入电梯，按住“开”的按钮，此时再请客人进入电梯。如到大厅，按住“开”的按钮，请客人先下。

（2）电梯内有人时，无论上下，都应客人或上司优先。

（3）在电梯内，先上电梯的人应靠后面站，以免妨碍他人乘电梯。

（4）电梯内不可大声喧哗或嬉笑吵闹。电梯内已有很多人时，后进的人应面向电梯门站立。

六、微笑

（一）微笑原则

1. 主动微笑原则

作为一名成熟、训练有素的空乘，在与乘客目光接触的同时，首先向对方微笑，再开口表示欢迎和交谈，会给人以彬彬有礼、热情的印象，可以营造一个友好、热情并对自己服务有利的气氛，也因此会赢得对方的认可。在与乘客目光接触时，如对方微笑在先，乘务员则必须马上还以礼貌的微笑。

2. 自然大方微笑原则

乘务员微笑时要神态自然、热情适度，最好表现为目光有神、眉开眼笑，这样才显得亲切、真诚、温暖、大方，使乘客有“宾至如归”的感觉。千万不可表演色彩过浓、故作姿态和生硬应付，否则会让人感觉很没有诚意。

3. 眼中含笑原则

一个人是不是开心地笑，是不是真诚地笑，从其眼睛中就能找到答案。举个例子，现在遍布各种媒体上的模特们、演员艺人们等的微笑频频曝光，她们能在瞬间让自己美丽的笑脸出现在镜头前。这些笑脸虽然也很美，但常常不动人，也不能让人感到亲切。原因在于，如果把她们眼睛以下的部位遮盖起来，我们将发现她们笑脸上的眼睛原来是非常冷漠的。所以，作为空乘人员的我们，要微笑，更要眼中含笑地笑，让他人真正感受到你是在真诚地微笑。

4. 真诚微笑原则

乘务员对乘客的微笑应该是自内心发出的。微笑的目的是欢迎客人的到来，是对自己形

① 金正昆．商务礼仪[M]．北京：北京联合出版公司，2013．

象礼仪的展示。因此，微笑真诚，真诚地欢迎乘客，真实地展现自己，这种方式能让乘客和自己都得到快乐，都感到舒适。这样在整个旅途中，乘客都会有愉快的心情，并且会积极地配合乘务人员的工作。

5. 健康微笑原则

微笑应该是健康的、爽朗的。自身状况不佳时，即使露出笑脸，也会给人不自然的感觉。至于一脸病相、倦相，或微笑时牙齿不洁、不整齐甚至有异味，则更难留给人好印象。作为一名空乘人员，在工作之余，要利用一切机会进行体育锻炼。

6. 最佳时机的维持原则

空乘在目光与客人接触的瞬间，就要目视对方启动微笑。此时乘务员应目光平视乘客，坦然自信，不可斜视乘客，不可左顾右盼、交头接耳，也不要有羞涩之感。微笑的最佳时间长度以不超过 3 秒为宜，时间过长会给人假笑或不礼貌的感觉。注意微笑的启动和收拢动作要自然，切忌突然用力启动和突然收拢，否则会吓跑乘客。

7. 一视同仁原则

乘客虽千差万别，但“来的都是客”，必须一视同仁，不能凭外表的差别，凭主观之好恶而区别对待。外宾内宾、本地外地、男乘客女乘客，都得同等对待，一律待之以微笑，切忌以貌取人。

8. 天天微笑原则

对空中乘务员来讲，微笑应是自然、习惯的表情，为此应让自己保持天天微笑的习惯，要养成一旦进入工作状态，就能抛却一切个人的烦恼、不安、不快情绪，振奋精神并热情地为乘客服务。有了良好的微笑习惯，才能让微笑服务进入新的境界。

（二）微笑训练方法

1. 拇指法

双手四指轻握，两拇指伸出，呈倒八字形，以食指关节轻贴颧骨附近；两拇指肚向上，放于嘴角两端 1 厘米处，轻轻向斜上方拉动嘴唇两角；反复多次，观察寻求到你满意的微笑感觉状态后，封存记忆。或双手上指轻握，两拳手背向外放于唇下方；两拇指伸出，两拇指肚放在唇角处，做斜上方向内轻拉动。反复动作，寻找满意位置。

2. 食指法

轻握双拳，两食指伸出呈倒八字形，放于嘴唇两角处，向斜上方轻轻拉动嘴角，并寻找最佳位置。或双手轻握，伸出食指；两拳相靠放于下巴下方，两食指放在嘴角两端，向斜上方轻轻推动。反复推动多次，一直找到满意位置为止。

3. 中指法

两中指伸出，其余四指自然收拢、半握；两中指肚放在嘴角两端，轻轻向斜上方拉动。反复多次，寻找你美丽的微笑感觉。

4. 小指法

两小指伸出，其余四指自然收拢，半握；两小指肚放在嘴角两端，轻轻拉动嘴角；反复动作，直到找到满意的微笑状态为止。

5. 双指法

双手拇指、食指伸出，其余三指轻轻握拢；用两拇指顶在下巴下面；两食指内侧面放在嘴角处，向斜上方轻轻推动；反复多次，直到满意为止。或双手拇指、食指伸出，其余三指握拢；将两食指按放在两眉上外端；两拇指放在嘴角处，向斜上方轻缓拉动。反复多次，直到满意后，定格欣赏，再留存记忆中。

七、眼神

眼睛是人心灵的窗户，要想有炯炯有神的眼睛，需要有良好的个人素质和修养。同时，只有拥有良好的心理素质、丰富的人生阅历，才可能做到更完整的眼神表达。所以，眼神的练习更应该和个人的思想在一起，同时需要不断的练习。

眼神训练方法：

（1）学会察看别人的眼色与心理，锻炼自己的丰富的眼神。

（2）配合眉毛和面部表情，充分表情达意。

（3）注意眼神礼仪。不能对陌生人长久盯视，除非感情很亲密。眼睛眨动不要过快或过慢，过快则显得贼眉鼠眼、挤眉弄眼或不成熟，过慢则死气沉沉。不要轻易使用白眼、媚眼、斜眼、蔑眼等不好的眼神。

（4）习惯眼部化妆，以突出、刻画眼神，使眼睛富有情调。日常生活中清新亮丽的眼妆可增强信心；舞台上，浓重的眼妆可改变形象。

（5）结合微笑协调整体效果。

第二节　客舱服务仪态规范

一、迎送客人服务规范

（一）站姿

双腿并拢，身体与舱门成 45 度角。

（二）眼睛

面带微笑，目视客人的眼睛。

（三）鞠躬

15 度鞠躬并向客人问。

（四）手势

五指并拢、手势明确。

（五）语言

欢迎登机，请往里走。

二、书报杂志服务

（一）拿法

将报纸折叠好，相同的报纸摞在一起，报纸刊头向外，刊头从左到右按照由大到小的顺序进行摆放。杂志要每本分开排列成扇形。乘务员左手四个手指并排拖底，大拇指卡边，右手扶住报纸或杂志的右上角。

（二）送给旅客时

中间和里面的报纸杂志，用右手的拇指和食指捏住一边，沿着边缘至上角，翻手掌抽出，送到客人面前时。应拇指在上，其余四指在下，刊头在上正对客人。乘务员 45 度对着旅客，注重与旅客眼神交流。

（三）语言

可使用如“先生（女士）您好，今天的航班为您配备了××报，请问您需要哪一种？”“请问需要帮您打开阅读灯吗？”之类服务用语。

三、托盘的使用规范

（1）拿空托盘时，右手竖拿，盘面朝向身体，自然垂直于体侧。拇指卡在托盘的盘面，其余四指并拢卡住托盘盘底。

（2）双手端托盘，盘竖端，大小臂成 90 度夹角，端托盘的后半部，手放在托盘的后 1/3 处，四指并拢托住托盘的下部，拇指扶在托盘的外沿。

（3）端托盘在客舱内转身时，身体转，托盘不转动方向。

四、发送物品的规范

（一）送物品的原则

从前至后，先里后外，先左后右，先女士后男士；左边的客人用右手送，右边的客人用左手送。

（二）为头等舱旅客送物品

（1）用大托盘，物品摆放整齐美观，航徽或标记正面对着客人。

（2）为每位客人送物品时，与客人的身体都要留有一定的空间。

（三）送果仁小吃的规范

（1）果仁小吃放在筐内或小托盘上，包装物的字迹正向对着客人。
（2）拇指不能进入筐内或盘内，应送与客人自取两便。

五、拿物品的规范

拿杯子应拿其下 1/3 处，无名指和小指托住杯底，其余三个手指并拢扶住杯身的 1/3 处。拿酒瓶时，拇指张开，其余四指并拢握住瓶身下 1/3 处。

六、收物品的规范

（一）收物品的原则

从前至后，先外后里，先左后右。

（二）收杯子

（1）使用托盘，在托盘内铺好托盘垫纸。
（2）在托盘内将杯子由里向外摆放，每摞高度不超过 5 个。

（三）收餐盘

（1）用服务车，在服务车的顶部摆放两个大托盘，托盘内铺好托盘垫纸。
（2）用过的餐盘按照从上往下的顺序逐个摆放入服务车。

七、推拉餐车的规范

（一）推餐车

五指并拢扶在餐车上方两侧，向前走。

（二）拉餐车

双手握拳，拇指不外露，放在车上方的凹槽内，向后退。

八、饮料服务规范

（一）饮料摆放

（1）用大托盘时，每盘摆 15 杯饮料。
（2）用餐车时，饮料摆放要安全、方便美观，标签朝外。

（3）杯子倒扣，高度不超过车上最高的饮料瓶。
（4）大筒饮料放在水车中间，小筒饮料摆放在四周，采用交叉摆放原则。

（二）倒饮料的规范

（1）为成年人倒软饮料倒至杯子的七成满。
（2）带汽的酒或饮料，将杯子倾斜 45 度角。
（3）为年龄小的旅客倒饮料时倒至杯子的五成满。

（三）送饮料的规范

（1）主动向旅客介绍饮料种类，询问客人需要何种饮料。
（2）询问旅客饮料是否需要加冰。

（四）托盘送热饮的规范

（1）热饮壶放在托盘上，杯子倒扣在小托盘的左上角。
（2）乘务员用双手端托盘，边走边向两侧旅客询问是否需要热饮。
（3）用左手端托盘，右手拿起一只杯子放在托盘的右上角，然后右手拿壶倒饮料，再送给旅客。

九、餐食服务规范

（一）餐车服务规范

（1）餐车门要在厨房内打开。
（2）餐车在客舱内停放时要注意随时踩刹车。
（3）餐车不能离开人。

（二）送餐规范

（1）主动向旅客介绍本次航班提供的餐食种类，再询问客人需要何种餐食。
（2）餐盘从餐车中抽取出来时从下至上。
（3）餐盘放在小桌板的正中，热食要靠近客人。

第九章　服务沟通技巧

第一节　沟通

一、沟通的含义

沟通是人际交往最常见的活动之一，指人们之间进行信息及思想传播的活动。沟通往往牵涉了这几个方面内容：输出者、信息接收者、信息内容、沟通渠道。

（一）输出者

信息的输出者就是信息的来源，他必须充分了解接受者的情况，选择合适的沟通渠道以利于接受者理解。要顺利地完成信息的输出，必须对编码（Encoding）和解码（Decoding）两个概念有一个基本的了解。编码是指将想法、认识及感觉转化成信息的过程；解码是指信息的接受者将信息转换为自己的想法或感觉的过程。

（二）接受者

接受者是指获得信息的人。接受者必须从事信息解码的工作，即将信息转化为他所能了解的想法和感受。这一过程要受到接受者的经验、知识、才能、个人素质以及对信息输出者的期望等因素的影响。

（三）信息

信息是指在沟通过程中传给接受者（包括口语和非口语）的消息。对于同样的信息，输出者和接受者可能有着不同的理解，这可能是输出者和接受者的差异造成的，也可能是由于输出者传送了过多的不必要信息。

（四）沟通渠道

企业组织的沟通渠道是信息得以传送的载体，可分为正式或非正式的沟通渠道、向下沟通渠道、向上沟通渠道、水平沟通渠道。

二、沟通的意义

沟通是人类组织的基本特征和活动之一。没有沟通，就不可能形成组织和人类社会。家庭、企业、国家都是十分典型的人类组织形态。沟通是维系组织存在，保持和加强组织纽带，创造和维护组织文化，提高组织效率、效益，支持、促进组织不断进步发展的主要途径。

有效的沟通让我们高效率地把一件事情办好，让我们享受更美好的生活。善于沟通的人懂得如何维持和改善相互关系，更好地展示自我需要、发现他人需要，最终赢得更好的人际关系和成功的事业。

有效沟通的意义可以总结为以下几点：

（1）满足人们彼此交流的需要；

（2）使人们达成共识，实现更多的合作；

（3）降低工作的代理成本，提高办事效率；

（4）能获得有价值的信息，并使个人办事更加井井有条；

（5）使人进行清晰的思考，有效把握所做的事。

三、沟通的基本模式

（一）语言沟通

语言是人类特有的一种非常好的、有效的沟通方式。语言的沟通包括口头语言、书面语言、图片或者图形。口头语言包括我们面对面的谈话、开会，等等。书面语言包括我们的信函、广告和传真，甚至常用的电子邮件等。图片包括一些幻灯片和电影等，这些都统称为语言的沟通。在沟通过程中相对于信息的传递、思想的传递和情感的传递而言，语言沟通更擅长传递的是信息。

（二）肢体语言的沟通

肢体语言的内容非常丰富，包括我们的动作、表情、眼神。实际上，我们的声音里也包含着非常丰富的肢体语言。我们在说每一句话的时候，用什么样的音色去说，用什么样的抑扬顿挫去说等，这些都是肢体语言的一部分。

我们说沟通的模式有语言和肢体语言这两种。语言更擅长沟通的是信息，肢体语言更善于沟通的是人与人之间的思想和情感。

四、沟通的分类

（一）沟通按结构分类

沟通按具体结构划分，可分为非正式沟通网络与正式沟通网络两种。非正式沟通网络主要有集束式、流言式、偶然式等典型形式；正式沟通网络有链式、轮式、全通道式、Y 式等形式。

（二）沟通按信息流动方向分类

沟通按信息流动方向分类，可分为上行沟通、平行沟通和下行沟通三种。

（三）沟通按沟通方式分类

沟通按沟通方式分，可分为语言沟通和非语言沟通。语言沟通包括口头语言和书面语言沟通；非语言沟通包括声音语气（比如音乐）、肢体动作（比如手势、舞蹈、武术、体育运动等）等。最有效的沟通是语言沟通和非语言沟通的结合。

五、沟通的基本技巧

（一）改进沟通

良好的沟通之于人际交往犹如血液之于生命。沟通的最终目的是把信息传递给接收者，有着说、写、听等多种表达方式。沟通旨在处理信息和改善关系。

1. 讲求效率

能否成功地沟通，取决于他人是否理解你的意思，是否能用促进交流（使它朝你所希望的方向发展）的语言加以回应。沟通总是一个双向过程。在管理中，通过沟通可以处理事务、传递和获取信息、制定决策、促进相互理解并发展关系。

2. 识别障碍

任何沟通都至少有两方参加。双方可能有着不同的愿望、需求和态度。如果一方的愿望和需求与另一方相冲突，就会形成障碍，这可能导致一方不能正确地表达或接收信息。任何沟通若要成功，都须克服这些障碍，克服障碍的第一步就是正视它们的存在。

3. 积极沟通

实现良好沟通的第一步是消除障碍。保持目光接触，聆听他人讲话并模仿其身体语言。这一切都将助你实现成功的沟通。面向对方，表明你对他（她）的话并不觉得胆怯；微微侧头，表明你在聆听；正视对方的眼睛；采用与对方相似的姿态和动作以消除障碍。

4. 力求明晰

促成良好沟通的三条原则均与明晰相关：对想表达的内容了然于心；简洁地表达信息；确认信息已被清楚、正确地理解。良好的沟通意味着说出你心中之所想，并且充分理解所有的反馈。

5. 选择沟通方式

慎重选择沟通媒介是信息沟通的基础。对许多人来说，沟通方式不外乎口头语言和书面语言。如果你追求的是快速和便利，不妨选择口头语言；如果你追求的是像打印的文件那样持久和有序，不妨选择书面语言，它是对方经反复思考后做出的答复。

6. 文化差异

正如不同民族有不同的烹饪方式一样，不同的沟通风格在语言和手势上也表现出很大差异。比起欧洲人，日本人和其他亚洲人更爱保持沉默；德国人、北欧人和英国人不像拉丁语国家的人那样善于辞令，他们的手势也更保守；英国人不愿直接道明自己的用意；澳大利亚人的实话实说往往使别人感到不习惯；美国人喜欢通过集会或视觉效果强烈的标语进行沟通。

7. 各种方式相结合

沟通方式可分为五种：书面语言、口头语言、身体语言、图像语言以及各种方式的结合。尽管前四种方式独立运用的效果也不错，但两种或多种方式的结合使用可以增加趣味性、促进理解并且具有更持久的效果。因此，多种方式结合使用，沟通效果会更佳。利用传媒与电子技术相结合如多媒体、电视会议等进行沟通，是多种方式结合使用的实例。多媒体能使我们更好地利用视像材料。当与许多人，尤其是与大型组织的员工进行沟通时，多媒体的优点便凸显出来。

（二）理解身体语言

身体语言是一系列无意识的躯体动作。它可以促进沟通，也可以把沟通推向绝境。即使保持一动不动地坐姿，你仍会在不知不觉中流露出自己的真实感情。

1. 通过身体语言沟通

在身体语言中，一个人的姿势是极为重要的。在初次会面时，下面三种姿势会给人们留下不同的印象。积极的姿势能促进开诚布公的沟通，带来最佳效果；而消极的姿势则会使沟通陷入困境。

姿势一：面向前方，采取大方的姿态，显示出十足的信心，正面注视，面带微笑，表示出态度友好。（积极）

姿势二：正面注视表明注意力集中，松弛的四肢表明缺乏紧张感。（中间状态）

姿势三：躲闪的目光意在回避，摸耳朵的动作表明心存疑虑，肩部低垂表明缺乏信心，身体侧转意味着拒绝接受他人所说的话。（消极）

2. 领悟身体语言

身体语言既细致入微又范围广阔，令人很难准确地领悟和把握。然而，对身体语言的大致了解有助于你了解他人的真实想法。例如，当人们因撒谎而感到内心不安时，他笨拙的身体语言会将其内在情绪表露无遗。

3. 克服紧张情绪

在进行演讲和参加面试之前，人们往往会感到紧张，这是很正常的。大脑通过神经系统为行为做准备。因此，一定程度上，紧张是由于腺体把肾上腺激素分泌到血液中引起的。如果运用身体语言，有意识地微笑，同时放松两臂，你会显得自信一些。讲话或倾听时，要正视他人，身体自然挺直，不要摆弄双手。

4. 文化的差异

与其他国家的人相比，英国人和美国人往往会为自己留出更大的私人空间。如果觉察到自己的私人空间受到侵犯，他们可能会移远一点。

5. 保持一定距离

为他人留出一定的私人空间，是身体语言的一部分。这种空间的大小随环境的改变而有所不同。例如，社交聚会上的主宾要比非社交场合相遇的陌生人站得近一些。应该时时注意不要侵入他人的私人空间，以免激起防卫性或敌对性的反应。

6. 树立良好的第一印象

第一印象是很重要的。留心细节会使沟通效果大不相同。请注意衣着的整洁得体，在传统习惯方面不可出错，即使所出席的场合并不要求正式的衣着，也要确保你的衣服和鞋子让人无可挑剔。在进入会场之前，对镜检查一下外表，以保证你的头发整齐。

7. 留下深刻印象

衣着和姿势总能给人留下深刻印象。在对外表进行了一番修饰后，人总会显得信心十足，精明能干。乱蓬蓬的头发、皱巴巴的 T 恤、懒洋洋的站姿、脏兮兮的鞋子都会给人不整洁的印象；整齐的头发、笔直的站姿、扣好的外衣、锃亮的鞋子则给人整洁的印象。

（三）理解和运用手势

手势、姿势和面部表情等非语言沟通手段一起，构成身体语言的重要组成部分。无论是在面对大众的讲台还是在面对面的交谈中，了解如何有效地运用手势，都可以帮助你有效地传达信息。

1. 识别手势

所有技巧娴熟的公共演说家都懂得运用手势进行强调。例如，约翰 · F. 肯尼迪习惯用砍东西的动作，而希特勒则喜欢挥动拳头。用拳头砸向掌心、用手指指或手掌慢慢伸展等动作，都能加强你的口头表达效果。简单的手势可以结合在一起，构成复杂的手势。

2. 文化差异

作为一种非语言沟通手段，手势的运用在不同国家各不相同。下面是一些需要注意的地方：北美人用大拇指和食指做手势表示“OK”（在丹麦人看来这是一种侮辱人的手势）；用一个手指指人（中国人认为这是粗鲁的）；法国人握手表示热情（英国人觉得这样做有些过分）；摇头表示否定（印度人用这一动作表示肯定）；在公共场合拥抱（新加坡人不能接受这种方式）。

3. 发出身体信号

鼓励性姿势，如他人讲话时与之保持目光接触或点头，可以表示你有同感。但若做得不好，对方可能看出你在隐藏真情实感。每个人都能对自己的身体语言进行一定程度的控制，但很难做到随心所欲。措辞要谨慎，态度要诚恳，否则你的身体语言会与你所说的话相矛盾。

4. 学会聆听

沟通的双向性使得双方能够互相理解，这一点常常被忽略。聆听本身就在向对方传递着信息，它有助于交流获得成功。因此，聆听技巧显得格外重要。

（1）表示专注

在寻求信息、达成共识或建立工作关系的过程中，你在聆听时表现得越投入越好。为得到回答，你可能需要发言，但要表明你不想控制谈话。问些开放性问题以引导讨论，回答问题时要注意言简意赅。听到关键词时默默重复一下，这可以帮助你记住对方的话。

（2）诠释对话

领悟话语的字面意思，而不要在其隐含意义上做文章。根据你的理解重组语句，并说给对方听，以检验你的理解是否正确。这样，你就可以确定你们双方已相互理解，否则对方会纠正你并澄清他们所说的话。不管怎样，要注意一些身体信号和语言信号，如闪避的目光和犹豫不决、自相矛盾的言辞。它们可以帮你探查信息的真实性。切忌只听进那些你想听到的话而对其他内容置之不理。

（3）运用神经语言程式

神经语言程式（NLP）的基本理论是人们的说话习惯反映其思维方式。思维习惯可以根据语词选择分类。具体类型包括视觉的，如“我看出你从那儿来”；听觉的，如“我听得出，这是个问题”。仔细倾听后，你可通过模仿对方使谈话更和谐。也就是说，你可以用视觉语言回应视觉语言，用听觉语言回应听觉语言，依此类推。这些都有助于你同对方建立起融洽的关系。在专注地聆听与模仿对方思维习惯的同时，你还可以在姿势方面模仿对方。采取与对方相似的姿势并运用相同的手势能创造共鸣的效果。

（4）聆听与模仿

运用神经语言程式可以帮助缓解紧张局面，例如，当你与坐在对面的人意见相左时，注意倾听他们的讲话，你讲话时采用与对方相似的比喻与措辞。如果他们防卫性地坐着，微妙地模仿他们坐姿，然后慢慢改为大方的坐姿，以缓和他们的防卫心理。

（5）识别成见

当你对视听信息的选择被自己的期望所左右时，你可能已形成了一种僵化的思维模式。大多数人身上都存在这个问题，他们经常无意中受到定型看法的限制。我们还经常受他人影响，不假思索地接受他人的观点。成见阻碍了良好的沟通，如果你清楚自己有哪些成见，就能更好地倾听别人讲的话。

（6）克服成见

个人成见扎根于头脑中，不因他人的行为或个性轻易改变，因而很难根除。一个常见的错误是自以为知道别人将要说什么，而不去听对方实际所说的话。事实上，人们并不总是依据你的刻板模式或期望行事。要注意聆听，不要为成见所阻。

（7）检查你的理解

当你需要对方澄清所说的话，或者你认为自己的话可能已被误解时，可使用下列语句，然后注意聆听对方的回答。“恐怕我没有完全领会您的意思。请您重复一下可以吗？”“我知道这不在您的工作范围之内，可我仍想听听您的意见。”

（8）回应他人

要对所听到的话做出回应，第一步就是注意聆听。聆听的时候，如果你在准备如何答复或考虑接下来该说什么，那你就没有集中全部注意力听对方讲话。回答时，先概述你目前的理解。如果需要对方进行重复、做进一步解释或提供更多信息，请直接提出要求，不必迟疑。

（9）采取行动

在某些情况下，沟通本身就是目的，如汇报工作进展方面的最新情况便是一例在别的情况下，行动才是至关重要的，如消除瓶颈。许诺后却又食言，此举万万不可行。最典型的例子是员工意见调查。这种调查总是使人对修正管理中的错误心存希冀。如果你对调查结果置之不理，则意味着你没有听取群众意见，并传达了一种对你很不利的信息。请履行你的诺言，并尽快行动。

（10）首先要聆听

通往成功沟通的三步是：仔细聆听；回应（如有必要，请对方澄清）；采取行动。

（四）提问

提问方式对于建立良好的沟通基础十分重要。“为什么”“什么”“怎样”“什么时候”等提问词是很有力的。凭借这些词，你可以从自身或他人那里探寻进行有效管理的途径。

1. 该问什么

恰当的提问往往可以打开知识和理解之门。提问的艺术在于知道什么时候该问什么问题。第一个问题应问你自己：如果按一下神奇的按钮，你就能得到任何你想得到的信息，那么你想了解什么呢？对这一问题的回答会帮你迅速组织一个恰当的提问。如果你计划召开会议，那么请准备一页纸，列出你想问的所有问题。

2. 选择问题

事先准备问题时，时时注意哪种类型的问题有助于你实现自己的目标。也许你想组织一次讨论，或了解具体的信息，或达到一定的目的，或者以提问的形式下达命令。这时候，要知道事先准备好的问题是远远不够的——他人对这些问题的回答未必完整，这些问题本身也会延伸到一些新的问题。你要一直问下去，直到得到满意的回答为止。在提预先准备好的问题时，注意回答中的蛛丝马迹，以便稍后根据它们提出一些新问题。

3. 控制语气

你的语气本身就是沟通的一个组成部分。例如，说话粗声大气可以表示愤怒，轻声细语可以表示同情。语气不当可能会起反作用。因此，你应努力控制自己的语气。用录音机放出自己的声音，听一听你的声音中是否有无意中流露出的嘲讽。你的声音听起来是不是太低声下气？多多练习，直到你对自己的声音满意为止。你往往可以通过乐观自信的语气使大家达成一致意见。

六、沟通的注意事项

在工作中，你需要与你的上级、下级、相关部门尤其是你的客户进行不同层次的沟通。如果你发现自己与人交流沟通不当，想一想是否是因为自己不够重视？有了良好的沟通，办起事来就畅行无阻。沟通是获取信息或提供信息的关键步骤。然而，许多问题都是由沟通不当或缺少沟通引起的，会不可避免地导致误传或误解。

（一）沟通不当的标记

沟通的内容与接受的内容并非只字不差，因此，想办法填补两者的鸿沟是至关重要的。比如，避免不能正确表达自己的意思、注意自己的沟通方式和选择合适的沟通环境。

（二）没有正确地阐述信息

不能对沟通的内容进行清晰而有逻辑的思考。例如，当要表达“我们需要些信封”时，却说“信封用完了。”不能理解对方的关注点并正确地表达信息。例如，该用通俗的口语时，却用了晦涩拗口的学术语。如果信息没有得到清晰的表达，它便不能被听者正确地理解和加工，有效的沟通也就无从谈起。

（三）给人以错误的印象

1. 外表

着装上不拘礼节表明服务人员若不是对交流沟通的另一方漠不关心，就是想先声夺人。破烂的牛仔裤、邋里邋遢的运动鞋与笔挺气派的西装给人以截然不同的印象。如果场合不对，两种着装风格都会传达给人以完全错误的信息。

2. 措辞

不假思索地使用乡言俚语会得罪他人，也会扭曲信息。例如，私下里把旅客或主顾叫作“伙计”，为的是给人以一种哥们义气的感觉，但它也不知不觉地传达出了对对方的轻慢。

3. 拖沓

不准时赴约表明服务人员不把别人当回事。如果守时，别人就会认为他很受重视；但如果总是迟到，就会向人传达不好的信息，即迟到者对沟通是不在意的。

（四）没有恰当地聆听

即使一个人在他人说话时在干其他事，如看报，或者转着手上的笔，他也会传达一个信息：他在听。但是，如果听话者没有按说话人的要求行事，则他可能根本没有把说话者的话听进去，因为他把“听”和“听进去”混为一谈了。就算他没有聆听，他也是有可能听到片言只语的，但会错失至关重要的部分，因为他的注意力已开小差了。这些话可能被听到并进行了加工，但不会照单全收而进入他意识的深处。很明显，如果他没有用心聆听信息或注意别人所说的内容，他是很难记住的。如果没有适当地汲取说话的内容，错误理解的余地就会很大。①

第二节　沟通技巧

一、沟通技巧定义

所谓沟通技巧，是指管理者具有收集和发送信息的能力，能通过书写、口头与肢体语言的媒介，有效地、明确地向他人表达自己的想法、感受与态度，也能较快、较正确地解读他人的信息，从而了解他人的想法、感受与态度。沟通技能涉及许多方面，如简化运用语言、积极倾听、重视反馈、控制情绪等。虽然拥有沟通技能并不意味着能成为一个有效的管理者，但缺乏沟通技能一些会使管理者遇到许多麻烦和障碍。

二、产生有效沟通障碍的原因

日常的沟通行为中常常会有一些“意外”使沟通无法实现，更甚者会出现相反的效果。这些情况都表明沟通出现了障碍，有一些因素影响了信息的有效传递。

---

① 卡耐基．沟通的艺术[M]．天津：天津社会科学院出版社，2010．

（一）个人原因

人们对人对事的态度、观点和信念不同造成了沟通的障碍。知觉选择的偏差是指人们有选择地接受，例如，人们在接受信息时，很容易接受符合自己利益需要又与自己切身利益有关的内容，而不容易接受对自己不利或可能损害自己利益的内容。

人的个性特征差异会引起沟通的障碍。在组织内部的信息沟通中，个人的性格、气质、态度、情绪、兴趣等差别都可能形成信息沟通的障碍。

语言表达、交流和理解造成沟通的障碍。同样的词汇对不同的人来说含义是不一样的。在一个组织中，员工常常来自不同的背景，有着不同的说话方式和风格，对同样的事物有着不一样的理解，这些都造成了沟通的障碍。

（二）人际原因

人际原因主要包括沟通双方的相互信任程度和相似程度。沟通是发送者与接收者之间“给”与“受”的过程。信息传递不是单方面，而是双方的事情，因此，沟通双方的诚意和相互信任至关重要。上下级之间的猜疑只会增加抵触情绪，减少坦率交谈的机会，也就不可能进行有效的沟通。沟通的准确性与沟通双方之间的相似性也有着直接的关系。沟通双方的特征包括性别、年龄、智力、种族、社会地位、兴趣、价值观、能力等。相似点越多，沟通的效果也会越好。

（三）结构原因

信息传递者在组织中的地位、信息传递链、团体规模等结构因素也都影响了有效的沟通。许多研究表明，地位的高低对沟通的方向和频率有很大的影响。信息传递层次越多，它到达目的地的时间也越长，信息失真率则越大，越不利于沟通。另外，组织机构庞大、层次太多也影响信息沟通的及时性和真实性。

三、有效的沟通方法

（一）团队领导者的责任

领导者要认识到沟通的重要性，并把这种思想付诸行动。领导者必须真正地认识到与员工进行沟通对实现组织目标十分重要。如果领导者通过自己的言行认可了沟通，这种观念会逐渐渗透到组织的各个环节中去。

（二）团队成员提高沟通的心理水平

团队成员要克服沟通的障碍，必须注意以下心理因素的作用。

（1）在沟通过程中要认真感知，集中注意力，以便信息传达准确而又及时。

（2）增强记忆的准确性是消除沟通障碍的有效心理措施。记忆准确性高的人传递信息较可靠，接受信息也准确。

（3）提高思维能力和水平是提高沟通效果的重要心理因素。较高的思维水平对正确地传递、接收和理解信息起着重要的作用。

（三）正确地使用语言文字

语言文字运用是否恰当直接影响沟通的效果。使用语言文字时要简洁、明确，叙事说理要言之有据，条理清楚，富于逻辑性；措辞得当，通俗易懂，不要滥用辞藻，不要讲空话、套话。进行非专业性沟通时，尽量少用专业性术语。可以借助手势语言和表情动作增强沟通的生动性和形象性，使对方容易接受。

（四）学会有效地倾听

有效的倾听能增加信息交流双方的信任感，这是克服沟通障碍的重要条件。要提高倾听的技能，可以从以下几方面去努力：

（1）使用目光接触；

（2）展现赞许性的点头和恰当的面部表情；

（3）避免分心的举动或手势；

（4）要提出意见，以显示自己不仅在充分聆听，而且在思考；

（5）复述，用自己的话重述对方所说的内容；

（6）要有耐心，不要随意插话和随便打断对方的话。

（五）缩短信息传递链，拓宽沟通渠道

信息传递链过长，会减慢流通速度并造成信息失真。因此，要减少组织机构的重叠，拓宽信息渠道。同时，团队管理者应激发团队成员自下而上地沟通。例如在一个公司，公司内部刊物应设立有问必答栏目，鼓励所有员工提出自己的疑问；让领导者走出办公室，亲自和员工们交流信息。坦诚、开放、面对面的沟通会使员工觉得领导者理解自己的需要和关注，以取得事半功倍的效果。

总之，有效的沟通在团队的运作中起着非常重要的作用。成功的团队领导把沟通作为一种管理的手段，通过有效的沟通来实现对团队成员的控制和激励，为团队的发展创造良好的心理环境。因此，团队成员应统一思想，提高认识，克服沟通障碍，实现有效沟通，为实现个人和团队的共同发展而努力。

（六）体谅他人的行为

这其中包含“体谅对方”与“表达自我”两方面。所谓体谅是指设身处地为别人着想，并且体会对方的感受与需要。在经营“人”的事业过程中，当我们想对他人表示体谅与关心时，只有设身处地为对方着想。由于我们的了解与尊重，对方也会体谅，从而做出积极而合适的回应。

（七）适当地提示对方

如果产生矛盾与误会的原因是对方健忘，我们的提示可使对方信守承诺；反之，若是对方有意食言，提示就代表我们并未忘记事情，并且希望对方信守诺言。

（八）有效地直接告诉对方

一位知名的谈判专家分享他成功的谈判经验时说道："我在各个国际商谈场合中，时常会以'我觉得'（说出自己的感受）、'我希望'（说出自己的要求或期望）为开端，结果常会令人极为满意。"其实，这种行为就是直言不讳地告诉对方我们的要求与感受，若能有效地直接告诉你所想要表达的对象，将会有效帮助我们建立良好的人际网络。但要切记"三不谈"：时间不恰当不谈、气氛不恰当不谈、对象不恰当不谈。

（九）善用询问与倾听

询问与倾听的行为是用来控制自己的，让自己不要为了维护权利而侵犯他人。尤其是在对方退缩、默不作声或欲言又止的时候，可用询问行为引出对方真正的想法，了解对方的立场以及对方的需求、愿望、意见与感受，并且运用积极倾听的方式来诱导对方发表意见，进而对自己产生好感。一位优秀的沟通好手，绝对善于询问以及积极倾听他人的意见与感受。

（十）使用你的眼睛

沟通时看着别人的眼睛而不是前额或肩膀，表明你很看重他。这样做能使听者深感满意，也能防止他走神，但更重要的是，这也树立了自己的可信度。

（十一）使用你的面部和双手

如能随机应变地使用面部和双手，将大大改善沟通的效果。

1. 面部

延续时间短于 0.4 秒的细微面部表情也能显露一个人的情感，能立即被他人所拾获。面带微笑使人们觉得一个人和蔼可亲。真心的微笑（与之相对的是刻板的微笑）能从本质上改变大脑的运作，使自己身心舒畅起来。这种情感能有效促进交流沟通。

2. 双手

双手能抓住听众，使他们朝着理解与表达的意思这一目标更进一步。使用张开的手势表明热心的态度，完全专注于眼下所说的事。

（十二）使用你的身体

视线的接触和表情构成了沟通效果的大部分，但是使用身体其他部分也有助于树立良好的印象。利用身体传达自信的方法有很多种，它们无一不在影响着自己在他人心目中的形象。

1. 身体姿势

必要时，坐着或站立时挺直腰板给人以威严之感。耷拉着双肩或跷着二郎腿可能会使某个正式场合的庄严气氛荡然无存，但也可能使非正式场合更加轻松友善。

2. 泄露信息

不由自主地抖动或移动双腿，能泄露从漠不关心到焦虑担忧等一系列情绪的变化。无论面部和躯干是多么平静，只要叉着双臂或抖动着双膝，都会明白无误地显露内心的不安。

3. 身体距离

站得离人太近给人以入侵或威胁之感。反之，如果距离过远，听者就会觉得对方自己。

不同的身体姿势能为沟通的内容增色或减色。只要意识到上述注意事项，就能轻而易举地对自己的身体语言加以控制。试着在不同的场合使用一种或多种手势以加强自己的表达效果，保证能用合适的视觉信号强化自己的语言信息。

（十三）使用你的声音

声音是一种威力强大的媒介，通过它可以赢得别人的注意，创造有益的氛围。

1. 音高与语调

低沉的声音庄重严肃，一般会让听众更加严肃认真地对待。尖利的或粗暴刺耳的声音给人的印象是反应过火，行为失控。使用一种经过调控的语调表明说话者知道自己在做什么，可以让人对其信心百倍。

2. 语速

急缓适度的语速能吸引住听者的注意力，使人易于吸收信息。如果语速过快，他们就会无暇吸收说话的内容；如果过慢，声音听起来就非常阴郁悲哀，令人生厌；如果说话吞吞吐吐，犹豫不决，听者就会不由自主地变得十分担忧、坐立不安。

3. 强调

适时改变重音能强调某些词语。如果没有足够的强调重音，人们就无法判断哪些内容很重要。①

第三节　服务补救

一、服务补救定义及分类

所谓服务补救，是指服务性企业在向旅客提供服务出现失败和错误的情况下，对旅客的不满和抱怨当即做出的补救性反应。其目的是通过这种反应，重新建立旅客的满意度和忠诚度。

由定义可以看出，服务补救是一种反应，是服务人员在出现服务失误时，对旅客的不满和抱怨所做的反应。在提供服务的过程中，即使最优秀的服务人员也不可避免会出现错误。这是因为：一方面，服务具有差异性，即服务的构成及其质量水平经常变化，很难界定。在大多数情况下，服务过程毫无担保和保证可言，服务的质量通常没有统一的标准可以衡量，服务质量具有不确定性；另一方面，服务具有不可分离性，即服务人员的服务过程就是消费者消费服务的过程，消费者有且只有加入到服务环节才能最终享受到服务。由此，服务的失败和错误是很难对消费者隐藏和掩盖的。此外，有的服务失败和错误是由服务人员自身问题

---

① 柳青，蓝天．有效沟通技巧[M]．北京：中国社会科学出版社，2003．

造成的；有的服务失败和错误则是由不可控因素或旅客自身原因造成的，如飞机因天气恶劣而晚点或因寄信人将地址写错而导致的投递错误。这些是不可避免的。

消费者对企业提供的服务具有较高期望值，服务的失误会使旅客产生不满和抱怨。虽然他们可将错误归咎于不同对象，但服务人员必须抱有“旅客始终正确”的观念，对旅客的不满和抱怨当即做出反应——服务补救。“当即”是指服务补救具有现场性和快速性。现场性是指服务人员必须在服务失误出现的现场就地进行服务补救。快速性是指服务人员要尽可能快地进行服务补救，避免由服务失误造成的不良影响扩大和升级。

服务补救也可定义为服务人员在第一次服务失误后，为改善在旅客心中的不佳印象而立即做出的带有补救性质的第二次服务。第二次服务可以与第一次服务同质，即第二次服务是第一次服务的重复。当然也可与第一次服务异质，即第二次服务是第一次服务的延伸或转变。如零售企业无条件地为对产品质量表示不满的旅客所做出的换货服务（同质服务）或退货服务（异质服务）。

二、服务补救特点

（一）实时性

这是服务补救与旅客抱怨管理一个非常重要的区别。旅客抱怨管理一般要等到一个服务过程结束之后，而服务补救则必须是在服务失误出现的现场。如果等到一个服务过程结束，那么，服务补救的成本会急剧上升，补救的效果也会大打折扣。

（二）主动性

旅客抱怨管理有一个非常明显的特点，即只有当旅客进行抱怨时，服务人员才会采取相应的措施，安抚旅客，使旅客满意地离去。但据华盛顿一家名为 TRAP 的调查机构所进行的一项调查显示：有问题的旅客中，只有 4%向公司有关部门抱怨或投诉，而另外 96%的旅客不会抱怨，但他们会向 9 到 10 人倾诉自己的不满（坏口碑）。这种“不抱怨不处理”的做法，将严重影响服务对象的满意度，从而使企业在竞争中处于不利的地位。但服务补救则不同，它要求服务提供者主动地去发现服务失误并及时地采取措施解决失误。这种前瞻性的管理模式，无疑更有利于提高旅客的满意度。

（三）现场性

服务补救是一项全过程的、全员性质的管理工作。旅客抱怨管理是由专门的部门来进行的、阶段性的管理工作。一般来说，服务补救具有鲜明的现场性，服务企业授权一线员工在服务失误发生的现场及时采取补救措施，而不是等专门的人员来处理旅客的抱怨。

三、服务补救策略

（一）跟踪并预期补救良机

企业需要建立一个跟踪并识别服务失误的系统，使其成为挽救和维持旅客与企业关系的工具。有效的服务补救策略需要企业通过听取旅客意见来确定企业服务失误之所在。即不仅要被动地听取旅客的抱怨，还要主动地查找那些潜在的服务失误。市场调查是一个有效方法，诸如收集旅客批评等。监听旅客抱怨、开通投诉热线以听取旅客投诉、有效的服务担保和意见箱也可以使企业发觉系统中不易觉察的问题。

（二）重视旅客问题

旅客认为，最有效的补救就是企业一线服务员工能主动地出现在现场，首先承认问题的存在，向旅客道歉（在恰当的时候可加以解释），并将问题当场解决。解决的方法很多，可以退款，也可以服务升级。如零售业的无条件退货，如某旅客已预订的中档汽车已被租出时，租车公司可将本公司的高档汽车以中档汽车的价格租给该旅客。

（三）尽快解决问题

一旦发现服务失误，服务人员必须在失误发生的同时迅速解决失误。否则，没有得到妥善解决的服务失误会很快扩大并升级。在某些情形下，员工需要在问题出现之前预见到问题即将发生而予以杜绝。例如，某航班因天气恶劣而推迟降落时，服务人员应预见到乘客们会感到饥饿，特别是儿童。服务人员会向机上饥饿的乘客们说："非常感激你们的合作与耐心，我们正努力安全降落。机上有充足的晚餐和饮料，如果你们同意，我们将先给机上的儿童准备晚餐。"乘客们点头赞同服务人员的建议，因为他们知道，饥饿、哭喊的儿童会使境况变得更糟。服务人员预见到了问题的发生，在问题扩大之前，就杜绝了问题的发生。

（四）从补救中汲取经验教训

服务补救不仅是弥补服务裂缝、增强与旅客联系的好办法，它还是一种极有价值但常被忽略或未被充分利用的具有诊断性的能够帮助企业提高服务质量的信息资源。通过对服务补救整个过程的跟踪，管理者可发现服务系统中一系列亟待解决的问题，并及时修正服务系统中的某些环节，进而使"服务补救"现象不再发生。[①]

第四节　旅客投诉

一、旅客投诉概念

所谓旅客投诉，是指旅客对企业产品质量或服务不满意而提出书面或口头上的异议、抗议、索赔和要求解决解决问题等行为。旅客投诉是每一个企业都会遇到的问题，它是旅客对企业管理和服务不满的表达方式，也是企业有价值的信息来源，它为企业创造了许多机会。因此，如何利用处理旅客投诉的时机赢得旅客的信任，把旅客的不满转化满意，锁定他们对企业和产品的忠诚，获得竞争优势，已成为企业营销实践的重要内容之一。

---

① 郑丹．服务失败与服务补救[M]．北京：社会科学文献出版社，2010．

二、旅客投诉原因

（一）企业自身的原因

1. 产品质量无法满足旅客

产品质量是直接影响旅客满意度的因素，对于服务这种无形产品也是这样。对于服务的质量评估贯穿了旅客从进入到走出服务系统的整个过程。

2. 服务无法达到旅客的要求

旅客对服务满意不满意，往往取决于某一个瞬间。如服务人员对旅客的询问不理会或回答语气不耐烦、敷衍，甚至是出言不逊，让旅客等待时间过长，公共环境卫生状态不佳，安全管理不当等等都是造成旅客不满、产生抱怨的原因。

3. 对旅客期望值管理失误

服务企业对旅客期望值管理的失误导致旅客对服务的期望值过高。在一般情况下，当旅客的期望值过高时，旅客的满意度就会变低。旅客的期望值越低，旅客的满意度相对就越高。因此，企业应该适度地管理旅客的期望值。当期望管理出现失误时，就容易导致旅客产生抱怨。

（二）旅客的原因

1. 弥补损失

旅客往往有两种动机提出投诉，一是为了获得财务赔偿，退款或者免费再次获得该产品及服务作为补偿；另一种是挽回自尊，旅客对产品、服务不满意意味着，他们不仅承受了金钱的损失，还遭遇到不公平对待，其自尊心、自信心都受到了伤害。

2. 性格的差异

不同类型的旅客对待“不满意”的态度不尽相同。理智型的旅客遇到不满意的事不吵不闹，但会据理相争，寸步不让；急躁型的旅客遇到不满意的事，必投诉且大吵大闹，不怕把事情闹大；忧郁型旅客遇到不顺心的事，可能无声离去，不会投诉，但永远不会再来。

3. 环境因素

环境因素是指旅客与企业所不能控制的、在短期内难以改变的因素，包括经济、政治法律、社会文化、科学技术等方面。

4. 文化背景

在不同的文化背景下，人们的思维方式、做事风格有区别，因此旅客投诉行为也存在差异。在集体主义文化中，人们的行为遵从社会规范，追求集体成员间的和谐。用“我们”的方式思考；不喜欢在公众场合表露自己的情感，尤其是负面的；对事物的态度取决于是否使个人获得归属感，是否符合社会规范，能否保持社会和谐并给自己和他人保全面子。因此，他们更倾向于私下抱怨。而在个人主义文化中，人们追求独立和自足，用“我”的方式思考；喜欢通过表现自己的与众不同来表达自己的内心感受，来实现自我尊重。因此，他们更倾向于投诉。由此可见，不同文化背景下的旅客对投诉行为有不同的态度。

（三）其他环境因素

除了文化背景和行业特征之外，一个国家或地区的生活水平和市场体系的有效性、政府管制、消费者援助等都会影响旅客的投诉行为。

三、旅客投诉的管理

（一）为旅客投诉提供便利条件

1. 制订明确的产品和服务标准及补偿措施

企业通过制订产品和服务标准，可以使旅客明确自己购买的产品、接受的服务是否符合标准，是否可以投诉以及投诉后所得到的补偿。企业执行上述标准的过程中，还能在旅客投诉之前对产品和服务的缺陷采取相应补偿措施。

2. 引导旅客怎样投诉

企业应在有关宣传资料上详细说明旅客投诉的方法。它包括投诉的步骤、向谁投诉、如何提出意见和要求等，以鼓励和引导旅客向企业投诉。

3. 方便旅客投诉

企业应尽可能降低旅客投诉的成本，减少其花在投诉上的时间、精力、货币与心理成本，使旅客的投诉变得容易，方便和简捷。投诉系统不能向客户要求过多的文件证据和额外的努力。公司还要了解客户更乐意用什么方式投诉，是邮寄、电话、电子邮件、传真还是面对面投诉，然后提供给旅客乐于接受的投诉渠道，告知旅客投诉的程序，方便旅客投诉。

（二）全力解决旅客投诉问题

全力解决旅客投诉的关键是要建立起灵活处理旅客投诉的机制，包括：

（1）制定和发展员工的雇用标准和培训计划。这些标准和培训计划充分考虑了雇员在碰到公司服务或产品使旅客不满意时应做的善后工作。

（2）制定善后工作的指导方针，目标是实现旅客公平和旅客满意。

（3）去除那些令旅客投诉不方便的障碍，降低旅客投诉的成本，建立有效的反馈机制。包括授权给一线员工，使他们有权对公司有瑕疵的产品和服务向旅客做出补偿。

（4）维系旅客和产品数据库，包括完备的旅客投诉详细记录系统。这样，公司可以将相关内容及时传送给解决此问题所涉及的每一个员工，有助于分析旅客投诉的类型和缘由并且相应地调整公司的政策。

（三）掌握一些技巧

企业服务人员面对旅客投诉应把握好一些处理技巧。这些技巧包括：

1. 安抚和道歉

不管旅客的心情如何不好，不管旅客在投诉时的态度如何，也不管是谁的过错，服务人员要做的第一件事就是平息旅客的情绪，缓解他们的不快，并向旅客表示歉意。服务人员还得告诉旅客，公司将完全负责处理旅客的投诉。

2. 快速反应

用自己的话把旅客的抱怨复述一遍，确信你已经理解了旅客为什么抱怨，而且已与旅客达成一致。如果可能，请告诉旅客你愿想尽一切办法来解决他们提出的问题。

3. 移情

当与旅客的交流达到一定境界时，你会自然而然理解他们提出的问题，并且欣赏他们的处事方式。你应当强调，旅客的问题引起了你的注意，并给了你改正这一问题的机会，对此你感到很高兴。

4. 补偿

对投诉旅客进行必要的且合适的补偿，包括心理补偿和物质补偿。心理补偿是指服务人员承认确实存在问题也确实造成了伤害，并且道歉。物质补偿是指一种“让我们现在就做些实际的事情解决这个问题”的承诺，如经济赔偿、调换产品等，尽己所能满足旅客。在解决了旅客的抱怨后，你还可以送给旅客一些其他东西，比如优惠券、免费礼物，或同意他或她廉价购买其他物品。

5. 跟踪

旅客离开前，看旅客是否已经满足。然后，在解决了投诉的一周内，打电话或写封信给旅客，了解旅客是否依然满意，可以在信中夹入优惠券。一定要与旅客保持联系，将投诉转化为销售业绩。旅客投诉得到满意的解决方案之时，就是销售的最佳时机。

第十章　职场沟通礼仪

第一节　职场行为举止礼仪

如果你应聘到一家新的公司工作，首先要做的是怎样在最短的时间内融入这个新环境，只有礼仪和自身的文化修养结合得当，才能与他人相处和谐，并从中享受到集体所带来的好处和乐趣。同事之间是相互合作的关系，而不是相互竞争的“敌人”。只有互惠互利的关系才可能长久，这是这个集体接纳个人的一个基本前提。

（一）履行职场礼仪的要点

1. 不要过多关心他人隐私

一个有礼仪修养的人是不会随意打探别人不愿提及的事情的。每个人的心里都有一个属于自己的空间和不愿意让别人知道的事情。过分关心别人隐私是极其不礼貌的行为，如果对方主动说起也不要过多地评论。

2. 不要将自己的情绪带到工作中

不要把自己的喜怒哀乐随便带到办公室里。在与同事相处的过程中，最好能多点宽容，这样才会赢得同事们的尊重与支持。

3. 多参加集体活动

闲暇之时与同事一起出去参加一些娱乐活动，比如郊游、唱歌、舞会，等等，不仅能缓解内心的压力，还有助于培养一个和谐的人际氛围。另外，与同事说话要讲究分寸，不能口无遮拦，否则会给人留下轻浮、不庄重的印象。

4. 同事聚餐 AA 制是最佳选择

AA 制令大家心里都没有负担，经济上也都承受得起。要把握好一个“度”，不必“太大方”为自己增加负担，也不可太“小气”，被别人看轻。

与新同事相处应该注意互相尊重与配合，这样双方才都能得到更多施展才华的机会，在竞争中求得发展。对你的上级来说，他们注重的是你的才能与创意能否在这个集体中发挥作用，更要看你能否和其他同事融为一个整体。对同事来说，他们更喜欢与工作能力强、具有团队精神且志趣相近的人合作。不管在什么行业，人都需要团队的配合，谁都离不开同事之间的互相帮助。

每个部门和每个岗位都会清楚地划分职责范围，但是总有一些事情无法明确地划分到个人头上。这些事情往往还都是比较烦琐的。假如你主动去承担那些没人愿意干的工作，不管最后做得怎样，这种处处为集体着想的精神会让大家对你产生认同。融入新集体，转换一个新的角色，这是对自己的一个挑战。如果你能做到上述几项和同事相处的礼仪与对待工作的态度，相信你很快会被新的集体所接纳，成为其中不可或缺的一分子。

（二）新员工到新集体的注意事项

1. 逢人要打招呼

对于刚踏入社会，尤其是新到企业界工作的人而言，打招呼的方式非常重要。友善的打招呼在人际关系的建立方面可以发挥润滑剂的作用。热情的问候能体现自身的礼仪修养，一定会给对方留下深刻的印象。比如，每天一进公司，就真诚地问候所有同事，说声“早上好”。当对方也向你表达善意的回应时，你会感觉到一整天心情愉悦、精力充沛。

2. 要得体地应对工作中与同事的有效沟通

对于刚参加工作的新人来说，一定要避免他人对你产生不愉快的感觉，多用温和、谦虚的词语，切勿表现得太老练太世故。想要有专业的应对技巧，就该注意平时的言语表现。

与人交流时不要有口无心。有些人喜欢献殷勤，却往往忽视了礼仪这方面的表现，反而会得到相反的效果。

（三）接人待客的注意事项

1. 说话时要注视对方的眼睛

不管你的言辞多么礼貌，讲话时如果不注视对方的眼睛，就会让对方感到被轻视并且认为你无礼。

2. 保持微笑

笑容的“威力”很大，可以让四周的人和自己都沉浸在愉悦之中。不过，在不该笑时露出笑容可能会引起对方的疑惑和反感。

3. 专注地聆听对方的讲话

只有注意力集中，才能在聆听过后做出正确的回应。如果只知道听而不做出回应，也是失礼的表现。

4. 下班前将办公桌整理整齐

办公环境对工作效率的影响很大。整洁、明亮、舒适的工作环境能使员工产生积极的情绪和充满活力，工作效率也会有所提高。

第二节　办公室男性行为

现代职场，办公室里的男女同事交往要讲究尺度。

男女同事之间的距离要避免过近，美国心理学家研究表明，男女间相距46厘米以内，就容易被视为表示亲昵；50～60厘米是私人的空间距离，相当于自我活动的小天地；60厘米以外才是与人交往的正常距离。鉴于此，身体距离应控制在60厘米以外，以不能感受到对方呼吸的快慢、皮肤肌理为最佳。

情感保持在友谊的范畴。办公室里的男女在正常情况下只是同事，关系更好的会是朋友，但由于在工作中偶尔会受利益关系左右，所以能成为亲密好友的同事并不多。办公室里的异性同事，要把情感限定在“友谊”这一范围内，务必用行为礼仪来规范自己的一举一动。

谈话不可超出工作范畴。办公室同事之间的谈话不像与同学、朋友之间可以海阔天空、漫无边际，同事之间的话题应以工作为主，工作以外的话题最好不要漫无边际。

“严以律己，宽以待人”，这属于个人礼仪修养的范畴。有些人对同事很挑剔，尤其对待同性。同在一个办公室，在有限的与人共事的时间里，对人宽容就是对自己的宽容。

说话要有分寸，玩笑应适可而止。男同事间开玩笑，当遇到把女性当话题的时候，切不可把自己的爱人或家里的女性亲友当作话题。在衣帽间里议论女性，则更是缺乏礼仪修养的表现。

第三节　办公室女性行为

在竞争激烈的职场中，女性是一道靓丽的风景线。作为当代职场中的新女性，如果既想体现出女性的特有魅力，又能把这种魅力的价值体现在实际工作当中，就需要运用职场礼仪中的基本常识来规范自己在工作中的一言一行。

女性在职场中所需履行的基本行为规范，主要有以下几点：

1. 不要在工作时间和场合闲聊

在办公室，要收起你的好奇心，不要在别人交头接耳议论纷纷之时，也兴致勃勃地加入进来。办公室的原则是工作时间内，除了必要的工作话题以外，尽可能地避免聊一些和工作无关的事情，避免接打和工作无关的电话，闲聊最好不要超过5分钟。

2. 交谈的时候尽可能地去除感情色彩

交谈的时候尽可能地去除感情色彩，尤其是具有负面情绪的倾向性语言。

3. 多与上级进行沟通

在具体的工作当中，在离开办公室出去办理公事之前，一定要与上级有所沟通，明确自己的权限范围，以便对某些事情做出正确的决定。

4. 能够很好地控制自己的情绪

负面情绪对工作目标的完成会起到消极作用。

5. 养成守时的习惯

如果参加会议，比预定时间早到5分钟最能体现效率原则。

6. 多使用内线电话

如果要跟其他办公室的同事交代事情或交换看法，打内线电话有助于养成单刀直入的工作作风，这也是一种成本低廉、提高效率的办法。

给职场中的女性提以下几点建议：

（1）知识是内涵的主要构成方式。要多读书，但也不要陷入知识的困局。

（2）要有自信，不要妄自菲薄，但是也不能太张狂。

（3）善良但不要懦弱。谦虚、善良会增加女性魅力。

（4）好的心态是好的礼仪的开始，不折不挠，用最好的心态去迎接各种挑战。

（5）处事稳重。处事稳重会让你显得成熟，在职场中你就会赢得更多的机会。

（6）做事果断而不武断。不要感情用事，一旦你给大家形成了果断干练的印象，许多问题都能迎刃而解。

（7）提高审美情趣，装扮得体。大方得体的外表是个人礼仪的直接表现。

第四节　上级对下级的行为举止礼仪

一个优秀的领导者，不仅仅要有才干、魄力，也要有礼仪。有一些领导者习惯性把自己的主要精力放在如何与自己的上司相处，却很少用心相待那些职位比自己低的人，或是根本不考虑对方的感受，在行为举止方面缺乏礼仪。这种领导者是容易让下属失望的领导者，也是毫无礼仪的领导者。

对下属抱有宽容的态度，多体谅下属的难处，是一个领导者对待下属的礼仪基础。上司与下属的关系，唯有以互助、互谅为基础，合作无间，工作才会变得轻松而富有意义。上司能体谅下属，包容下属，并乐意帮助下属解决一些比较烦琐、困难的问题，下属必然对上司感激不尽。作为一个领导，既要保持自己的尊严，又要尊重下属，这样才会使得整个团队气氛严肃而活泼。若想打破与下属之间无形的隔膜，可以尝试与下属说话时和蔼亲切并且保持笑容，委派工作时要先给对方以鼓励等，或是用参加或举办与下属的聚会的方法来显示上级的亲和力。

威信比权力更重要。威信的树立和领导在言行举止中所表现出来的个人礼仪是分不开的。有了威信，大家才能信服上级，上级所做出的决定才会得到下属的拥护和执行。

从批评下属的方式上很容易看出一个领导的行为举止礼仪修养。所谓的批评，实际上是领导纠正某些违犯规条行为的内部沟通行为。批评下属不是一件轻松容易的事，如果批评不当，势必会引起下属的敌对情绪，所以批评下属必须要注重技巧。

首先，要端正目的。批评有过失的下属时，要明确批评是对“过失者”的一种关心与负责任。指出缺点与错误，找出其工作中的薄弱环节，这样的用意是使下属在今后的工作中能够扬长避短，是上级对下属负责任的表现。批评必须是善意的，否则批评只能成为下属与上级发生冲突的导火索，时刻注意一个领导应有的礼仪风范。

其次，批评的尺度要把握好。要明确上级批评的是违规的行为，而不是违规的人。批评时要尽量“对事不对人”。一般来说，批评下属是因为下属的行为触犯了某项规则，工作没有圆满完成等。因此，批评内容应当与下属的行为紧密联系在一起，而不要与员工的人品或其他的事情联系到一起。公平地对待员工，不仅能使下属客观地认识到自己工作上出现的错误和问题，也会让下属对上级更加尊敬。需要注意的是，批评后，管理者应当调整好情绪和状态，带着一个善意的表情对下属的工作稍加指导。这样，下属不仅不会心存芥蒂，也会对上级的礼仪风范心悦诚服。

（一）上级批评下级时的注意事项

1. 明白

领导在批评下属前一定要把原因了解清楚，使受到批评的人清楚自己被批评的原因，以免造成“冤假错案”。

2. 具体

在批评下属之前，上级要全面了解事件的起因，并对事件的过程进行认真调查，让下属谈谈自己的看法，并将事情经过仔细地复述一遍。有时，上级通过下属的谈话会发现一些自己以前从未注意过的问题和因素。如果下属是因这些问题而犯错，那么他就情有可原。

3. 及时

问题出现之后要马上处理，如果违规行为与批评时间间隔太长，效果就会削弱。

4. 公正

领导对下属的礼仪还表现在公正方面。我国历史上著名思想家韩非子曾指出：“凡治天下者，必因人情。人情有嫉恶性，故赏罚可用。”一个成功的、讲求个人礼仪的领导，在处理公事时绝不可以夹带私人感情，赏罚分明，这是树立自己威信的起点。有了这个起点，他才有资格指导下属用心工作，为团队争光。

真诚的沟通是领导表现个人礼仪的重要环节。一个企业若想取得成功，需要管理者用一颗真诚的心与下属沟通。领导的首要职责是不断地发现和解决问题，与下属及时有效的沟通是解决问题的最佳方式之一。它不仅可以拉近上级与下属之间的心理距离，也会使本来很不容易处理的问题在平和的气氛中得以顺利解决。管理学专家亨利·法约尔曾说：“沟通决定了管理。”

（二）上级与下级融洽相处的基本准则

1. 尊重下属的人格

领导者不能因为在工作中与下属有“领导与服从”的关系而损害下属的人格，这是一个领导最基本的修养和对下属最基本的礼仪。

2. 善于听取下属的意见和建议

听取下属建议不仅仅是一个颇为有效工作方法，也是一种礼仪。即使下属的意见有时候有失偏颇，也应该以“有则改之，无则加勉”的态度面对。领导者应当采取公开的、私下的、集体的、个别的等多种方式听取下属的意见，了解下属的愿望，这样既可提高领导的威信，又可防止上下级关系紧张。

3. 宽待下属

心胸开阔，对下属的失礼、失误应用宽容的胸怀对待，并且尽自己所能帮助下属改正错误，而不是一味打击、处罚，更不能记恨在心、公报私仇。

4. 展现领导的人格魅力

领导应具备人格魅力。良好的形象、丰富的知识、优秀的口才、平易近人的作风等，这些都是与领导的权力没有必然联系的个人魅力，也是提高领导行为举止礼仪修养的必要条件。

5. 尊崇有才干的下属

领导不可能在各方面都出类拔萃，下属在某些方面必然会有过人之处。作为领导，对下属的长处应及时地肯定和赞扬。

第五节　下级对上级的行为举止礼仪

作为一名员工，与自己的上级领导关系融洽，并取得上级领导的信任，能使自己的才干得到更好的发挥。

下级与上级融洽相处要注意以下几点：

1. 下级对上级要尊重

对上级布置的工作，要尽力去完成。如因某种原因无法完成，也应该如实地向领导汇报，并及时说明情况。

2. 要认真聆听领导的讲话

必要时还要认真做好记录，这是能够把领导布置的工作完成好的基础。

3. 要注意礼仪细节

如何对待生活中的礼仪细节，是一个人修养程度的表现。一个细节往往会给别人留下很深的印象。比如领导在与别人谈话时，不要打断上级领导讲话；有事找领导商量，要看对方有没有时间，如领导当时正忙着其他事情，下级就要耐心等待；在上级领导办公室内，不可没经同意就随便翻阅桌子上的文件、资料等。这些不当的细节如果在一个人身上表现多了，一定也会影响到下级与领导的交往和友谊。

4. 开玩笑要适度

与领导开玩笑一定要适度，不可伤害到任何人。实际上，与领导交往特别在非工作场合，偶尔开个玩笑也很正常，有时还可以活跃气氛，表明你与领导的关系融洽，但绝对不能让这种开怀一笑建立在损害领导形象的基础上。

5. 要热情帮助领导

在我们日常生活和工作中，上级帮助下级是常有的事。在上级有困难之时，作为下级也应伸手帮助一下，这会增进你与领导的友谊。比如当上级领导对某一问题不甚了解时，你应实事求是地向领导多介绍一下你掌握的情况，介绍情况时要注意问题的复杂性和多样性，将那些原始问题讲清楚，并说明哪些是自己的观点。这样才方便领导全面掌握情况和更深层次地思考解决问题的办法。在介绍情况时切记不可片面，不要以自己的好恶决定介绍哪些内容。当领导对某方面工作考虑不周时，要及时进言。当上级领导与其他同事出现矛盾时，作为下属应从中多做些调解工作，因为你生活在团队之中，是这个团队的一分子，你站在同事的角度上说服同事是方便的，也会很容易收到好的效果。相对来说这些也是个人礼仪修养的体现。

6. 与领导发生矛盾时需多从自身找原因

有些下属与上级发生矛盾时，往往看不到自身的毛病。这就不容易解决矛盾。当矛盾发生时，要心平气和地坐下来认真反思，回顾一下产生矛盾的原因，找出问题所在，多做自我批评，从自身找问题。

7. 不讨好上级

下属和领导的和谐关系和正确交往应该建立在相互平等的基础上。人与人之间是平等的，与领导的交往要靠真诚的友谊，更重要的是要靠对领导工作的大力支持。

8. 尽量不要越级报告

有些下属在工作中出现问题时，喜欢越过自己的主管领导到上级部门汇报或申诉，这是非常不好的做法。应该找直接领导解决问题，同时自己也要想办法协助解决。出了问题不要过急解决，有些问题虽然反映到领导那儿去了，但领导还有个了解的过程，有的领导甚至还有些个人的看法，这时作为下属要耐心等待。

9. 不在背后评价领导

下属多与领导交往是好事，但在交往的同时也要时刻注意，如果对领导有意见，最好在不失礼仪的情况下当面跟领导说，不可当面不说背后乱说。对领导工作中存在的问题，或领导的个人问题，也要直言，这样会更有利于问题的解决，也有利于下级与上级的关系和睦。

与女性上司相处应注意的几点：

（1）在不了解情况的前提下，不要随意打听女上司的私人生活情况，尤其是对方的家人，更不要打探她的丈夫和孩子等情况。

（2）遇到女上司生病时，可以打个电话问候一下，不要贸然登门探望。一些总以干练形象出现的女上司在生病的时候，并不想让别人看到她的憔悴模样。

（3）与男性上司不同的是，女上司往往会更加注重你与他人融洽相处的礼仪修养。即使你的女上司是个很严肃的人，也要记得在她在场的时候随时保持微笑。

（4）少跟女上司交流家务事的细节。这容易让她觉得你的大多数精力并没有放在工作上。

第六节　同事之间的行为举止礼仪

如何和同事相处是门礼仪艺术。

身为职场中人，与同事关系相处得是否融洽，将直接影响到你的工作、事业的进步和发展。同事是与自己一起工作的人，如果与同事之间的关系融洽和谐，那么在这种环境下工作就会感到心情愉悦，这将有利于工作的顺利进行，从而促使自己各方面快速进步。如果你和同事关系紧张，这势必影响到正常的工作和生活，阻碍你事业的进步和正常发展。

众所周知，处理好任何一种人际关系的基础均是相互尊重，同事之间更是如此。同事关系不同于亲友关系，它不是以亲情为纽带的社会关系。同事之间的关系一旦有失礼的地方，造成的裂痕就很难弥合。所以，在处理同事关系这一问题上，最重要的就是尊重对方。

（一）同事之间物质上的往来要格外细心

比如遇到相互借钱、借物或馈赠礼品等场合，切勿因遗忘而失礼，引起一些不必要的误会。为了避免遗忘或引起不必要的纠纷，在向同事借钱或是其他物品时，要主动给对方打张借据。若是你借钱或物给同事，也可主动要求同事打个借条，懂礼的同事也会理解。在物质方面，不管是有意还是无意占取对方的好处，都容易引起对方的不快，从而降低自己在对方心目中的形象。若是一些客观原因使得你向同事所借钱物不能按期归还，一定要及时向同事说明情况。

（二）热心帮助同事

当同事遇到困难时，千万不要冷眼旁观，应主动上前问询。同事之间所给予的劝慰和帮助，将有助于增进双方之间的感情，使同事关系更加融洽。

（三）同事间出现误会，要主动道歉并说明

同事之间相处久了难免会出现一些误会。一旦出现，就该主动和对方沟通说明或道歉，以征得对方的理解或原谅。

（四）性格开朗

如果你是个性格开朗的人，那么同事们会愿意主动拉近与你的距离，而孤僻的人则很容易陷入被孤立的境地。融入新环境最有效的方法便是主动以热情的态度赢得他人的亲近。

与同事相处，文明礼貌程度是最重要的一个环节。要不卑不亢，热情大方，谦恭有礼。同事家遇有婚嫁喜事，可送上一份合适的贺礼；同事生病，应及时去探望。礼尚往来乃人之常情，但不宜送过重的礼物，免得人家心生他想。

与同事相处应注意的以下几点：

（1）公平竞争。当遇晋升、加薪等机会时，面对强于自己的竞争对手，要有正确的心态；面对弱于自己的，也不要张狂自负。如果与同事有分歧，要文明讨论，不要争吵，更不可出口伤人。应该学会用无可辩驳的事实及从容镇定的声音表达自己的观点。

（2）作风正派。这其中包括勤奋、廉洁的工作作风和正派的生活作风。只有勤奋工作并尽可能把工作做出色的人，才会成为团队中受欢迎的人。而廉洁自律、不以权谋私则能自己博得他人的敬重。

（3）不要在办公室内过多谈论与工作无关的事情。

（4）不要轻信同事对他人的评价，要学会用自己的眼睛看问题。别人谈话没有真凭实据的事时不要随意附和。

（5）少发牢骚。

第七节　汇报礼仪

所谓汇报，一般是指向特定的对象报告工作。它的确切含义是：对工作中的有关资讯进行认真的分析、研究、综合、归纳、概括和总结，然后根据实际需要和有关规定，就此向有关单位、部门及其负责人进行专门的报告。

在实际工作中，及时、准确而全面地进行工作汇报，是下级单位与上级单位、下级部门与上级部门、乘务员与乘务长之间进行沟通、保持联络，以便相互理解、相互配合、相互支持、相互帮助的一个常规而重要的渠道。

乘务员承担着下情上达，反映情况及问题，为上级机关提供决策依据的重要任务。因此，乘务员必须掌握主要的汇报礼仪，争取在有此必要时把汇报做好。

一、汇报的方式

汇报的基本形式通常有三种，分别是口头汇报、书面汇报和电话汇报。不同形式的汇报往往适用于特定的不同情况，对此不应混淆。

（一）口头汇报

口头汇报是指汇报者当着汇报对象的面，以口头表述的形式所进行的汇报，所以也叫口述汇报。这种形式的优点是：可以突出要点，相互配合，可长可短，节省时间。它的缺点是受到时间、地点和当事人情绪的限制，往往会丢三落四，不容易全面而深入地反映情况。一般情况下，口头汇报多用于例行的述职和面临特殊情况时的请示工作。

（二）书面汇报

它所指的是汇报者以书面材料的形式向汇报对象所做的汇报。它的长处是可以全面、系统、深入、细致地反映情况，说理充分，材料周全。其短处主要是时效性较差。如果说口头汇报多用于事务性工作的话，那么书面汇报则多用于政策性工作。需要领导批办、有所参考或加以保存时，则大都选择此种汇报形式。

（三）电话汇报

它指的是汇报者通过打电话向汇报对象所做的汇报。它最大的优势是时效性强，不会耽误工作。它的不足主要是不易深入展开，不利于双向交流。所以它仅适用于临时就某些必须办理的重要事务性问题向上级进行请示或反映。进行电话汇报后，往往还有必要在适当时候再以口头汇报或书面汇报形式对其进行补充。

二、汇报对象

汇报一定要区分具体对象。面对不同的对象，应采取不同的方式、方法进行汇报。

（一）按上下级关系分

按上下级关系相分，汇报可以分为下级向上级的汇报和上级向下级的汇报。

下级向上级汇报应遵守归口管理的原则，直接去找有关分管负责人，一般不宜擅自进行多方汇报，或越级汇报。在找不到有关分管负责人或其不负责任的情况下，才可以向上一级或其他的负责人汇报。只有涉及综合性的问题，才适合直接向主持全面工作的负责人汇报。

上级向下级进行汇报时，关键是要真实地反映情况，不要糊弄、欺骗或走过场。只有这样，上级才能真正赢得下级的信任与支持。

（二）按人数多少分

以人数的多寡来分，汇报又可以分为单独汇报与集体汇报。

单独汇报，是指一名汇报者向一名汇报对象的汇报。它可以直抒胸臆，畅所欲言，平日最为常见。

集体汇报，则指的是在汇报者与汇报对象单方或双方的人数不止一人的情况下所进行的汇报。它容易集思广益，群策群力，更为全面地反映问题，并引起重视，但因兴师动众，容易影响正常工作，故只在汇报重要问题时才适合采用。

三、汇报时机

根据时间来分，汇报可以分为例行汇报与特殊汇报两种具体的类型。

（一）例行汇报

例行汇报是指按照本单位、本部门的有关规定，定时向特定的汇报对象所做的汇报。例行汇报通常以常规工作为内容，旨在保证领导和下级经常性地相互了解，以及取得领导的指示或是求得下级的支持。例如，在关舱门前，主任乘务长或乘务长要向责任机长报告旅客到齐情况、机组人员情况、特殊旅客及要客信息，请示责任机长是否可以关舱门。

（二）特殊汇报

特殊汇报是指汇报者在遇到自己难以定夺的新情况、新问题时，打破常规，临时向汇报对象所做的汇报。它多用以应付突发性事件和疑难性问题。

就汇报的时机而言，总的方针是：例行汇报必须按部就班，持之以恒，不得随意变更。特殊汇报则宜少不宜多，不到万不得已之时，不要动辄将矛盾上交，妨碍他人的正常工作。

四、汇报地点

进行口头汇报，免不了要涉及汇报地点的选择。做例行汇报时，地点大都由汇报对象确定。而进行特殊汇报时，往往也需要汇报者对此加以选定。

不论汇报地点系何人确定，汇报者与汇报对象都要尽量为对方着想，并尊重对方的选择。

进行集体汇报最好是选择专用的会议室。进行特殊汇报，可以选择会议室，也可以选择办公室。但地点应当有利于汇报的顺利进行，并较少受到外界的干扰。

一般而言，汇报不宜在餐厅、走廊、电梯间、马路旁或车辆里进行。在汇报对象的家中或其养病的医院、疗养院里汇报工作也不太合适。在这些公共场合或私人场合谈论重要事情，会让人觉得不够正式。

五、汇报的内容

进行汇报之前，对汇报的内容需要进行充分的准备。

（一）准确

无论以何种具体形式进行工作汇报，首先都必须努力充实汇报的具体内容，越准确、越全面越好。

准备汇报，最重要的是实事求是。汇报工作，既不能是为了应付差事、走走过场，也不能弄虚作假、欺上瞒下、评功摆好、沽名钓誉。

汇报工作，一定要丢“浮”去“假”。要如实地反映实际情况，不要进行粉饰和加工。不要为了维护个人利益或本单位、本部门的局部利益，完全不顾实际状况，从而损害整体利益、全局利益。

（二）精练

准备汇报必须充分而细心，不仅反映问题要全面，而且介绍情况要详尽和精练。所谓汇报的内容要精练，就是要使之既言之有物，少讲大话、假话、空话、废话，又要简洁、凝练，长话短说。尤其是在飞行的关键阶段，乘务长原则上不应向机长汇报任何事情，但遇突发紧急状况必须要汇报时，语言则应简明扼要。

（三）常规

具体而言，要使汇报的内容准确而精练，就要求汇报者在进行汇报前下功夫、花力气，有的放矢地做好必要的常规性准备工作。

1. 主题专一

要认真确定汇报的主题。若非进行综合性汇报，一般的汇报往往应当只有一个主题。也就是说，一次汇报最好只反映一个情况，只解决一个问题。

2. 客观公正

在准备汇报的具体内容时，要客观、公正、确切。重点的时间、地名、人名，事件的来龙去脉、前因后果，主要的数据、例证，等等，都要交代得一清二楚。若是在这些关键性的问题上含糊不清，汇报的可信程度就会大打折扣。

3. 有备而至

要考虑到在进行汇报时，汇报对象为了进一步了解情况，很有可能会就汇报的某些具体内容提问或质疑。因此在汇报前，汇报者就应站在对方的角度上来设想一下对方有可能如何

“发问”，然后根据这些模拟问题进行周密的准备。

在进行汇报时，最好多带一些与汇报相关的材料，如重点的资料、物证、数据、图表、文件以及录音、录像、幻灯片、软件、光盘等更是多多益善。必要的时候，还可利用多媒体来进行汇报。这样，面对汇报对象的质询时就能做到有理有据，并且较有形象感和说服力。

4. 备有提纲

准备口头汇报与电话汇报时，一定要提前列好提纲，并且将其熟记于心，那么在汇报时就能够节省时间、言简意赅、提纲挈领、抓住中心。

准备书面汇报时，应当按照既定的公文格式进行。书面汇报的重点内容应始终不离所要汇报的工作。它在大体上应包括已经完成的工作情况、正在进行的工作情况、将要开展的工作情况或是与此相关的打算等几项核心内容。

进一步细分，书面汇报因侧重点不同，又可以分为有关工作建议的汇报与有关工作情况的汇报。前者的侧重点是对未来工作的建议，多在工作开展前行文。后者的侧重点是对工作现状的反映，多在工作开展之后行文。乘务员在准备书面汇报时，对此两种不尽相同的具体形式应有所分别。

乘务员在事先准备汇报的内容时，一定要会做“加法”。即尽可能多地了解情况，多掌握材料，多研究问题，以详尽而充实的内容去支持自己的汇报。而在具体汇报时，则最好做“减法”，即择其要点，去粗取精，以突出中心，使汇报取得更好的效果。

六、汇报者的表现

对汇报者而言，在进行汇报时应以礼待人，主要是要遵守约定、谦虚谨慎、表现大方、尊重汇报对象。

（一）遵守约定

汇报者在进行汇报时，一定要严格遵守有关规定或约定。进行例行汇报时，不论口头还是书面的，在规定的期限内都一定要准时抵达指定地点，或将书面材料按时送达汇报对象的手上，不能让汇报对象久等久候，进行临时约定的特殊汇报也不能失约。若汇报对象工作较忙，则汇报者的口头汇报或电话汇报还须越短越好。在汇报时，若汇报对象限定了时间，则汇报者无论如何都不可超过。

（二）谦虚谨慎

汇报者在汇报时应当处处表现得谦虚谨慎、不骄不躁。在汇报中，要自觉遵守秩序。例如，进入领导办公室之前，应当听从秘书的安排；多人一起汇报时，要自觉服从预先排定的发言次序；呈送书面汇报时，不可乱送、滥送；利用打电话的方式进行汇报时，要有意识地保守秘密；等等。

（三）表现大方

汇报时的神态、表情都要大方而自然。不要诚惶诚恐、腼腆木讷、手舞足蹈、语无伦次。

这些都有可能使汇报对象感觉不佳。

（四）尊重对方

汇报者还须注意：在汇报中不宜有意逞强。有外人在场时，一般不宜进行口头汇报或电话汇报。尤其是不要有意在外人面前对汇报对象附耳而语，低声交谈，或使用暗语。因为上述做法会给人以“排外”之感，有时还会以讹传讹，泄密生事。在汇报时，态度应当严肃认真，特别要切记，要对自己所汇报的一切负责。

汇报者在汇报时，不论汇报对象态度怎样、职级如何、平时与本人的私人关系如何，都应把尊重对方放在第一位。向上级反映问题时，不要口气太强势，更不能非难、责怪、侮辱对方。在上级发表意见时，不要插嘴打断，或是当即予以否定。

向下级汇报工作时，应较之于向上级汇报工作更全面、更认真，不要有失敬之意。与此同时，还要尽量让汇报内容易于理解。

不要为了验证汇报对象理解的程度而直接问“您听懂了吗”“您是不是在想别的事”“你能重复一下刚才我说了什么吗”，等等。即便汇报对象的确不够专心，也不要面露愠色，使其难堪。

第八节　电话礼仪

无论从哪个方面来看，电话都可以被称为使用最方便、最频繁的通信工具。使用电话，可以说是用来同外界传递信息、维持联络的一种最为常规的手段。

所谓“电话形象”指的是人们在使用电话时留给通话对象以及其他在场者的总体印象。一般来说，它是由使用电话时的态度、表情、语言、内容以及时间等各个方面组合而成的。不论在工作岗位上还是在日常生活里，一个人的“电话形象”都体现着自己的修养和为人处世的风格，并且可以使通话者不必会面，即可在无形之中对其有所了解，对其为人处世做出大致的判断。

鉴于“电话形象”在人际交往中发挥着重要的作用，乘务员有必要在使用电话时注意维护自身的“电话形象”。维护乘务员的“电话形象”最主要的是要在打电话时待人以礼，不忘尊重自己的通话对象，并且努力为对方着想，时刻以对方为重。

“电话形象”具体来说，主要体现在客气、简洁、殷勤和自觉等几个方面。

（一）待人客气

平时在使用电话时一定要待人客气。打电话虽然不是面对面地和别人直接交谈，然而必要的客气却是不可省略的。使用电话时需要客气，主要是要求人们在态度、表情、语言、语气等各个方面都要对通话对象保持礼貌、谦恭。

在打电话时，不论是发话人还是受话人，都应当面含微笑、吐字清晰、声调平和、语言文明。在一般情况下，打电话时须暂时放下自己手头的工作，端坐或端立，然后拿起话筒，面带笑容地与人通话。

在打电话时，除了利用必要的参考资料和做记录之外，不可以三心二意地去做其他事情。不可以一边与别人通电话，一边吃东西、喝饮料、看文件或是与自己身边的人闲聊。若是在通话进行中突然去做与之无关之事，而把话筒放在一旁，更是极不合适的。在通话期间，不宜抱着电话机四处走动、边走边说。仰坐在座椅上、歪倒在沙发里、斜靠或是趴伏在办公桌上，也是不适宜的姿态。

在拿起话筒后，让话筒与自己的口部保持 2 ~ 3 厘米的距离是最规范的。通话时要面含微笑，这是一种常规。坚持这样做既可以有效地调控自己的情绪，又可以“带动”自己的声音、语调，使自己更显和蔼、可亲。

打电话的时候，发音要清晰，吐字要准确，切勿说话含混不清，鼻音太重。假如自己说话带口音，或是明显地感到对方听起来有困难，那么应当有意识地放慢说话的速度，千万不要为了片面地“争时间，抢速度”，而使自己所说的话难以理解。

如果对通话对象所说的话听得不太清楚，通常不宜直接责怪对方。可以委婉地告诉对方：“我们这边电话线路不太好，我听不清您的声音，请您的声音稍大一点，稍慢一点，可以吗？”当对方遵嘱“改正”后，应向其道谢。另外，在通话时音调不要太高。

在打电话时要表现得礼貌而谦恭，至关重要的是需要注意通话时的情绪与语言。从情绪上来讲，不能表现出厌烦、不满、生硬与傲慢。从语气上来讲，口气温和、亲切、自然一些，往往会使通话对象对自己顿生好感。

从语言上来讲，要用词文明，多使用礼貌语，尤其是在通话开始时进行相互问候，在通话结束时互道“再见”。

特别需要强调的是：通话开始时所讲的第一句话对对方的影响是很大的。此刻，打电话者不宜在刚接通电话时就频繁地“喂，喂”个不停，或者询问“有人吗”。接电话者也不应该在接通电话后就问对方“你叫什么名字”“你是谁”“你找谁”或“你有什么事”。

依据电话礼仪的规范，在打电话时，发话人所讲的第一句话，应由对对方的问候和自我介绍这两项基本内容构成。例如，发话人可以说：“您好！我是深航高冬梅。”或者说“谭主任，早上好，我是深圳航空公司乘务部戚英杰”。

不能确定对方是不是自己要找的人时，不妨把“开场白”多说两句，以便对方了解自己的身份，或是代为去找。例如可以这样说：“女士，您好！我是冼红岩，四川航空公司乘务部经理。我可以跟孙小棋先生通话吗？”

在打电话时，作为接听电话者，受话人所讲的第一句话同样应由对发话人的问候和自我这两项内容构成。这样做是为了便于发话人了解自己所拨的电话号码是否正确以及对方是不是自己所要寻找的人。例如，在接电话时，受话人一般都可以直截了当地自报家门：“您好！国航西南李嘉明。”或更为简单地说：“我是庞丽。您好！”

若是本人所在的办公室里多人共用一部电话，或是在本单位的电话总机工作，也可以只报出本单位或本部门的名称，并问候对方，如“您好！四川航空公司”，或者“您好！四川航空公司乘务部”。至于“您找哪一位”则是可说可不说的。

除此之外，发话人在所拨电话号码需要总机接转时，若话务员首先问候了自己，应立即回问对方一声好，不要有来无往。若拨错了电话号码，勿忘向被打搅的对方认真道歉，不可一言不发地挂断电话，或是态度粗暴。

（二）用语简洁

平时在使用电话时一定要用语简洁。最好不要在上班时间打私人电话，尤其是不可以用公用电话打。因为这不仅有违职业道德，还有可能妨碍工作，影响其他同事。出于少影响别人，同时也体现出自己在工作上的训练有素等原因，通话内容越简短紧凑越好。

在正常的情况下，每一次打电话的时间不宜超过三分钟。除非有重要问题必须字斟句酌地反复解释强调，一般在通话时都要有意识地简化内容，尽量简明扼要。通话不得超过三分钟的这种做法，在国外被称作“通话三分钟原则”。一般来讲，在打电话时要贯彻“通话三分钟原则”。因为先拿起、先放下话筒的人往往是发话人，所以发话人要真正遵守“通话三分钟原则”，须主要重视以下三点：

1. 提前做好准备

即在打电话前，就把自己要拨的电话号码、要找的人名、要阐述的意见和要点等都写在便笺上。这样电话拨通后，就可以层次分明、条理清晰地把自己所要说的话都说出，而不会因没有条理而浪费时间。

2. 说话干脆利落

在打电话时，说话不仅要清清楚楚，而且要“直奔主题”、言简意赅、干脆利落。不要糊里糊涂、吞吞吐吐、让人着急。

3. 要“当机立断”

通话时，只要主要内容大体讲完，三分钟的“法定时间”一到，就要立刻停止通话。不要总是对自己说过的内容反复铺陈。

拨电话后需要总机接转时，应主动告知分机号码。若不知道分机号码，则应提供受话人的部门与姓名。

打电话时，受话人既要积极、热情，又要注意不要因自己而浪费时间。需要提出问题时，要简短而准确，而且一般不宜再三重复。

在街头巷尾使用公共电话时，不论自己是发话人还是受话人，都应当长话短说，所用的时间越短越好。当身后有人等候时，尤其应注意这一点。

（三）态度殷勤

在使用电话时一定要态度殷勤。通电话时，尤其是因公通电话时，应当态度热情、耐心而周到。

打电话时不要急不可耐。在电话接通后，至少应当等铃声响过六声左右，或是大约 1 分钟的时间，在确信对方无人接听后，方可将电话挂断。

最好在铃声响过 2 声时拿起话筒。通常不要在铃声才响 1 声时就立即拿起话筒，免得过分唐突。倘若因故让铃声响过多次才去接电话，则要在通话时向对方说明原因，并表示歉意。

在通话过程中，如果电话中断了，依照惯例，应由发话人立即再拨打一次。受话人不宜转做其他事情，而须稍候片刻。待电话再次打通后，发话人应向受话人说明电话中断事出有因，而并非自己蓄意而为。

接到拨错的号码打进来的电话时，不要责怪对方，而应耐心而礼貌地告诉对方自己的电话号码是什么单位的，或者本人是谁。随后，还可以语气温和地询问对方："请问您要哪里，需不需要我帮忙？"如有可能，不妨告诉对方他所要拨的正确号码，或代为查找一下。乘务员这样做，对于维护航空公司和乘务员的形象是大为有益的。因为这充分地体现了乘务员助人为乐、与人为善的态度。

假如有两个电话同时响起铃声，应先接听其中一个，询问对方是否介意自己马上去接另外一个电话。待其同意后，才可按下电话机上的"保留"键，放下话筒，立刻去接第二个电话。不要同时接听两个甚至两个以上的电话，以防顾此失彼，搞错内容。

通电话的过程中，尽可能不放下话筒，去找别的资料或是去向其他人了解情况，而让通话对象久等。万一非得这么办时，可先向对方说明原因及所需的时间，并征求对方的意见，让对方决定是先挂断电话，还是稍微等候一下。通常，这种通话中暂时"中断"的时间不应长于 2 分钟。

若接电话时发现对方找的不是自己，在对方提出要求后，可以帮助对方去寻找他要找的人。若对方要找的人在别处，不宜在楼道或门口大喊大叫，搞得"满城皆知"。倘若发话人所找的人不在，应首先相告，然后再问一下对方是否需要帮忙，或者要不要留言。对方若有留言，应当即进行笔录，并随后与对方核实。不要先问发话人是谁、找某人有什么事，然后才说某某人不在，那样会使对方觉得某人是有意对其"避而不见"。

（四）勿碍他人

在使用电话时一定要注意不要妨碍他人。在一般情况下，有关公务的电话最好在上班时间内打，而不宜在下班之后打，尤其是不应该在凌晨、深夜、午休或用餐时间随便打电话给别人。在公共节假日里，同样也要少打电话去妨碍他人休息。通常，在没有必要的情况下，尽量不要在非办公时间内将公务电话打到私宅去。如果在上述不宜打公务电话的时间内，确有要事需要打电话通知他人，那么在接通电话后，要首先向对方或其家人表示自己的歉意。

打国际长途时，应当先计算一下此地与彼地的时差，并了解一下当地是否采用"夏时制"。尽量不要在时间上只图自己方便，而不顾及别人的不方便。

在通话时要力争把所要说的话都说完，不要言而未尽，也不要轻易要求他人回拨电话，最好自己主动把电话打过去。

通话结束时，一般应由通话双方之中地位较高者首先挂断电话。此即"地位高者终止通话原则"。

不论因公还是因私，都不宜借用他人的电话，或是带自己的熟人去单位利用公家电话打私人长途。后者明显属于损公肥私的行为，乘务员切勿这么做。

在上班、开会、会见重要客人或是观看演出时，应主动将手机关闭，或将其设置为震动或静音模式。

在使用内话系统通话时，要注意措辞准确、简明扼要、吐字清晰、发音准确。如有不能尽述之事，因及时当面沟通。

参考文献

[1] 礼记[M]. 北京：中华书局，2017.

[2] 李雪，饶静安. 职业形象礼仪[M]. 成都：西南交通大学出版社，2010.

[3] 金正昆. 涉外礼仪教程[M]. 北京：中国人民大学出版社，1999.

[4] 金正昆. 社交礼仪[M]. 北京：北京联合出版社，2013.

[5] 金正昆. 服务礼仪[M]. 北京：北京联合出版社，2013.

[6] 金正昆. 公务礼仪[M]. 北京：北京联合出版社，2013.

[7] 金正昆. 公关礼仪[M]. 北京：北京联合出版社，2013.

[8] 金正昆. 国际礼仪[M]. 北京：北京联合出版社，2013.

[9] 马幼莲. 现代社交礼仪[M]. 北京：北京出版社，2007.

[10] 杨茳，赵梓汝. 礼仪师培训教程[M]. 北京：人民交通出版社，2007.

[11] 中国大百科全书总编辑委员会. 宗教百科全书[M]. 北京：中国大百科全书出版社，1997.

[12] 彭林. 中国古代礼仪文明[M]. 北京：中华书局，2014.

[13] 车汶瑾. 空乘专业学生行为礼仪训练对素质影响的研究[J]. 教学管理与教育研究，2016（8）.

[14] 邓永萍. 基于行业标准的空中乘务专业学生职业素质能力培养[J]. 长沙航空职业技学院学报，2011（3）.